용(龍)과 춤을 추자

용과 춤을 추자

한국의 눈으로 중국 읽기

조영남

민음사

우리의 눈으로 중국 읽기

조금은 절박하면서도 기쁜 마음으로 이 책을 쓴다. 1997년 10월 어느 쾌청한 가을날로 기억한다. 베이징 대학교에 있는 어느 한국 식당에서 저명한 중국 전문가이신 한국계 미국인 교수와 식사를 했다. 한 학기 동안 그 교수님의 수업을 들은 적이 있기 때문에 그분은 나를 만날 때마다 늘 격려하고 여러 가지 충고를 아끼지 않으셨다. 그날도 화제는 한국의 경제 위기와 한중 관계였다. "중국과의 관계에서 한국의 좋은 시절은 끝났네. 이제 중국의 부상이 시작되었지. 한국이 중국의 그늘 아래에서 살아야 할 날도 머지않았네." 그분의 진단은 간단명료했다.

당시 나는 박사학위 논문을 쓰기 위해 1년 동안 베이징 대학교의 한 연구소에 객원연구원으로 있으면서 면접 조사와 문헌 자료 수집에 열중하고 있었다. 그분의 말을 들은 이후 중국이 어떻게 경제 위기를 극복하고 있는지를 유심히 관찰하기 시작했다. 그러나 중국의 부상이 곧 실현될 것으로는 생각되지 않았다. 오히려 한국의 금 모으기 운동에 감탄하는 중국인 친구들을 보면서 "역시 한국이야!"라는 생각을 했다. 단적인 예로 중국은 여전히 남을 모방하는 낮은 기술 수준에서 노동 집약적인 가공무역을 중심으로 성장하고 있었다. 게다가 연해 지역은 눈부시게 발전했지만 내륙 지역, 특히 농촌 지역은 여전히 낙후되었을 뿐만 아니라 발전의 가능성도 보이지 않았다. 이런 상황에서는 중국이 강대국으로 부상할 수 없다는 것이 당시 내 생각이었다.

이후 박사학위를 받고 2001년에 다시 1년 동안 중국에 머물면서 현지 조사와 연구를 진행했다. 연구 주제는 지방의회의 발전이었다. 톈진(天津) 시의 난카이(南開) 대학교에 방문학자로 머물면서 주변 지역의 지방의회와 정부를 집중적으로 조사했고, 상하이 시에도 한 달을 머물면서 연구를 진행했다. 그리고 이때, '머지않은 장래에 중국이 세계 강대국으로 부상할 수도 있겠구나.'라는 생각을 처음으로 떠올리게 되었다.

내가 이렇게 생각을 바꾸게 된 이유는 우선, 세밀하게 조사한 결과 지방정부와 의회 등 중국의 정치 체제는 생각했던 것보다 훨씬 더 개선되었고 경쟁력도 있어 보였다. 최소한 톈진과 상하이는 그랬다. 중국이 개발도상국 중에서 가장 많은 해외직접투자(FDI)를 유치한 것은 결코 우연이 아니었다. 많은 난관 속에서도 시장 제도와 사영경제를 발전시키고 이를 기반으로 급속히 성장할 수 있었던 것도 우연이 아니었다. 공산당 일당제가 부정부패만 난무하는 낙후된 정치 체제인 것만은 아니었다. 1년 동안 실시한 많은 면접 조사와 체계적인 자료 분석을 통해 바로 이런 사실을 새삼 발견하게 된 것이다.

또한 많은 중국인 교수, 관료, 학생, 일반 시민들도 자신감에 차 있었다. 중국은 강대국으로 부상할 수 있는 능력과 자격을 갖추었다는 것이다. 이런 자신감은 결코 근거가 없지 않았다. 한국과 태국 등 일부 동아시아 국가들은 1997-1998년 경제 위기로 힘들고 어려운 시간을 보냈다. 반면 중국은 훌륭한 위기관리 능력으로 이를 슬기롭게 극복했을 뿐만 아니라 주변국을 지원함으로써 아시아의 '책임지는 강대국'으로 인정받기 시작했다. 국민이 자신의 정부와 정책을 믿고 미래에 대한 희망으로 자신 있게 앞으로 나아간다면 못 할 일이 없다. 당시 내가 만난 중국인들의 신념이 이랬다.

이때부터 나는 일종의 '위기의식'을 갖기 시작했다. 우리가 중국을 정확히 이해하고 올바르게 대응하지 못하면 가까운 장래에 한국은 매우 어려운 처지에 놓일 수 있겠다는 판단 때문이었다. 당시 중국에 대한 대다수 한국 사람의 이해는 상당히 피상적이었다. 예를 들어 중국의 유명 관광지를 둘러본 관광객들은 '지저분한 중국'과 대비되는 '깨끗한 한국'이 얼마나 살기 좋은 곳인가를 확인하고 자랑스러워했다. 일부 대기업은 중국의 중요성을 깨닫고 본격적인 투자를 시작했지만, 중국에 진출한 대다수는 중소기업이었다. 낮은 인건비를 이용한 저가 상품을 생산하여 해외 시장에 판매하는 것이 주요 목적이었다. 많은 자영업자들도 '어수룩해 보이는' 중국에서 사업 기회를 찾고자 쌈짓돈을 들고 중국에 건너갔다. 중국어를 익혀 두면 장래에 도움이 되지 않을까 하는 막연한 기대에 한국 유학생들이 대거 중국 대학에 몰려든 것도 이 무렵이다.

그로부터 10년이 지난 지금, 나의 예측은 맞아떨어지고 있다. 동시에 나의 우려도 현실이 되고 있다. 1992년 국교 수립 이후 한중 관계는 비약적으로 발전했지만, 동시에 양국 간에는 많은 문제가 발생했다. 2010년은 이런 한중 관계의 현주소를 잘 보여 주는 한 해였다. 주로 군사·안보 분야에 집중된 것이었지만 서로를 의심하고 비난하는 '전략적 불신'이 급격히 증가했다. 민간 차원에서 갈등이 표면화된 지는 오래되었다. 2004년 중국의 동북공정과 고구려사 왜곡은 우리에게 큰 충격이었다. 이를 기점으로 한국에는 '반(反)중국' 정서가 형성되었다. 중국에서도 2000년대 초중반에 크게 유행했던 '한류(韓流)'가 2000년대 후반에 들어 '항(抗)한류'와 '반한(反韓) 감정'으로 바뀌었다. 한중 간의 '눈부신 발전'과 '밀월 관계'는 국가 차원에서나 민간 차원에서나 모두 끝난 것처럼 보인다.

그런데 이러한 중국의 부상 앞에서 한국이 당면한 위기는 좀 더 깊은 곳에 있다. 진짜 위기는, 중국은 세계 강대국으로 빠르게 부상하고 있는데 우리는 이런 변화된 현실을 제대로 인식하지 못하고 있다는 점이다. 다시 말해 우리의 지체된 인식이 빠르게 변화하는 현실을 좇아가지 못하는 '현실과 인식의 괴리'가 발생하고 있는 것이다. 일부는 중국의 부상을 알면서도 의도적으로 외면하거나 무시하기 때문에 발생한다. 일부는 실제로 잘 몰라서, 혹은 크게 주의를 기울이지 않아서 발생한다. 원인이야 어떻든 결과는 같다.

중국의 부상에 대한 여러 가지 오해와 타당하지 않은 주장이 우리 사회에 난무하는 상황이 이를 잘 보여 준다. 예를 들어 '신(新)중화질서론'을 보자. 중국은 힘이 커지면 주변국을 복속시킬 것이고, 우리는 과거의 '조공국'처럼 중국에 다시 종속될 가능성이 크다는 주장이다. 막연한 소망을 담은 '중국붕괴론'도 있다. 미국 등 서방 선진국들이 중국의 부상을 좌시하지 않을 뿐만 아니라 수많은 문제들로 인해 중국은 위기에 빠져 가까운 장래에 과거의 소련처럼 붕괴할 것이라는 주장이다. 또한 근거 없는 자신감에 기초한 '중국기회론'도 있다. 우리 민족의 우수성이나 우리 사회의 저력을 놓고 볼 때 한국은 중국에 앞서 있고 앞으로도 이런 우위가 유지될 수 있다는 믿음이다. 막연한 두려움에 기초한 '중국위협론'도 유행하고 있다. 군사 강대국이 된 독재국가 중국은 북한을 흡수 통합하고 한국에도 커다란 군사적 위협이 될 것이라는 생각이다.

중국에 대한 잘못된 이해와 거기서 유래하는 근거 없는 자신감이나 두려움은 한국이 중국에 대해 올바른 정책을 수립하고 집행하는 데 커다란 걸림돌이 되고 있다. 이는 한중 관계의 악화와 우리 국익의 손해로 이어진다. 이를 극복하는 첫 걸음은 중국의 부상에 대해, 또한 중국의 현재 상황과 생각에 대해 정확히 이해하는 일이다. 그것도 일부 정치, 경제 분야의 엘리트뿐만 아니라 많은 일반 국민이 정확히 이해해야 한다. 민주주의 국가에서는 궁극적으로 국민이 국가의 정책을 결정하기 때문이다. 세계 강대국으로 빠르게 부상하는 중국과 이웃하고 있는 우리에게 이는 절실한 과제다. 조금은 절박한 심정에서 이 책을 쓰는 이유다.

2007년 연구년이 끝난 이후로 지금까지 중국을 주제로 매년 스무 차례 정도의 강연을 하고 있다. 기회가 있을 때마다 중국에 대해 제대로 알려야 한다는 생각 때문이다. 대기업과 중소기업의 최고경영자(CEO), 국가 및 민간 연구소의 연구원, 변호사와 회계사 등 전문직 종사자, 다양한 기업의 일반 직장인, 초중고 평교사와 교장선생님, 관악구 주민, 대학생, 중국을 전공하지 않은 교수, 정치가, 고위 정부 관료 등이 주요 청중이었다. 강의 때마다 중국에 관심은 있지만 전문 지식이 부족한 분들에게 중국 문제를 가급적 쉽게 설명하려고 최대한 노력했다. 관악구 시민 강좌에서 연세가 지긋한 동네 어르신들을 모시고 "21세기 중국의 부상과 국가 발전 전략"을 강의하기는 정말 어려웠다. 참석자들은 이해하지 못하는 내용에 대해 많은 질문들을 하셨다. 이때 나는 일반인들도 쉽게 읽을 수 있는 중국 교양서를 하나 쓰겠다고 약속했다. 그런 약속을 한 지 벌써 5년이 지났다.

그런데 대학교수가 중국 관련 교양서를 쓰는 것은 생각처럼 쉽지 않다. 사실 일반 교양서는 승진에 필요한 연구 업적으로 인정받지 못한다. 그래서 써야 할 동기가 부족하다. 게다가 요즘처럼 사회과학 서적이 팔리지 않는 상황에서는 책을 쓰는 데 쏟은 엄청난 시간과 노력을 보상받을 수도 없다. 연구자를 상대로 전문적인 학술 논문을 쓰는 데 익숙한 학자가 복잡하고 무거운 주제를 쉽고 재미있게 풀어쓰기는 매우 어렵다. 특히 '학자는 자신보다 뛰어난 전 세계 학자들을 상대로 독창적인 연구를 발표해야 한다.'는 강박관념을 갖고 있는 나 같은 사람에게 교양서를 쓴다는 것은 생각조차 쉽지 않다. 그래서 지금까지 이 책을 써야 할 필요성을 강하게 느끼면서도 여태 엄두를 내지 못했다. 하지만 이제 이렇게 용기를 내어 교양서를 하나 내놓게 되었다. 내가 기쁜 마음으로 이 책을 쓴 이유다.

이 책을 쓰면서 몇 가지 방침을 염두에 두었다. 먼저 '우리의 관점'에서 중국의 부상을 분석하고 대응책을 제시하고자 했다. 한국은 미국이나 일본과는 처지가 다르다. 따라서 중국의 부상에 대한 인식도 달라야 한다. 또한 처지가 다르기 때문에 대응책도 달라야 한다. 그런데 아직도 우리 사회에서는 미국이나 일본의 학자와 전문가들이 분석한 중국 연구를 금과옥조로 여기고 그것을 통해 중국을 판단하고 대응하려고 한다. 그러나 그들의 연구는 그들의 시각과 이해에서 나온 것이다. 우리에게 참고는 될지언정 우리의 시각과 정책이 될 수는 없다.

또한 종합적이고 체계적으로 중국을 분석하고 평가해야 한다. 중국은 대륙 규모의 거대한 국가다. 하나의 국가라고 할 수 없을 정도로 많은 인구(13억 4000만 명)와 방대한 영토(한반도의 마흔네 배 크기)를 갖고 있다. 거기에는 쉰여섯 개의 다양한 민족이 살고 있고, 연해 지역과 내륙 지역, 북부 지역과 남부 지역 간에는 커다란 지역차가 존재한다. 동시에 중국은 5000년이 넘는 길고도 풍부한 역사를 갖고 있는 문명 대국이다. 이 때문에 특정 개인의 경험이나 일부 분야의 사실만으로는 중국의 부상을 정확히 평가할 수 없다. 오히려 이런 식의 접근은 '장님 코끼리 만지기'처럼 사실을 왜곡하고 잘못된 판단에 이르게 할 위험이 있다.

마지막으로 정확한 사실과 통찰력 있는 판단을 종합해서 중국을 이해해야 한다. 부상하는 중국을 정확히 이해하기 위해서는 객관적인 사실을 수집하고 분석하는 일에서 시작해야 한다. 그래서 중국에 대한 교양서는 독자에게 가급적 많은 사실을 제공할 수 있어야 한다. 하지만 사실만으로는 부족하다. 어쩌면 우리 사회에는 이미 중국에 대한 각종 사실이 홍수를 이루고 있다. 이런 사실을 종합하고 분석하여 타당한 판단을 내릴 수 있는 '통찰력'이 필요하다. 이는 중국에 대한 오랜 연구와 경험을 통해서만 얻을 수 있는 것이다.

이 책의 목적은 일반 독자에게 부상하는 중국의 국제적 지위와 국내 상황을 종합적이고 체계적으로 이해하는 데 도움을 주는 것이다. 또한 한국의 올바른 대응책을 제시하고 함께 생각해 보는 시간을 제공하는 것도 나의 집필 의도다.

책의 목차도 이런 목적에 맞도록 구성했다. 먼저 2부에서 중국의 부상이 우리에게 어떤 의미를 갖는가를 검토했다. 중국이 진짜 세계 강대국으로 부상할까? 그렇다면 어떤 모습일까? 여기서는 향후 동아시아에 '신중화질서'가 등장할 것인가에 대해서도 깊이 다루었다. 그 다음 3부에서는 중국이 21세기에 어떤 국가 발전 전략을 추진하고 있는가를 검토했다. 중국의 부상은 우연이 아니며, 체계적이고 일관된 국가 전략에 의해 이루어지고 있다. 중국의 부상을 이해하기 위해서는 이 점을 알아야 한다.

또한 4부에서는 중국 정치를 자세히 분석했다. 중국의 부상은 기본적으로 경제성장에 의해 가능했다. 그런데 경제성장을 포함하여 세계 강대국으로 부상하기 위한 발전 전략은 국가가 추진한다. 따라서 중국이 세계 강대국으로 어떻게 부상할 수 있는지, 또한 가까운 장래에 정말 부상할 수 있을지를 판단하기 위해서는 정치를 알아야 한다. 마지막으로 5부에서 한중 관계의 발전과 한국의 바람직한 중국 정책을 살펴보았다. 이처럼 일정한 논리에 의해 차례를 구성했기 때문에 이 책을 순서대로 읽는다면 독자는 중국의 부상과 한국의 대응에 대한 종합적이고 체계적인 지식을 얻을 수 있을 것이다.

이 책을 전부 읽을 여유가 없는 독자라면 일부분만 읽어도 좋다. 만약 중국의 부상과 국가 발전 전략을 알고 싶다면 2부와 3부만 읽으면 된다. 만약 중국의 정치에 대해 궁금한 독자라면 바로 4부만 읽으면 된다. 혹은 한중 관계의 상황과 부상하는 중국에 대한 한국의 대응책을 알고 싶다면 앞부분은 모두 건너뛰고 바로 5부를 읽으면 된다. 이처럼 이 책의 각 부분은 모두 독립된 자기 완결적인 내용을 갖고 충분한 의미를 전달할 수 있도록 구성되었다. 또한 중국에 대한 전문 지식이 부족한 독자들을 위해 주요 사건이나 개념을 쉽게 설명하는 '용어 설명'을 따로 작성해 두었다. 이를 통해 독자는 좀 더 쉽게 이 책에 접근할 수 있을 것이다.

이 책은 내가 이미 발표한 학술 논문과 저서에 기초하여 작성된 것이다. (이에 대해서는 이 책의 끝에 첨부한 저술 목록을 참고하기 바란다.) 학술서의 경우 책을 쓰면서 참고한 자료를 주(註)로 달아 밝히는 것이 원칙이다. 그러나 이 책은 일반 교양서이기 때문에 주를 달지 않았다. 그 대신 통계 자료 등 출처를 밝혀야 할 경우에는 본문에 직접 자료를 표시했다. 또한 중국에 대해 좀 더 알고 싶어 하는 독자를 위해 우리말로 된 참고 도서를 책 끝에 제시했다.

이 책을 쓰면서 여러분들로부터 많은 도움을 받았다. 가장 먼저 나의 강의를 열심히 듣고 질문을 던진 분들께 진심으로 감사드린다. 그분들이 제기하셨던 질문에 하나하나 답을 한다는 생각으로 이 책을 썼다. 특히 내가 정기적으로 강의했던 서울대학교 국제대학원 '글로벌 리더십 프로그램(GLP)'의 원우님, 인문대학 미래지도자과정(IFP)의 원우님, 사범대 교육행정지도자 과정의 교장·교감 선생님, 관악구 시민 강좌의 지역 수강생 여러분, 한국은행 초중고 교사 직무 연수 강좌의 여러 선생님과 금요강좌의 수강생 여러분, 그 밖의 강연에 참여한 많은 기업 임직원 여러분께 감사드린다. 또한 지난 3년 동안 물심양면으로 격려해 주신 TSE의 권상준 회장님과 LDT의 김철호 사장님께도 깊이 감사드린다.

이 책의 초고를 꼼꼼하게 읽고 좋은 논평을 해 주신 서강대학교의 전성흥 교수님, 한림국제대학원대학교의 김태호 교수님, 인천대학교의 안치영 교수님께 진심으로 감사드린다. 바쁘신 중에도 세 분의 교수님은 이 책의 초고를 자기의 원고처럼 애정을 갖고 읽어 주셨고, 이 책의 개선에 도움이 되는 많은 조언을 아끼지 않으셨다. 이분들의 조언이 있어 책이 조금이나마 더 좋아질 수 있었다. 물론 혹시 있을지 모르는 문제는 전적으로 나의 책임이다. 또한 이 책의 초고를 '학생들의 눈높이에' 맞추어 세밀하게 읽고 좋은 의견을 제시해 준 현직 조교 이재영 석사와 박후선 학사께도 진심으로 감사한다.

또한 나의 동료로서 이 책을 쓰도록 계속 권유하고 촉구하신 서울대 국제대학원 정종호 교수께도 감사드린다. 전에도 그랬지만 이번에도 정 교수님의 격려는 내가 이 책을 쓰게 된 중요한 동기가 되었다. 2010년 봄부터 나를 찾아와 원고를 부탁하고 격려해 준 민음사의 양희정 편집부장과 이 책을 흔쾌히 출판해 주신 장은수 대표께도 감사드린다. 이 책의 많은 통계 자료를 잘 정리해 준 전임 조교 박완, 유석원, 김민기, 조아라 석사께도 진심으로 감사한다.

이제 중학교 3학년이 된 아들 대건에게 이 책이 좋은 선물이 되었으면 좋겠다. 평소 역사와 세상일에 관심이 많은 아들은 자신이 읽을 수 있는 중국 관련 책을 써달라고 계속 졸라 왔다. 아들에게 약속한 지도 벌써 오륙 년이 넘어 최근에는 재촉이 더욱 심해졌다. 이제 늦게나마 약속을 지킬 수 있게 되어 매우 기쁘다. 아들이 지적으로 좀 더 성숙해져서 이 책을 읽고 나와 함께 토론할 수 있는 날이 빨리 오기를 기대한다. 아울러 이 땅의 많은 젊은 학생들이 이 책을 읽고 중국에 대해 새롭게 생각하고 공부할 수 있기를 진심으로 바란다.

책 제목에 대해 간단히 설명하겠다. 2012년 2월 초 서울대학교 학생 쉰 명과 함께 베이징에 일주일 동안 머물면서 중국인 교수의 강의도 듣고 산업 시설도 둘러보았다. '서울대 베이징 프로그램(SNU in Beijing)'에 주임교수로 참가한 것이다. 이때 강의를 맡은 한 저명한 중국 경제학자가 2001년 중국이 세계무역기구(WTO)에 가입할 당시의 국내 상황에 대해 설명해 주셨다. 케빈 코스트너가 주연인 「늑대와의 춤을(弄狼)」이라는 영화에 빗대어 "유럽 늑대(歐狼)와 미국 늑대(美狼)가 몰려와 중국인을 잡아먹는다."는 말이 당시에 크게 유행했다고 한다. 그러면서 중국의

WTO 가입을 반대하는 여론이 들끓었다고 한다.

지금 한국에도 중국이라는 '용(龍)'이 날아와 우리를 잡아먹을지도 모른다는 우려가 점점 커지고 있다. 그러나 우리는 용을 두려워할 필요가 없다. 만약 충분히 준비만 한다면 오히려 용을 타고 춤을 추면서 하늘을 날 수도 있다. "용과 춤을 추자(弄龍)"는 이 책의 제목은 이런 소망과 메시지를 담고 있다.

2012년 6월

관악산 연구실에서

조영남

1부

한국을 덮고 있는
거대한 비룡(飛龍)

1

난무하는 가설과
보기 드문 진실

중국의 부상을 바라보는 세 가지 시선

전 세계 국가는 세계 강대국으로 비약하고 있는 '거대한 용
(龍)'을 주시하고 있다. 중국과 지리적으로 인접한 한국은 세계
어떤 국가보다도 중국의 부상에 지대한 영향을 받고 있다. 다행
히 지금까지는 긍정적인 측면이 많았다. 예를 들어 우리는 중국
의 경제적 부상을 적절히 활용하여 1997-1998년의 아시아 경제
위기와 2008년 하반기의 세계 금융 위기를 잘 극복할 수 있었다.
이런 점에서 보면 한국은 경제적인 측면에서 중국의 부상을 가장
잘 활용한 국가 중의 하나일 것이다.

그런데 2000년대 중반을 넘어서면서 우리 사회에는 중국의 부상을 걱정하고 비판하는 목소리가 등장하기 시작했다. 1992년 수교 이후 '밀월 관계'를 유지하며 '눈부신 발전'을 보여 준 한중 관계에 갈등과 대립이 분명하게 표출된 것이다. 그래서 이전과는 달리 중국의 부상을 비판하는 목소리가 점점 커져 갔다.

두 가지 계기가 이런 현상을 불러일으키는 데 일조했다. 먼저 2004년 동북공정(東北工程)[1]과 고구려사 왜곡은 우리 국민에게 커다란 충격이었다. 이에 대해서는 많은 연구와 논의가 있었기 때문에 여기서 다시 검토하지는 않겠다. 다만 동북공정이 상호 불신의 계기가 되었다는 점은 지적할 수 있다. 동북공정에 대한 한국 정부의 항의, 중국 정부의 불성실한 해명과 대응, 일부 한국 민간 단체와 학자들의 거센 항의, 양국 정부의 임시방편적인 문제 봉합 등 일련의 과정을 거치면서 양국 정부와 국민 간에는 수교 이후 처음으로 심각한 불신이 싹트기 시작했다. 이 사건을 계기로 우리의 중국 인식이 크게 나빠졌고 이후에도 개선되지 않았다. 중국 내에서도 한국에 대한 부정적인 인식이 이 무렵 본격적으로 형성되기 시작했다.

또한 2008년 이명박 정부가 들어서면서, 특히 2010년 3월 천안함 폭침 사건과 같은 해 11월 북한의 연평도 포격 사건 이후 우리는 중국을 다시 한 번 생각하게 되었다. 이 사건을 계기로 한중 관계는 더욱 악화되었다. 2004년의 양국 갈등이 주로 민간 차원에서 시작된 것이라면, 후자는 국가 차원에서 시작되었다. 내용상 전자가 주로 역사, 문화적인 문제였다면, 후자는 군사, 안보적인 갈등이다. 또한 전자가 주로 한중 양국 간의 문제였다면, 후자는 북한을 둘러싼 대립에서 시작하여 미국을 포함한 여러 국가들 간의 갈등으로 확대되었다. 어쨌든 2010년을 지나면서 우리 사회에서는 중국의 부상에 대해 우려하는 목소리가 한층 더 강화되었다.

이 두 사건은 우리가 중국의 부상에 대해 진지하게 생각하게 되는 계기가 되었다. 동시에 중국의 부상에 대해 매우 다양한 주장들이 생겨났다. 이런 점에서 현재 '거대한 용'이 우리 사회를 뒤덮고 있다고 말할 수 있겠다. 이제 이런 다양한 주장들을 체계적으로 검토해 보자. 이런 주장들은 크게 세 가지로 정리할 수 있다.

중국위협론

우리 사회에 존재하는 중국위협론은 다시 세 가지로 나눌 수 있다. 첫째는 학문적으로 현실주의(realism)[2] 관점에서 중국의 부상을 현행 국제질서에 대한 위협으로 바라보는 견해다. 이는 학계의 주류 견해 중 하나다. 이에 따르면 신흥 강대국과 기존 패권국 간의 충돌은 피할 수 없다. 현행 국제질서는 패권국이 만들었기 때문에 신흥 강대국에는 매우 불리하다. 그래서 신흥 강대국은 세력이 강해지면 현행 국제질서를 바꾸려고 든다. 이 과정에서 전쟁을 포함한 충돌이 발생한다. 패권국이 신흥 강대국의 도전을 미연에 방지하기 위해 '예방 전쟁'을 일으킬 수 있다. 신흥 강대국은 패권국을 굴복시키기 위해 '침략 전쟁'을 감행할 수도 있다. 이런 주장은 역사적 사례가 뒷받침한다. 독일, 일본의 등장과 1, 2차 세계대전의 발발이 그것이다.

둘째는 중국이 자유민주주의 이념을 거부하는 사회주의 세력이기 때문에, 동시에 북한을 후원하는 동맹국이기 때문에 우리에게 위협이 된다는 주장이다. 이것을 학문적으로 표현한 것이 '민주평화론(democratic peace theory)'[3]이다. 이에 따르면 자유민주주의 국가 간에는 이념, 가치, 체제가 같기 때문에 전쟁이 발생하지 않는다. 반면에 독재국가 간에, 또한 이들과 민주국가 간에는 전쟁이 일어날 수 있다. 따라서 중국은 공산당 일당제 국가이며 사회주의 국가인 데다 북한의 동맹국이기 때문에 우리에게 위협이 된다는 논리다.

셋째는 역사적 경험에 근거하여 중국 주도의 조공 체제가 다시 등장할 것을 우려하는 견해다. 이에 따르면, 중국이 계속 부상하면 동아시아에는 미국 주도의 지역 질서가 붕괴하고 중국이 주도하는 '신(新)중화질서'가 등장할 수 있다. 실제로 미국과 유럽에 있는 일부 저명한 학자들이 이런 주장을 한다. 이렇게 되면, 한국은 전통 시대의 조선처럼 중국의 속국이 될 수 있다는 불안감을 표현한 주장이다. 이 주장은 전통 시대의 경험을 곧바로 현재의 상황에 무리하게 적용한 것이다.

중국붕괴론

또한 우리 사회에는 다양한 종류의 '중국붕괴론'이 있다. 일부는 근거 없이 중국을 무시하는 견해이기도 하고, 일부는 막연한 소망을 담은 주장이기도 하다. 중국붕괴론도 몇 가지 부류로 나눌 수 있다.

첫째, 미국 등 선진국이 중국의 부상을 좌시하지 않을 것이기 때문에, 중국은 세계 강대국으로 부상할 수 없다는 주장이 있다. 미국은 1945년 이후, 특히 1991년 냉전 체제의 해체 이후 지금까지 세계의 유일한 초강대국(superpower)으로서 세계를 경영해 왔다. 그래서 미국은 강대국을 다룬 경험이 많고 능력도 충분하다. 역사적으로 미국의 패권적 지위에 도전할 수 있는 강대국이 있었는데, 미국의 노련한 전략과 힘에 눌려 결국 모두 실패했다. 1980-1990년대에 일본과 소련이 그랬다. 중국도 결국은 이들 국가처럼 될 것이다. 이 주장은 미국의 능력과 전략에 대한 무한한 신뢰에서 나온 것이다.

둘째는 자본주의 요소, 즉 시장 제도와 개인적 소유제를 도입한 독재국가는 오래갈 수 없다는 판단에 근거하여 중국의 사회주의 체제는 곧 붕괴할 수밖에 없다고 보는 견해다. 소련이 그랬고 동유럽 사회주의 국가가 그랬다. 혹은 중국이 시장경제를 도입한 이상 머지않아 민주주의 국가로 바뀌게 되고, 그렇게 되면 지금과 같은 성장세는 지속될 수 없다고 보는 주장이다.

이를 학술적으로 표현한 것이 바로 우리에게 비교적 친숙한

'근대화론(modernization theory)'[4]과 이에 입각하여 중국의 민주화 가능성을 제기하는 주장이다. 지난 30여 년 동안 중국에서는 경제 개혁과 함께 산업화와 도시화가 급속하게 진행되었다. 또한 대중 교육이 확대되고 대중매체도 급속히 발달했다. 이를 배경으로 형성된 중산층은 공산당 일당제에 불만을 제기하고, 이는 결국 민주화로 이어질 것이다. 한국과 대만이 이런 경험을 했다. 이것이 이 주장의 핵심 내용이다.

셋째는 중국이 엄청난 사회 문제를 안고 있기 때문에 과거와 같은 고도의 경제성장은 불가능하며, 그래서 결국은 현 체제가 붕괴할 것이라는 주장이다. 많은 사람들이 지적하듯이, 중국은 매우 심각한 사회 문제를 안고 있다. 도시와 농촌 간의 도농격차, 연해 지역과 내륙 지역 간의 지역격차, 사회계층 간의 빈부격차, 한족과 소수민족 간의 민족 갈등이 매우 심각하다. 그 밖에도 환경 문제, 인구 노령화, 에너지 자원의 부족 등 쉽게 해결하기 힘든 많은 문제들이 있다. 따라서 중국은 지속적으로 성장할 수 없다는 주장이다. 그렇게 되면 공산당 일당제에 대한 국민의 불만이 분출되고 현 체제는 붕괴될지도 모른다. 매년 10만 건 이상 발생하는 것으로 추정되는 '집단소요사건(群體性事件)'[5]이 그 전조다. 이런 주장은 국내뿐만 아니라 미국과 유럽 등 해외에서도 쉽게 찾아볼 수 있다.

네 번째는 중국의 역사적 순환론에 입각하여 '공산당 왕조'의 붕괴를 예견하는 주장이다. 중국 역사를 보면 한 왕조가 수립된 이후 일정한 시간이 지나면 민중 반란에 의해 붕괴되고 다른 왕조가 그것을 대체한다. 평균적으로 한 왕조의 수명은 156년이라고 한다. 최초의 통일 왕조인 진(秦)에서부터 최후의 왕조인 청(淸)까지 중국은 모두 이런 사이클을 거쳐 왔다. 한마디로 중국의 역사는 왕조 교체의 역사다. 현재의 중국은 1949년에 새롭게 건국된 '공산당 왕조'라고 할 수 있다. 마오쩌둥(毛澤東)과 덩샤오핑(鄧小平)은 현대판 황제였고, 현재의 공산당 총서기도 크게 다르지 않다. 이런 '역사 법칙'에 따를 때 공산당 왕조는 조만간 붕괴하리라는 추론이다.

중국기회론

마지막으로 우리 사회에는 '중국기회론'도 존재한다. 이 주장의 특징은, 중국의 부상을 위협이 아니라 기회라고 본다는 점이다. 이는 주로 경제적 측면에서 중국의 부상을 바라보는 견해다. 동시에 이 주장은 중국이 향후에도 과거처럼 고도 경제성장을 계속하여 머지않은 장래에 세계 강대국으로 등장하리라 예측한다. 이런 점에서 이 주장은 중국의 세계 강대국화를 기정사실로 받아들이는 경향이 있다.

중국기회론에 따르면, 중국은 세계에서 가장 빠르게 성장하는 시장이다. 2010년 중국의 국내총생산(GDP)은 일본을 추월하여 세계 2위가 되었고, 이에 따라 중국의 시장 규모도 급속히 확대하고 있다. 이미 자동차와 가전제품 등 일부 내구성 소비재는 중국이 미국을 제치고 세계 최대의 시장으로 부상했다. 중국과 지리적으로 근접한 한국은 다른 어떤 국가보다 중국 시장에 접근하는 데 유리하다. 게다가 한국은 중국과 역사적으로나 문화적으로 매우 친숙하다. 이런 장점을 잘 살린다면 중국은 우리에게 커다란 기회가 될 수 있다.

'그들의' 입장이 아니라 '우리의' 판단이 필요하다

이상에서 살펴본 중국위협론, 중국붕괴론, 중국기회론은 모두 약간의 진실을 담고 있다. 그러나 체계적으로 분석해 보면 대부분 문제가 있는 주장이라는 것을 알 수 있다. 일부 주장은 객관적인 사실에 근거한 견해가 아니라 자신의 '희망사항(wishful thinking)'일 뿐이다. 중국이 세계 강대국으로 부상한다는 사실이 싫고 맘에 들지 않는다. 그래서 중국이 곧 붕괴할 것이라고 스스로 믿고 이를 증명하기 위해 다양한 근거를 갖다 붙인 것이다.

일부 주장은 이전의 관성에 입각해서 중국을 보는 견해다. 예를 들면 이렇다. 1950년 북한의 김일성은 중국과 소련의 사주가 없었다면 한국전쟁을 일으킬 생각도 못했을 것이다. 또한 중국이 개입하지 않았다면 우리는 공산 세력을 물리치고 한반도를 통일할 수 있었다. 그렇게 되었다면 현재와 같은 남북분단의 비극과 대립은 없었을 것이다. 이처럼 역사적 경험이나 이념적으로 보았을 때 중국은 '우리의 적'이다. 따라서 중국의 부상은 무조건 우리에게 위협이 된다. 이런 주장은 대개 냉전시대의 이념에 영향을 받은 것이다.

　그렇다면 많은 학자들이 주장하고 사회적으로도 가장 설득력 있는 견해로 받아들여지는 현실주의 관점에 입각한 '중국위협론'은 어떤가? 앞에서 말했듯이, 이 주장은 독일과 일본의 등장과 1, 2차 세계대전의 발발 등 분명한 역사적 사실에 의해 뒷받침되는 '과학적인' 견해처럼 보인다. 하지만 이 주장에는 다시 검토해야 하는 중요한 내용이 포함되어 있다. 그리고 세밀하게 살펴보면 이 주장도 그렇게 과학적인 견해는 못 된다.

　우선 1, 2차 세계대전이 터졌던 20세기 초기와 21세기의 차이가 크다. 19세기와 20세기 초에는 시장, 자원, 노동력 등을 독점적으로 확보하기 위해 다른 국가의 영토를 점령하는 것이 필요했다. 그래서 당시에는 미국을 제외한 영국과 프랑스 같은 서유럽 선진국은 아시아, 아프리카 지역에 많은 식민지를 경영했다. 반면 식민지가 없거나 부족했던 독일, 이탈리아, 일본 등 후발 산업국은 이를 빼앗기 위해 전쟁도 불사했다. 그래서 신흥 강대국의 등장은 기존 국제질서에 위협이 되었고 동시에 기존 강대국과의 갈등과 대립을 불러일으켰다.

　그렇다면 21세기는 어떤가? 중국이 시장, 자원, 노동력을 확보하기 위해 전쟁도 마다하지 않을 것인가? 결코 그렇지 않다. 세계화 시대에 전 세계 시장은 이미 대부분 열려 있다. 그래서 경쟁력 있는 제품만 생산할 수 있다면 세상이 모두 나의 시장이 될 수 있다. 이런 상황에서 왜 시장을 독점하기 위해 군사력을 동원해야 하는가? 자원도 외환보유고만 충분하다면 필요한 만큼 확보할 수 있다. 21세기에 필요한 노동력은 이전과 같은 단순한 육체적 능력이 아니라 고도로 훈련된 전문적인 기술과 지식이다. 이는 오랜 교육과 훈련을 통해서만 양성할 수 있고, 타국의 노동력을 강제로 동원한다고 해서 확보할 수 있는 것이 아니다. 따라서 21세기에도 강대국 간에 경쟁이 치열하게 전개되겠지만, 그 방식과 내용은 이전과 확연히 다르다. 따라서 19세기와 20세기 초의 경험을 가지고 21세기의 상황을 판단하는 것은 타당하지 않다.

또한 21세기의 국제사회는 20세기 초기나 냉전시대와는 달리 일부 강대국이 좌지우지할 수 있는 것도 아니다. 초강대국뿐만 아니라 지역 강대국, 중견 국가, 약소국가도 일정한 영역에서는 의미 있는 역할을 할 수 있다. 게다가 세계화[6]가 급속히 진행되면서 국가 간의 관계는 전보다 훨씬 다양한 영역에서 복수의 주체들이 밀접하게 상호 교류하는 복잡한 양상으로 바뀌었다. 국가뿐만 아니라 각종 국제기구, 다국적기업, 국제 비정부조직(INGOs), 심지어는 개인도 정치·외교 영역뿐만 아니라, 경제·통상, 사회·문화 영역에서 활발하게 교류하면서 상호 영향을 미칠 수 있다. 따라서 국제사회나 국가 간의 관계를 정치·군사 영역에서 소수 강대국 간의 활동으로 국한시켜 보는 관점은 더 이상 들어맞지 않는다.

단적으로 20세기 초의 독일과 영국 및 프랑스 간의 관계와, 현재의 미중 관계는 결코 같지 않다. 또한 냉전 시기 미소 관계와 현재의 미중 관계도 완전히 다르다. 미국과 중국은 정치, 경제, 사회, 문화 등 다양한 영역에서 매우 밀접하게 연결되어 있다. 또한 각 영역에서의 교류와 협력을 통해 양국은 정도의 차이는 있지만 모두 커다란 이득을 보고 있다. 예를 들어 미국은 중국에 시장을 제공하고, 중국은 미국 시장에서 번 달러로 미국의 국채를 매입한다. 일부 학자들은 이런 밀접한 미중 관계를 표현하기 위해 '차이메리카(Chimerica)'[7]라는 신조어를 만들기도 했다.

따라서 20세기 초기처럼 군사 · 안보 등 특정 영역에서 갈등이 발생한다고 해서 미국과 중국이 모든 교류와 협력을 중단하고 전면적인 대립과 충돌로 갈 수는 없다. 반면 냉전 시기에 미국과 소련 간에는 이와 같은 밀접한 관계와 상호 이익이 없었다. 그래서 미소 양국 간에는 군사 · 안보 영역에서 발생한 갈등이 전면적인 대결을 초래했던 것이다.

역사적인 경험에서 근거를 찾는 각종 주장도 21세기의 시대 상황을 고려하면 설득력이 없다. 예를 들어, 현재와 같은 중층적인 영역에서 복합적인 주체들이 활동하는 동아시아 지역 질서에서 '신중화질서'가 만들어질 수 있을까? 결코 그렇지 않다. 이에 대해서는 이 책의 2부에서 자세히 설명하겠다.

주기적인 왕조 교체설과 공산당 왕조의 붕괴는 또 어떤가? 이것도 근거가 없다. 현대는 전통 시대와 분명히 다르다. 중국과 규모가 비슷한 미국, 캐나다, 러시아를 보라. 현대 국가는 왕조 국가와는 달리 국가와 국민의 통합을 유지할 수 있는 다양한 제도와 조직을 갖추고 있다. 또한 현대는 전통 시대와 달리 국가와 국민 간의 역학관계에서 국가가 월등한 우위에 있다. 국가는 최첨단 무기로 무장한 군대를 동원할 수 있고 재정 수단도 사용할 수 있다. 따라서 만약 통치의 정당성을 확보하고 있는 국가라면 민중 반란에 의해 쉽게 무너지지 않는다. 특히 중국처럼 30여 년 동안 고도의 경제성장을 통해 국민의 생활수준을 향상시키고 국제적 지위도 높인 경우에는, 국가가 대규모 민중 반란이나 다른 형태의 민중 저항에 직면해서 붕괴한다는 것은 생각조차 할 수 없다. 물론 중국이 지금과는 달리 아프리카의 일부 '약탈 국가'처럼 바뀌어 국민을 수탈한다면 그때는 상황이 달라질 수 있다.

또한 공산당 일당제는 왕조가 아니다. 비록 언젠가 중국도 민주화가 되어 공산당의 권력 독점은 약화되겠지만, 그것이 곧 공산당 왕조의 붕괴를 의미하지는 않는다. 공산당은 여전히 권력의 일부를 유지하면서 영향력을 행사할 것이다. 아니면 다른 비슷한 정당이 등장하여 권력을 장악할 것이다. 간단히 말해 정치 체제의 구성과 운영 방식이 바뀌는 것이지, 정치 체제가 붕괴하는 것은 아니다. 이처럼 세밀하게 분석해 보면 그럴듯해 보이는 각종 '역사적 유추'도 근거가 부족한 주장이라는 사실을 알 수 있다.

그 밖의 다른 주장도 타당성을 검토해 볼 여지가 있다. 근대화론에 입각한 중국의 민주화 주장이 그렇다. 이는 검증된 이론처럼 보이지만 결코 그렇지 않다. 이 책의 3부에서 자세히 살펴보겠지만, 전 세계의 민주화는 근대화론이 주장하는 방식대로 일어나지 않았다. 그래서 나를 포함한 많은 정치학자들은 근대화론을 믿지 않는다. 설사 근대화론을 믿는다 해도 이를 중국에 적용할 경우에는 설명되지 않는 사실들이 너무 많다.

예를 들어 1980년대 중반 한국과 대만이 민주화를 시작할 당시 1인당 국민소득(GDP)은 3500달러 전후였다. 그런데 중국은 2010년에 이미 이 수준을 넘었다. 특히 베이징(北京), 톈진(天津), 상하이(上海), 광저우(廣州), 선전(深圳) 등 경제가 발전한 연해 지역의 대도시에서는 1인당 GDP가 이삼 년 전에 1만 달러를 넘었다. 그런데 중국 학자나 외국 학자의 각종 설문조사 자료에 의하면, 이런 지역에 사는 시민들은 '서유럽식' 민주화에 반대한다. 게다가 민주화보다는 교육, 주택, 의료 등 민생 문제의 해결에 관심이 더 많다.

앞에서 살펴본 '민주평화론'도 마찬가지다. 민주국가 간에는 전쟁이 잘 일어나지 않는 것은 분명한 사실이다. 통계 자료가 이를 입증한다. 그렇다고 독재국가가 민주국가보다 전쟁을 더 많이 일으키는 것도 아니다. 실제로 20세기 중엽부터 현재까지의 국제 상황을 놓고 보면, 민주국가가 독재국가를 공격함으로써 전쟁이 발생한 경우가 더 많다. 미국의 군사 공격이 대표적이다. 따라서 중국이 독재국가이기 때문에 다른 민주국가보다 더 공격적으로 나올 가능성이 높고 그래서 우리에게 위협이라는 주장은 설득력을 잃는다.

결국 우리에게는 한국 사회에 존재하는 다양한 중국 관련 주장들을 '진실'이 아니라 하나의 '가설'로만 인정하고 이들을 면밀하게 검토하려는 자세가 필요하다. 이것이 바로 내가 이 책에서 강조하는 점이다. 특히 이런 주장 중에서 일부는 '우리의' 입장이 아니라 미국이나 유럽 등 '그들의' 입장에서 제기되고 확산된 것이다. 일부 주장들은 '학문'이라는 이름으로 포장되었지만, 그 이면을 파헤쳐 보면 일부 국가의 이해가 깊이 들어 있다. 우리가 '우리의' 입장에서 생각하고 판단해야 하는 이유는 이 때문이다.

미국과 중국, 어느 쪽인가?

한편 부상하는 중국에 대해 한국은 어떻게 대응해야 하는가? 우리 사회에는 크게 두 가지 견해가 존재한다. 세부적으로 들어가면 더 많은 주장들이 있지만 실제로 추진되는 정책 측면에서 볼 때, 다시 말해 현실적으로 의미가 있는 견해라는 점에서 볼 때 크게 두 가지로 나눌 수 있다. 이런 두 가지 견해의 대부분은 신문이나 책 등 지면을 통해 확인할 수 있다. 그런데 일부는 겉으로는 잘 드러나지 않는 내용을 담고 있다. 공공연하게 주장하기에는 민감한 측면이 있기 때문이다.

한미 동맹 중심론
첫째는 '한미 동맹 중심론'이다. 우리 사회의 보수적인 주장으로 이명박 정부가 추진한 중국 정책이다. 우선 중국은 한국과 이념 및 체제가 다른 사회주의 국가다. 한국은 자유, 민주, 인권, 법치, 시장경제를 핵심 이념으로 하는 자유민주주의 국가인 반면 중국은 그렇지 않다는 것이다. 그래서 한중 간에는 넘을 수 없는 '가치의 벽'이 존재한다. 이런 이유로 한국은 중국과 교류하고 협력할 수는 있지만 근본적으로 '같은 편'이 될 수는 없다. 반면 미국이나 일본은 이런 가치를 공유하는 자유민주주의 국가이기 때문에 진정한 '우방(友邦)'이자 '동맹(同盟)'이 될 수 있다.

또한 이 주장은 이론적으로는 앞에서 살펴본 현실주의적인 중국 위협론에 서 있다. 국제사회는 강대국 간의 세력 관계에 의해 결정되고, 신흥 강대국인 중국은 미국 주도의 현행 국제질서에 도전하는 세력이다. 역사적 경험이 말해 주듯이, 중국이 부상하면서 미국과 충돌하는 것은 피할 수 없다. 특히 미국과 중국 등 강대국의 전략적 요충지인 한국은 우리의 의사와는 상관없이 이들의 경쟁과 대립의 한복판에 설 가능성이 높다. 따라서 중국의 부상은 국제질서에 위협이 될 뿐만 아니라 한국에도 위협이 된다.

이런 생각의 연장선에서, 이 주장은 국제사회나 국가 간의 관계에서 안보가 가장 중요한 과제라고 강조한다. 개인과 마찬가지로 국가에도 생존이 최우선이다. 그래서 부상하는 중국으로부터 한국의 안보를 확보하는 것이 중국 정책의 최우선 목표가 되어야 한다. 경제 교류와 협력도 중요하지만 우리의 안보보다 더 중요한 것은 없다. 이런 관점에서 이 주장은 중국의 군사력 증강을 경계하고 이에 대비해야 한다고 생각한다.

이 주장이 중국의 부상에 대한 대응책으로 제시하는 것이 바로 한미 동맹 강화다. 앞에서 말했듯이, 미국은 한국과 '가치'를 같이하는 자유민주주의 국가이기 때문에 진정한 우방이 될 수 있다. 또한 미국은 북한의 침략을 억제하는 데 결정적인 역할을 할 뿐만 아니라 중국의 군사적 위협으로부터 한국을 보호해 줄 수 있는 유일한 능력과 의지가 있는 국가다. 그 밖에도 미국은 한반도와는 멀리 떨어져 있기 때문에 한반도에 대한 어떤 영토적 야욕도 없다. 다시 말해 미국은 비교적 중립적인 위치에서 다른 강대국의 세력 확대를 견제해 줄 수 있는 가장 좋은 강대국이다.

따라서 한미동맹은 한국 안보의 핵심축이 되어야 한다. 중국의 부상에 대한 한국의 대응책도 바로 한미동맹의 강화가 중심이 되어야 한다. 이를 위해서는 군사·안보뿐만 아니라 정치·외교, 경제·통상, 사회·문화 등 전 영역에 걸쳐 한미 관계를 강화해야 한다. 한미 자유무역협정(FTA)이 한중 FTA에 앞서야 하고, 또한 우리의 손해를 조금은 감수하더라도 미국의 요구에 따라 FTA를 체결해야 하는 이유가 바로 이 때문이다. 경우에 따라서는 우방국으로서 미국이 요구하는 국제적인 책무도 담당해야 한다. 이라크와 아프가니스탄에 한국군을 파병한 것도 이 때문이다.

또한 한미 관계 강화론에 따르면, 미국이 요구하고 일본이 호응하는 한·미·일 간의 안보 협력 강화도 적극적으로 추진해야 한다. 비록 대부분의 한국 국민이 일본에 대해 반감을 갖고 있는 것이 사실이지만, 부상하는 중국에 대응하기 위해서는 일본과의 안보 협력은 필수다. 실제로 이는 이명박 정부가 지속적으로 추진한 정책이다. 2010년에 진행된 한국과 일본의 군사 훈련에 한일 장교들이 상호 참관한 것이나, 2011년에 추진된 양국 간의 방위협력 조약의 협의 등이 이런 사례에 속한다.

마지막으로 한미 관계 강화론자들은 한국이 미국의 '반(反)중국' 안보 연합에 일부 참여하는 것에 대해 어쩔 수 없는 일이라고 생각한다. 예를 들어, 미군이 한국에 주둔하는 한 평택 미군 기지는 북한뿐만 아니라 중국을 겨냥한 군사 시설로 일정 정도 사용될 수밖에 없다. 중국을 잠재적인 적으로 간주하여 미국과 일본이 추진하는 미사일방어체제에도 한국이 참여해야 한다. 노무현 정부 때 합의한 주한 미군의 '전략적 유연성(strategic flexibility)'[8]도 마찬가지다. 주한 미군의 일차 목적은 대북 억제지만 경우에 따라서는 중국 견제의 임무도 수행할 수 있다. 이는 미국의 정책이고, 주한 미군은 미국의 정책에 따라 움직이는 미국의 군대이기 때문에 우리가 이를 막을 수는 없다.

미중 동시 중시론

두 번째로 '미중 동시 중시론'이 있다. 이 용어는 내가 편의상 만든 것이지 일반적으로 사용되는 것은 아니다. 이 주장은 김대중 정부의 중국 정책이라고 할 수 있다. 이 주장은 이념이나 가치가 아니라 '실용적 관점'에서 중국의 부상을 볼 것을 강조한다.

한국은 자유민주주의 국가이고 중국은 사회주의 국가다. 하지만 국익을 추구하는 국제사회에서는 양국이 충분히 협력하면서도 공동의 이익을 증대시킬 수 있다. 이런 관점에서 군사 · 안보뿐만 아니라 정치 · 외교, 경제 · 통상 등 다양한 영역에서 중국의 부상을 이해해야 한다. 이렇게 보면 중국의 부상은 우리에게 '위협'이 될 수도 있지만, '기회'가 될 가능성이 더 크다.

또한 이 주장은 북한 문제를 해결하는 과정에서 중국이 결정적인 역할을 수행할 수 있다고 기대한다. 달리 말해, 중국의 협조와 지지가 없으면 북한 문제는 해결될 수 없다고 보는 것이다. 어떤 점에서 보면 김대중 정부의 '미중 동시 중시론'은 북한 문제의 해결을 중심에 놓고 한중 관계를 바라보았다고 할 수 있다. 이에 따르면 북한 문제는 '햇볕정책'(학술 용어로는 '관여정책(engagement policy)')을 통해서만 해결할 수 있다. 한국이 북한 체제를 인정하고 북한과의 적극적인 교류와 협력을 추진하며 북한이 미국 및 일본과 수교하도록 적극 지원해야 한다. 이렇게 하여 북한이 경제적인 어려움을 극복하고 체제 안정에 대한 확신을 갖게 될 때 비로소 핵무기 개발을 포기하고 개혁 · 개방 정책을 추진할 가능성이 높다. 그런데 중국도 햇볕정책과 유사한 대북 정책을 추진하기 때문에, 한국은 중국과 북한 문제의 해결에 적극 협력할 수 있다.

이런 판단에 따르면 한중 관계는 한미 관계만큼 중요해진다. 군사 · 안보 분야에서는 한미동맹을 중심에 놓고 이를 유지, 발전시켜야 한다. 다만 한미동맹은 북한의 침략을 억제하는 데 집중해야 한다. 또한 한국은 미국이 주도하는 '반(反)중국' 군사 연합에 참여해서는 안 된다. 이것이 미일 미사일방어체제의 구축에 참여하지 말아야 하는 이유다. 한·미·일 안보 협력의 강화도 마찬가지다. 한국이 이것을 추진할 경우, 중국은 한국이 반중국 군사 연합에 참여한 것으로 간주하여 한국에 대해 적대적인 군사 정책을 추진할 것이다.

군사·안보를 제외한 나머지 분야, 즉 정치, 경제, 사회, 문화 등 다양한 영역에서도 한중 관계를 한미 관계만큼 중시하고 발전시키도록 노력해야 한다. 앞에서 말했듯이, 북한 문제를 해결하기 위해서는 중국의 협력과 지지가 절실하다. 미래에 동아시아 지역에 유럽연합(EU)과 같은 지역공동체를 건설하기 위해서는 일본 뿐만 아니라 중국과도 적극적으로 협력해야 한다. 한국의 경제 발전을 위해 중국의 경제적 부상을 적극적으로 활용해야 하는 것은 물론이다. 한중 간의 사회적, 인적 교류도 매우 중요하다. 경제력이 증가하면서 중국은 중요한 상품 시장으로서의 역할뿐만 아니라 관광객과 유학생의 중요한 공급처 역할도 담당한다. 한국은 중국과 지리적으로 가깝기 때문에 잘하면 대규모 관광객을 유치하여 경제적으로 큰 이익을 볼 수도 있다.

이렇게 중국의 부상에 대해 일반적으로 통용되고 있는 두 가지 대응책을 소개했다. 한국의 대응에 대한 내 견해는 이 책의 5부에서 자세하게 설명할 예정이다.

2

중국에 대해 던져야 할
네 가지 질문

세계 강대국으로 부상하는 중국을 체계적으로 이해하기 위해서는, 또한 중국의 부상에 대한 우리의 올바른 대응책을 마련하기 위해서는 무엇을 살펴보아야 할까? 하나의 방법은, 우리에게 가장 중요한 질문에 답하는 방식으로 이를 검토하는 것이다. 우리는 중국의 부상과 관련하여 네 가지 질문에 답해야 한다.

중국에 대한 네 가지 질문

첫째, 중국은 미국을 제치고 세계 초강대국으로 등장하여 세계를 지배할 것인가? 또한 향후 동아시아에는 중국이 주도하는 '신(新)중화질서'가 등장할 것인가?

1978년부터 2010년까지 중국은 연평균 9.9퍼센트의 기적적인 경제성장률을 달성했다. 그래서 2010년에는 일본을 제치고 세계 2위의 경제 대국이 되었고, 늦어도 2020년이면 미국을 제치고 세계 1위의 경제 대국이 될 것으로 예측된다. 그렇다면 이런 급속한 경제성장만으로 중국이 초강대국이 될 수 있을까? 또한 중국이 세계 강대국으로 부상하는 과정에서는 어떤 특징들이 나타날까? 영국과 미국은 비교적 평화적인 방식으로 세계 강대국으로 부상하는 데 성공했다. 반면 독일과 일본은 전쟁을 통해 세계 강대국으로 부상하려다가 결국은 실패했다. 중국의 선택은? 마지막으로, 향후 10-20년 이후 중국이 세계 강대국으로 부상한 이후 동아시아에는 어떤 지역 질서가 등장할 것인가? 미국 주도의 현행 질서가 유지될 것인가, 아니면 '신중화질서'가 등장할 것인가?

둘째, 중국은 지난 30여 년처럼 미래에도 지속적으로 성장할 수 있을까?

1978년 개혁·개방 정책을 시작할 무렵, 중국은 어떻게 개혁과 성장을 동시에 성공적으로 달성할 수 있을까에 대한 계획이 없었다. 그래서 많은 시행착오를 겪었다. "돌을 만져 가며 냇물을 건넌다.(摸着石頭過河)"는 이를 두고 한 말이다. 그런데 1992년 공산당 14차 전국대표대회(당대회)에서 '사회주의 시장경제론'을 채택한 이후에는 분명한 개혁 노선이 수립되었다. 실제로 중국은 이 노선에 따라 시장 제도의 도입과 경제적 대외개방을 적극적으로 추진했다. 그렇다면 21세기에 들어서는 어떤가? 2002년 16차 당대회에서 공산당은 2020년까지 추진할 국가 발전 전략, 소위 '2020 프로젝트'를 확정했다. 향후 중국의 지속적인 성장 여부는 이것의 성공적인 추진 여부에 달려 있다. 지난 10년 동안 중국은 이것을 어떻게 추진했는가? 또한 향후 10년 동안 이를 제대로 추진할 수 있을 것인가?

셋째, 중국은 소련처럼 붕괴하지 않을 것인가? 혹은 중국은 한국이나 대만처럼 경제 발전 이후 민주화 과정을 거쳐 민주국가로 변화하지 않을 것인가?

1978년 개혁·개방 정책을 추진한 이후 중국은 시장 제도와 개인적 소유 제도라는 자본주의 요소를 본격적으로 도입했다. 그래서 30여 년이 지난 지금 중국은 '중국 특색의 자본주의' 사회로 변화했다. 그런데 여전히 공산당 일당제를 유지하고 있다. 이것이 어떻게 가능한가? 일반적으로 시장 경제는 자유민주주의 정치 체제에서 잘 작동하는 것으로 알려졌다. 그런데 중국은 그렇지 않다. 그렇다면 중국의 공산당 일당제는 소련처럼 머지않은 장래에 붕괴할 것인가? 아니면 현재의 정치 체제가 향후에도 계속될 것인가?

넷째, 한국은 세계 강대국이 된 중국의 속국이 될 것인가? 그렇게 되지 않으려면 한국은 부상하는 중국에 대해 어떤 정책을 추진해야 하는가?

2012년은 한중 수교 20주년이 되는 의미 있는 해다. 1992년 수교 이후 한중 관계는 국제외교 역사상 유례가 없을 정도로 눈부신 발전을 이루었다. 그런데 2000년대 중반을 지나면서 양국 관계에 적신호가 켜졌다. 2010년에는 이것이 더욱 심각해져, '전략적 불신'이 분명하게 표출되었다. 그렇다면 중국이 세계 강대국으로 부상한 10-20년 이후 한국은 중국의 속국이 될 것인가? 만약 그렇게 되지 않으려면 한국은 부상하는 중국에 대해 어떤 정책을 추진해야 하는가? 특히 한국은 '한미동맹 관계'와 '한중 전략적 관계'를 동시에 발전시켜야 하는데, 이것이 가능할까?

이 책은 이렇게 네 가지 질문에 순서대로 답하려고 한다. 그래서 첫 번째 질문에 대한 답으로 2부에서는 중국의 부상을 체계적으로 평가하겠다. 여기서는 경제력, 군사력, 소프트파워(soft power)의 세 측면에서 중국의 부상을 설명한다. 또한 중국의 부상이 영국이나 미국 등 다른 세계 강대국의 부상과는 다른 특징을 살펴본다. 그런 후에 미국, 일본, 인도, 러시아, 동남아시아 국가 등 세계 주요 국가들이 부상하는 중국에 대해 어떤 정책을 추진하는가를 알아본다. 이중에서 미국과 일본의 대응이 우리에게 가장 중요하다. 마지막으로, 향후 10-20년 이후 동아시아에 등장할 가능성이 높은 지역 질서를 세 가지 시나리오로 나누어 소개하겠다.

두 번째 질문에 대해서는 3부에서 21세기 중국의 국가 발전 전략을 자세히 소개하려고 한다. 앞에서 말했듯이, 중국은 2002년 16차 당대회부터 지금까지 '2020 프로젝트'를 착실히 추진하고 있다. 별 일이 없는 한 이는 2020년까지 이어질 것이다. 여기서는 먼저 중국이 판단하는 현실과 2020년까지 달성하려는 국가 발전의 목표를 들여다보고, 그 다음에 정치, 경제·사회, 외교 등 영역별로 국가 발전 전략의 세부 정책에 담긴 의미를 알아본다. 마지막으로, 2020년에 중국의 국가 발전 전략이 과연 달성될 수 있을지를 평가하고 전망한다.

세 번째 질문에 답하기 위해 4부에서는 중국의 정치를 본격적으로 다루겠다. 중국 정치와 관련하여 우리에게 가장 중요한 것은, 중국이 과연 정치 안정을 유지할 수 있는가 하는 점이다. 그래서 먼저 지난 30여 년 동안 중국이 고도의 경제성장을 달성하면서 동시에 정치 안정을 유지할 수 있었던 이유를 알아본다. 이어서 지난 30여 년 동안 정치 개혁을 통해 중국이 달성한 정치 발전을 살펴본다. 마지막으로, 공산당의 성공 비결은 무엇일까? 중국은 여전히 공산당 일당제를 유지하고 있고, 지난 30여 년의 성공은 공산당이 주도한 것이다. 따라서 중국의 부상을 이해하고 평가하기 위한 과정의 핵심에는 공산당이 있다.

네 번째 질문의 해답은 5부에 있다. 한중 관계의 발전과 한국의 바람직한 중국 정책은 무엇인가? 몇 차례 반복해서 이야기했듯이, 지난 20년의 한중 관계는 눈부신 발전을 이루었다. 그런데 이런 발전은 몇 가지 중요한 특징을 보인다. 그리고 우리가 향후 올바른 중국 정책을 수립하기 위해 이런 특징을 잘 파악해야 한다. 그 다음에 현재 및 가까운 미래에 한중 관계에 커다란 영향을 미칠 수 있는 세 가지 쟁점을 살펴본다. 마지막으로, 부상하는 중국에 대해 한국이 추진해야 하는 바람직한 중국 정책을 제시하겠다. 이는 앞에서 검토한 중국위협론과 중국기회론을 종합적으로 분석한 결과에 기초하여 내가 제시하는 대안이다.

정책 3중주

독자의 궁금증을 풀어 드리기 위해 이쯤에서 앞에서 살펴본 네 가지 질문에 대한 나의 생각을 먼저 밝혀야겠다. 이는 이 책의 핵심 주장이기도 하다.

첫째, 중국은 '불완전한' 세계 강대국으로 부상하고 있다. 경제력, 군사력, 소프트파워를 종합적으로 고려할 때, 향후 10-20년 이후 중국은 세계 강대국으로 부상할 것이다. 그런데 영국이나 미국 등 기존 강대국의 부상과 비교했을 때, 중국은 불균등성, 지역성, 취약성이라는 세 가지 특징을 갖고 있다. 이로 인해 중국은 '불완전한' 세계 강대국이 될 것이다. 중국의 부상에 대비하기 위해 미국과 일본 등 기존 강대국은 견제와 협력의 이중 정책을 쓰고 있다. 동시에 군사·안보 분야에서는 중국의 부상이 초래할지도 모르는 불확정적인 요소에 대비하기 위해 '반(反)중국' 연합 전선을 형성하고 있다. 그러나 이 정책은 성공하지 못할 것이다.

한편 향후 동아시아에서는 기존의 미국 주도의 지역 질서가 해체되고 중층적인 영역에서 복합적인 주체들이 상호 교류하는 혼합 체제(나는 이를 '무지개색 시루떡'이라고 부른다.)가 등장할 것이다. 중국 주도의 '신중화질서'는 등장할 가능성이 거의 없다. 새로운 지역 질서에서는 미국과 중국뿐만 아니라 일본 등 지역 강대

국, 한국과 같은 중견 국가, 동남아국가연합(ASEAN) 등 국제기구
도 중요한 역할을 담당할 것이다. 또한 경제 영역에서는 수많은
다국적기업, 사회 · 문화 영역에서는 국제 비정부조직(INGOs)이
나 특정 개인도 일정한 역할을 담당할 것이다.

둘째, 중국은 '전면적 소강사회 건설'이라는 국가 발전 전략,
즉 '2020 프로젝트'를 추진하고 있다.

2020년까지 중국이 달성하려는 목표는, 정치 영역에서는 '법
치(法治)', 경제 영역에서는 '전환(轉變)', 사회 영역에서는 '민생
(民生)', 외교 영역에서는 '평화부상(和平崛起)'이다. 현재의 국가
발전 전략은 2012년 가을 '5세대' 지도부가 등장해도 2020년까
지 지속될 것이다. 이는 장쩌민(江澤民)을 대표로 하는 '3세대' 지
도부와 후진타오(胡錦濤)를 대표로 하는 '4세대' 지도부가 공동으
로 결정한 것이고, 시진핑(習近平)을 대표로 하는 '5세대' 지도부
가 동의한 것이다.[9] 2012년을 기준으로 평가하면, 국가 발전 전략
은 경제와 외교에서는 대성공, 정치에서는 부분적인 성공, 사회에
서는 부분적인 실패를 거두었다. 향후 10년 후에도 이런 성적은
지속될 것이다. 그래서 2020년의 중국은 현재보다 더욱 강성하고
국제적 영향력이 큰 세계 강대국이 될 것이다.

셋째, 중국은 최소한 향후 10-20년 동안 공산당 일당제를 유
지할 것이다.

중국은 30여 년 전부터 '정치 민주화(democratization)'가 아닌
'정치 제도화(institutionalization)'를 정치 발전 전략으로 추진해 왔

다. 이에 따라 비록 인권과 국민의 정치적 권리의 보장 면에서는 매우 많은 문제가 있지만, 적지 않은 성과를 거둔 것이 사실이다. 즉 정치 체제는 전보다 더욱 합리적이고 능력 있게 개선되었다. 이런 정치 발전이 경제 발전과 사회 안정을 동시에 달성하는 가장 중요한 요인이 되었다. 또한 공산당은 유능한 통치 엘리트의 충원, 당 운영의 제도화, 당내 민주의 확대 등 다양한 개혁 정책을 꾸준히 추진했다. 이를 통해 공산당은 '혁명당'에서 '집권당'으로 변신하는 데 성공했다. 또 중국의 정치 엘리트와 지식인은 전체적으로 보면 현행 정치 체제가 경제 발전과 사회 안정을 달성하는 데 가장 적합한 모델이라고 생각한다. 그래서 단기간 내에 현행 체제를 개혁할 생각이 없다.

넷째, 한국은 부상하는 중국에 대해 '정책 3중주' 방침을 일관되게 추진해야 한다.

한중 관계는 지난 20년 동안 교류 영역과 주체의 급속한 확대, 영역별 불균등 발전의 심화, 공식 규정과 실제 관계의 괴리, 국력 격차와 비대칭성의 확대라는 특징을 보였다. 현재, 그리고 향후에 북중동맹, 한미동맹, 규범과 가치관의 충돌 등 세 가지 쟁점이 한중 관계에 커다란 영향을 미칠 것이다. 이런 상황에서 한국은 부상하는 중국에 대해 관여(engagement), 위험분산(hedging), 다자주의(multilateralism)로 구성된 '정책 3중주(policy trio)'를 추진해야 한다. 남북관계는 세 가지 정책 모두와 밀접히 관련되어 있고 각 정책에 큰 영향을 미치는 무게중심으로 매우 중요하다.

그래서 한국이 북한 문제를 주도적으로 해결할 때에만 이 세 가지 정책을 잘 추진할 수 있게 된다.

2부

'불완전한' 세계 강대국

2부에서 나는 중국의 부상을 좀 더 깊이 있고 체계적으로 다룰 것이다. 그러려면 먼저 세 가지 사항을 살펴보아야겠다. 먼저 중국이 과연 세계 강대국으로 부상할지를 검토해야 한다. 중국은 현재 일본과 함께 아시아 지역에 막강한 영향력을 행사하는 지역 강대국(regional power)이다. 그렇다면 향후 10-20년 이후 중국은 미국과 함께 아시아 지역뿐만 아니라 세계에 막강한 영향력을 행사하는 세계 강대국(global power)으로 발전할 수 있을까? 냉전 시대에는 미국과 소련이 세계 강대국이었고, 냉전 해체 이후에는 미국만이 세계 강대국으로 군림해 왔다.

또한 미국과 일본 등 세계 각국이 중국의 부상에 어떻게 대응하는가를 검토해야 한다. 1991년 소련의 붕괴 이후 미국은 명실상부한 세계 유일의 '초강대국(superpower)'으로서 세계를 지배해 왔다. 그런데 중국이 급속하게 부상하면서 미국의 패권적인 지위에 위협이 되고, 미국은 자신의 지위를 지키기 위해 다양한 대응 정책을 추진하고 있다. 중국과 영토 분쟁 및 역사 분쟁을 겪고 있는 일본도 중국의 부상에 신경을 곤두세우고 있다. 동남아시아의 중소국가들과 한국도 마찬가지다. 특히 전통 시대에 중국과 조공 관계를 유지했던 한국이나 베트남, 남중국해를 둘러싸고 중국과 영해 분쟁을 겪고 있는 필리핀이나 베트남 등은 중국의 부상을 단순하게 반길 수만은 없는 처지에 있다.

마지막으로 향후 10-20년 후에 아시아에 어떤 지역 질서가 형성될 것인가를 검토해야 한다. 일부 미국의 저명한 학자들은 중국이 세계 강대국으로 부상한 이후 동아시아에는 미국 주도의 기존 질서가 붕괴하고 중국 주도의 새로운 지역 질서, 즉 '신중화 질서'가 등장할 것이라고 주장한다. 이에 비해 미국은 현재와 같은 미국 주도의 지역 질서를 유지하려 노력하고 있고, 미래에도 그것이 실현되기를 희망한다. 중국 주도의 지역 질서를 경계하는 일본이나 호주도 이런 미국 주도의 현행 질서의 지속을 환영한다. 향후 동아시아 지역에 어떤 지역 질서가 등장할 것인가에 따라 한국의 대응은 달라진다.

2부에서는 이러한 세 가지 사항을 하나하나 살펴보려고 한다.

3

지역 강대국에서
세계 강대국으로

중국의 '부상(rise)'(중국말로는 '굴기(崛起)'라고 한다.)이란, 중국
이 아시아의 정치·경제 구조와 게임의 규칙을 결정하는 데 중요
한 영향력을 행사하는 '지역' 강대국에서 전 세계를 대상으로 영
향력을 행사하는 '세계' 강대국으로 발전하는 현상을 가리킨다.
이는 지난 30여 년 동안 중국이 경제력, 군사력, 소프트파워(soft
power) 면에서 급속하게 성장하면서 가능해졌다.

어떤 국가가 지역 강대국 혹은 세계 강대국인가를 평가하는
기준은 학자마다 조금씩 다르다. 일반적으로 한 국가의 국력을
평가할 때에는 국방비 규모와 전투력을 주요 내용으로 하는 군
사력, GDP를 주요 내용으로 하는 경제력, 과학기술 수준, 정치적

통합 능력 등 여러 가지 요소를 기준으로 삼는다. 이중에서 군사력과 경제력이 가장 기본이다. 일부 학자들은 각각의 요소에 가중치를 부여하여 수량화하고, 이를 기초로 한 국가의 지위, 즉 세계 강대국, 지역 강대국, 중견 국가(middle power), 약소국가로 평가하기도 한다.

그런데 이런 복잡한 기준 말고, 특정 국가가 지역 강대국 혹은 세계 강대국인가를 살펴볼 수 있는 상식적이며 간단한 방법이 있다. 예를 들면 이런 식이다. 아시아 지역에서 유럽연합과 유사한 지역공동체를 건설하려고 한다면, 없어서는 안 될 국가는 어느 나라인가? 아시아 국가 중에서는 중국과 일본, 역외 국가 중에서는 미국이 있다. 또한 남중국해를 둘러싼 영해 문제를 해결하는 데 반드시 필요한 나라는? 여기에는 중국과 미국이 속하고, 일본도 경우에 따라서는 매우 중요한 역할을 할 수 있다. 그렇다면 아시아의 대중문화와 관련해서는 어떤가? 일본과 한국, 그리고 미국이 포함될 것이다. 이처럼 정치, 경제, 군사 분야의 지위를 종합해 보면, 아시아 강대국은 중국과 일본이며, 한국은 대중문화 등 특정 영역에서는 지역 강대국에 포함된다. 미국은 아시아 국가는 아니지만 세계 강대국이기 때문에 이 지역에서도 막강한 영향력을 행사한다.

한편 세계의 각 국가는 '국력(national power)' 혹은 '종합 국력'의 증강을 기반으로 지역 강대국이나 세계 강대국으로 부상한다. 통상적으로 국력은 크게 두 가지 종류로 구분한다. 하나는 '하드파워'이고, 다른 하나는 '소프트파워'다. 여기서 하드파워는 앞에서 말한 군사력과 경제력을 의미한다. 소프트파워는 한 국가의 문화, 규범, 가치와 관련된 매력(attractiveness)을 통해 행사하는 힘을 의미한다. 따라서 우리가 중국의 부상을 평가할 때에는 하드파워뿐만 아니라 소프트파워도 함께 분석해야 한다. 중국은 기본적으로 경제력과 군사력의 증강에 기초해서 세계 강대국으로 부상하고 있지만, 그것만으로는 진정한 세계 강대국이 될 수 없기 때문이다. 실제로 중국은 1990년대 후반부터 소프트파워의 강화를 중요한 외교 정책의 하나로 추진하고 있고, 21세기에 들어서는 그것이 더욱 강화되었다.

'세계의 공장'에서 세계의 시장, 투자자, 규칙 제정자로

세계 2위의 경제 대국

중국의 경제성장은 세계의 그 어떤 국가와 비교해도 눈부시다. 단적으로 중국은 개혁기 30여 년 동안, 즉 1978년부터 2010년까지 연평균 9.9퍼센트의 경제성장률을 기록하여 세계에서 성장이 가장 빠른 국가가 되었다. 동아시아의 일부 국가도 이와 같은 빠른 경제성장을 경험했었다. 예를 들어 일본은 1950년대 중반부터 1960년대 말까지 연 10퍼센트에 가까운 고도 성장을 기록했고, 한국과 대만도 1960년대에 이런 고도 성장을 경험했다. 그러나 인구 규모를 고려하면 중국의 경제성장은 진정한 기적이라고 할 수 있다. 개혁·개방 정책을 시작한 1978년에 중국의 인구는 9억 5000만 명이었고, 현재는 13억 4000만 명이다. 이런 대규모의 인구를 가진 국가가 30여 년 동안 평균 10퍼센트의 경제성장률을 기록했다는 것은 정말 대단한 일이다. 이에 비해 일본은 6000만에서 1억 명, 한국과 대만은 3000만과 2000만 명의 인구 규모에서 고도 성장을 달성했다.

이런 급속한 경제성장의 결과로 중국은 2010년 말 미국에 이어 세계 2위의 경제 대국이 되었다. 2010년 말 중국의 국내총생

표 2-1 미국과 중국의 경제 비교

(단위: 1억 달러)

연도	미국	중국	미·중차액	중국/미국 (퍼센트)
1990	58,031	3,903	54,128	6.7
2000	98,170	11,985	86,185	12.2
2001	101,280	13,248	88,032	13.1
2002	104,696	14,538	90,158	13.9
2003	109,608	16,410	93,198	15.0
2004	116,859	19,316	97,543	16.5
2005	124,219	22,358	101,861	18.0
2006	131,784	26,578	105,206	20.2
2007	138,076	33,825	104,251	24.5
2008	142,646	44,016	98,630	30.9

출처: Institute of International Strategic and Development Studies, *The Rise of China's Power and International Role* (June 2009), 9쪽.

산(GDP) 규모는 약 5조 8000억 달러로, 약 5조 6000억 달러를 기록한 일본을 추월한 것이다. 이렇게 되면서 1960년대 후반부터 최근까지 40여 년 동안 세계 2위의 경제 대국 지위를 누렸던 일본은 커다란 충격에 빠졌다. 참고로 잠정적인 통계이지만 2011년에도 중국은 9.2퍼센트의 경제성장률을 기록하여 경상 GDP가 7조 3000억 달러를 돌파했다.

이와 같은 중국의 급속한 경제성장으로 인해 미국과 중국 간의 경제 규모의 격차는 급속히 축소되었다. 예를 들어 중국 칭화 (淸華) 대학교의 국제전략발전연구센터가 2009년 6월에 발표한 『중국 국력과 국제적 역할의 증가(The Rise of China's Power and International Role)』라는 보고서에 의하면, 1990년 중국의 GDP는 미국 GDP의 6.7퍼센트에 불과했다. 그런데 18년이 지난 2008년에는 그것이 30.9퍼센트(**표 2-1** 참고)가 되었다. 다시 말해 중국의 GDP는 같은 기간 동안 11.3배가 증가한 것에 비해 미국의 GDP는 단지 2.5배 증가했을 뿐이다.

중국의 경제성장은 계속될 것인가?

그런데 우리에게 더욱 중요한 것은 중국의 경제적 부상이 미래에도 지속될 것이라는 전망이다. 그 결과 중국은 향후 10년 이후, 대략 2020년 무렵에는 미국을 추월하여 세계 1위의 경제 대국이 될 것으로 예측된다. 이와 관련하여 몇 가지 연구 결과를 살펴보자.

표 2-2 미국과 중국의 국내총생산(GDP) 성장률: 21세기 전망

연도	실질 성장률 (년/퍼센트)		국내총생산(GDP) (1조 달러: 2005년 기준)			1인당 국내총생산(GDP) (1000달러: 2005년 기준)		
	미국	중국	미국	중국 (시장 환율)	중국 (PPP)	미국	중국 (시장 환율)	중국 (PPP)
2005	3.0	9.6	12	2	5	41	1.7	4.1
2010	2	9.5	14	4	8	43	2.9	6.1
2020	3	8.5	18	10	18	52	6.9	12.7
2030	3	7.5	24	22	35	64	15	24
2040	3	6.5	33	45	63	78	30	42
2050	3	5.5	44	82	104	95	53	67
2060	3	4.3	59	131	152	116	83	96
2070	3	3	80	178	199	142	109	123
2080	3	3	107	244	262	174	146	159
2090	3	3	144	335	348	214	197	208
2100	3	3	194	466	466	262	271	271

출처: Albert Keidel, *China's Economic Rise: Fact and Fiction*(Carnegie Endowment for International Peace, July 2008), 6쪽.

먼저 **표 2-2**는 미국의 한 경제학자가 미중 양국의 실질 경제 성장률을 추정하고, 그것을 토대로 평균 시장 환율과 구매력 지수(PPP) 환율로 나누어 양국의 GDP 성장률을 계산한 것이다. 여기서 구매력 지수 GDP로 계산하면 중국은 2020년이면 미국과 같아진다. 다시 말해 향후 10년 이내에 중국과 미국의 경제 규모는 같아진다는 뜻이다. 경상GDP(평균 시장 환율로 계산한 국내총생산)로 계산할 경우에는 2030년이면 중국과 미국은 거의 같은 경제 규모에 도달하고, 2040년이 되면 중국이 미국을 추월한다. 이와 같은 예측은 다른 보고서에서도 찾아볼 수 있다. 예를 들어 2009년 초에 발간된 호주 국방부의 「2030년 국방 예측 보고서」, 즉 『아시아-태평양 세기 호주의 국방: 2030년 군사력(Defending Australia in the Asia Pacific Century: Force 2030)』도 동일한 주장을 내놓았다. (앞에서 살펴본 칭화 대학교 국제전략발전연구센터의 보고서도 이와 크게 다르지 않다.)

그런데 여기서 주의할 것이 있다. 위에서 살펴본 보고서들은 모두 2008년 9월에 시작된 세계 금융 위기를 고려하지 않았다는 사실이다. 이미 잘 알려져 있듯이, 세계 금융 위기 이후 미국과 유럽은 경제 침체에 빠졌고 이에 따라 경제성장률은 이전에 예상했던 수준을 밑돌고 있다. 이런 추세는 당분간 이어질 것이다. 이에 비해 중국은 약간의 영향은 받았지만 여전히 연평균 8-9퍼센트 대의 높은 경제성장률을 유지하고 있다. 만약 이런 상황을 고려하여 다시 계산한다면, 중국의 경제적 부상 속도는 더욱 빠를 것이다.

실제로 최근에 발표된 주요 보고서는 이런 사실을 입증한다. 먼저 2011년 3월에 발표된 국제통화기금(IMF)의 보고서가 있다. 이에 따르면 구매력 지수로 계산한 중국의 GDP는 2016년에 약 18조 달러에 달하여 미국의 GDP와 같아진다. 즉 2016년이면 중국이 미국을 추월하여 세계 최대의 경제 대국이 된다는 것이다.

한편 2011년 9월에 발표된 칭화 대학교 국정연구센터(國情硏

究中心)의 보고서인 『중국 2030: 공동부유를 향한 매진(中國 2030: 邁向共同富裕)』은 양국의 경제 규모를 경상 GDP로 계산했다. 우선 이 보고서는 중국의 경제성장률을 2010년에서 2020년까지는 연 8퍼센트, 2020년에서 2030년까지는 연 7퍼센트로 추정했다. 이런 추정 성장률에 따라 계산하면 2020년이면 중국의 경상 GDP(22조 7000억 달러)는 미국의 GDP(21조 9000억 달러)를 추월하고, 2030년 이 되면 미국의 두 배(66조 4000억 달러 대 32조 4000억 달러)가 된다. 다시 말해 구매력 지수가 아니라 경상GDP로 계산해도 10년 이내에 중국이 미국을 제치고 세계 최대의 경제 대국이 된다.

중국의 장기적인 경제 발전을 전망하는 데 또 하나의 중요한 요소로 과학기술의 발전 정도를 꼽을 수 있다. 결론부터 말하자면 이 측면에서도 중국의 경제적 부상은 낙관적이다. 2011년 4월 미국 브루킹스 연구소(Brookings Institution)에서 출간된 후안강(胡鞍鋼) 교수의 『2020년 중국(China in 2020)』에 의하면, 중국은 이미 과학기술 분야에서도 미국, 일본, 독일, 영국과 함께 세계 5대 강국에 진입했다. 이는 국제적으로 발표된 중국의 과학기술 논문, 국내외 각종 특허, 연구개발 부문의 투자 등 객관적이고 구체적인 지표를 통해서 확인할 수 있다. 이처럼 중국은 무한한 잠재력을 가진 거대한 시장, 풍부한 양질의 노동력, 견실한 정부의 재정 능력 등 경제성장에 필요한 기본 요소 이외에 과학기술의 발전 면에서도 매우 유리한 조건에 있다.

경제적 부상의 의미 1: 세계의 시장

경제적 부상이 갖는 중요한 의미는 중국이 더 이상 '세계의 공장'에 머물러 있지 않다는 사실이다. 중국이 '세계의 공장'이라는 말은 10년 전의 이야기다. 그 대신 중국은 이제 미국 및 유럽과 어깨를 나란히 하는 세계의 시장, 세계의 투자자, 세계의 규칙 제정자의 역할을 담당하고 있다. 이는 정치적으로 매우 커다란 의미를 갖는다. 우리가 중국의 경제적 부상에 주목하는 이유는 바로 이 때문이다.

중국은 빠르게 '세계의 시장'으로 등장하고 있다. 중국은 미국을 대신하여 주요 국가들에 상품 판매의 장소를 제공하는 세계 최대의 시장이 된다는 것이다. 자동차와 가전제품 등 주요 내구성 소비재 항목에서 이미 중국은 미국을 제치고 세계 1위 시장으로 부상했다. 이렇게 되면서 세계 각국의 중국에 대한 무역의존도, 즉 GDP에서 수출입이 차지하는 비중(참고로 2010년 한국의 무역의존도는 96퍼센트였다. 즉 1조 달러의 GDP 중에서 9600억 달러가 무역을 통해 달성된 것이다.)은 지속적으로 증가해 왔고, 향후에는 그 속도가 더욱 빨라질 전망이다. 이는 중국이 세계 각국과의 경제 관계에서 주도적 위치를 차지하고, 이를 배경으로 상당한 정치적 영향력을 행사한다는 사실을 의미한다. 흔한 말로 계약 관계에서 중국은 '갑(甲)'이 되고, 다른 국가들은 '을(乙)'이 되는 상황이 연출되는 것이다.

앞에서 살펴본 칭화 대학교 국정연구센터의 『중국 2030』은 이를 구체적인 숫자로 보여 준다. 이 보고서에 따르면 2020년에는 중국의 시장 규모가 아직 미국을 추월하지 못한다. 중국의 시장 규모는 14조 5000억 달러인데 비해 미국의 시장 규모는 18조 6000억 달러로, 여전히 미국이 세계 1위의 시장이다. 그런데 2025년이 되면, 중국의 시장 규모가 25조 9000억 달러에 달해, 22조 6000억 달러인 미국의 시장 규모를 추월한다. 다시 말해 중국이 세계 최대의 시장이 되는 것이다. 2030년에는 중국의 시장 규모가 미국의 약 두 배(48조 5000억 달러 대 27조 7000억 달러)에 달한다.

이와 관련하여 2차 세계대전 이후 미국이 어떻게 세계 강대국의 역할을 수행했는가를 살펴보면 참고가 된다. 미국은 기본적으로 경제력, 군사력, 소프트파워를 기반으로 세계 강대국이 되었다. 그런데 여기서 잊어서는 안 되는 것이 바로 미국이 최근까지 세계의 시장 역할을 수행했다는 사실이다. 이에 따라 독일이나 프랑스 등 유럽의 주요 국가나 일본, 한국, 대만 등 아시아의 주요 국가 중에서 미국의 '덕'을 보지 않는 국가는 거의 없다. 다시 말해 이들 국가들은 미국 시장에 많은 상품을 수출하고 이를 통해 막대한 무역흑자를 달성했으며, 이것이 이들 국가의 경제 회복과 발전에 크게 기여했다는 것이다. 이처럼 미국은 경제적으로 '인자한 맏형' 역할을 함으로써 국제사회에서 리더십을 인정받을 수 있었다.

일본은 미국과 대조되는 측면에서 또 다른 참고가 된다. 일본은 1950년대에 시작된 빠른 경제성장을 기반으로 1960년대 후반에 들어서는 미국의 뒤를 이은 세계 2위의 경제 대국이 되었다. 그런데 이런 막강한 경제력에 비해 일본이 국제사회에서 행사하는 영향력은 상대적으로 미미하다. 세계는 말할 것도 없고 아시아 지역에서도 일본은 정치적 지도력을 행사한 적이 없다. 여기에는 여러 요인들이 작용한다. 2차 세계대전의 전범국이라는 원죄, 미진한 역사 문제의 처리와 이에 대한 주변 국가들의 불만, 미국 일변도의 대외정책 등이 걸림돌이 되었다.

그런데 이런 모든 이유들 못지않게 중요한 또 하나의 요인은 바로 일본은 과거부터 현재까지 경제력에 상응하는 세계의 시장 역할을 한 번도 수행한 적이 없다는 점이다. 단적으로 일본은 자국의 기간산업을 육성하기 위해 국내시장은 개방하지 않으면서 외국시장에는 적극 진출하여 경제적 이득을 취하는 일방통행식의 수출 주도형 발전 전략을 구사했다. 그래서 아시아 주변 국가들조차도 일본과의 교역에서 모두 적자를 면하지 못했다. 이렇게 되면서 일본은 경제가 발전하면 할수록 '경제 동물(economic animals)'이라는 오명을 쓰게 되었다.

이에 비해 중국은 처음부터 개방을 통한 경제성장 정책을 적극 추진해 왔다. 그 결과 중국은 개발도상국 중에서는 빠르게 세계의 시장 역할을 수행하는 국가가 되었다. 예를 들어 중국은 1978년 새로운 당노선으로 '사회주의 현대화'를 채택했고, 그것을 위해 '개혁'과 함께 '개방'을 추진하기로 결정했다. 이를 실천하기 위해 1980년부터 광둥성(廣東省) 선전(深圳) 등에 4대 경제특구를 설치하여 개방을 실험했고, 1984년에는 이를 열네 개 대도시로, 1990년대에는 전국으로 확대했다. 또한 중국은 1986년에 관세 및 무역에 관한 일반협정(GATT)에 가입을 신청했고, 이후 10여 년의 협상을 통해 2001년에 WTO에 공식 가입했다. 이로써 중국 경제는 개방 경제로 탈바꿈했다. 그뿐만 아니라 중국은 2002년 아세안(ASEAN)과의 FTA 체결을 시작으로 주요 국가와의 FTA 체결을 적극 추진해 왔다. 중국은 이런 과정을 통해 아시아의 'FTA 중심국(hub)'으로 부상한 것이다.

이처럼 개방 정책을 적극적으로 추진한 결과 중국은 현재 아시아 국가의 주요 시장으로 등장했다. 과거에 미국과 일본의 중요한 경제 파트너였던 아세안의 경우를 살펴보자. 중국과 아세안 간의 교역은 1990년대 이후 연평균 20퍼센트씩 증가했다. 그래서 2006년에는 아세안의 중국과의 교역이 1609억 달러로 미국과의 교역(1685억 달러)과 거의 같아졌다. 동시에 아세안의 중국 무역의 존도는 1993년의 1.4퍼센트에서 2006년의 13퍼센트로 아홉 배나 증가했다. 반면 같은 기간 동안에 아세안의 일본 무역의존도는 1993년의 20.6퍼센트에서 2006년의 15.1퍼센트로 감소했다. 이렇게 되면서 1960년대부터 최근까지 일본의 '뒷마당'으로 간주되었던 아세안에서 일본의 영향력은 눈에 띄게 약화되었다.

중국 무역의존도의 증가 현상은 미국의 중요한 안보 협력 국가에서도 나타난다. 한국, 일본, 필리핀, 호주, 싱가포르, 태국 등 6개국의 중국 수출은 1996년 510억 달러에서 2006년 2780억 달러로 다섯 배 이상 증가했다. 또한 6개국의 총수출에서 중국 시장이 차지하는 비중도 1996년의 5.1퍼센트에서 2006년의 14.3퍼센트로 세 배나 증가했다. 이는 일본의 경우에도 마찬가지다. 즉 1996-2006년에 중일 간의 무역은 239퍼센트 증가한 데 비해 미일 간의 무역은 12퍼센트 증가하는 데 그쳤다. 그 결과 2006년 일본 무역에서 중국과 미국이 차지하는 비중은 모두 17퍼센트로 같아졌다. 2011년 일본의 총 수출에서 미국 시장이 차지하는 비율은 16.4퍼센트인 반면, 중국 시장이 차지하는 비율은 19.7퍼센트였다. 즉 중국이 일본의 최대 수출 시장이 된 것이다.

이처럼 중국 시장에 대한 일본의 의존도가 증가하면서, 일본은 중국에 대해 적대 정책을 지속할 수 없는 상황에 처하게 되었다. 2001년에 등장한 고이즈미 준이치로(小泉純一郎) 정부는 중국에 대해 강경 정책을 추진했었다. 지속적인 야스쿠니 신사 참배, 미국과의 군사동맹 강화, 호주 등 주요 국가와의 안보 협력 강화 등이 대표적인 정책이다. 그런데 2006년 아베 신조(安倍晋三) 수상이 등장하면서 일본의 중국 정책은 유화적으로 변했다. 이런 유화 정책은 2009년 민주당 정부가 등장한 이후에도 지속되고 있다.

이 같은 중국 정책의 변화는 일본 경제에서 중국이 차지하는 비중이 증가하는 것과 밀접히 연관되어 있다. 고이즈미 준이치로 정부 시기에 중일 간의 정치 관계가 악화되면서, 그동안의 양국 관계를 지탱해 주던 경제 관계도 악화되기 시작했다. 즉 '정냉경열(政冷經熱)'이 '정냉경냉(政冷經冷)'으로 변화하기 시작한 것이다. 이렇게 되면서 중국 내에서 활동하던 일본의 대기업과 그들의 이익을 대변하는 경제단체연합회(經團聯)는 일본 정부에 압력을 행사했다. 이것이 일본의 중국 강경 정책을 약화시킨 중요한 하나의 요인이 되었다.

경제적 부상의 의미 2: 세계의 투자자

지금까지는 주로 미국과 유럽 등 서유럽 선진국과 사우디아라비아나 쿠웨이트 같은 원유 수출국이 세계의 투자자 역할을 맡아 왔다. 그런데 매년 증가하는 막대한 외환보유고를 바탕으로 중국이 이제 '세계의 투자자'로 등장한 것이다. 이렇게 되면서 국제사회에서 중국이 차지하는 비중이 더욱 높아졌고, 정치적 영향력도 더욱 확대되었다.

구체적으로 중국은 2011년 12월 현재 약 3조 2000억 달러의 외환보유고를 갖고 있다. 이는 세계 1위의 규모다. 만약 여기에 홍콩과 마카오의 외환보유고를 더하면 그 규모는 더욱 커진다. 2011년 한국의 GDP가 1조 2000억 달러인 것을 비교하면, 중국의 외환보유고가 얼마나 큰 것인가를 알 수 있다. 중국은 이 같은 막대한 외환보유고를 이용하여 아시아, 아프리카, 라틴아메리카의 주요 국가에 해외직접투자(FDI)와 공적개발원조(ODA)를 확대하고 있다. 대외경제정책연구원(KIEP)의 한 보고서에 따르면, 중국의 해외투자는 1996년 약 21억 달러에서 2008년 약 559억 달러로 스물일곱 배나 증가했다. 2008년 말 중국의 누계 해외투자액은 약 1840억 달러다.

우리는 세계의 투자자로 등장한 중국의 존재를 전 세계적으로 확인할 수 있다. 대외경제정책연구원의 「중국의 아프리카 진출 가속화 동향 및 시사점」(2011년 9월)에 의하면, 중국과 아프리카 간의 무역은 2000년 100억 달러에서 2010년 1200억 달러로 열두 배나 증가했다. 이와 비슷하게, 중국의 아프리카 투자도 2000년 '중국·아프리카 협력포럼(CACF)'이 창설된 이후 급증했다. 즉 중국의 직접투자는 2003년 약 5억 달러에서 2009년 약 94억 달러로 열아홉 배나 증가한 것이다. 이런 투자는 사회 기반시설과 석유 개발 사업의 참여, 대형 은행의 지분 인수 등에 집중되었다. 예컨대 2007년 10월에 중국공상은행(ICBC)은 남아프리카공화국의 스탠다드(Standard) 은행의 지분 20퍼센트를 55억 달러에 인수했다. 이처럼 중국의 직접투자가 증가하면서 최소한 2000개 이상의 중국 기업이 마흔아홉 개 아프리카 국가에 진출하여 다양한 사업을 전개하고 있다. 또한 KIEP의 같은 보고서에 의하면, 아프리카에 대한 중국의 공적개발원조도 증가했다. 2009년 말 중국의 전체 해외 원조 400억 달러의 45퍼센트 이상(약 180억 달러)이 아프리카에 제공되고 있다. 참고로 다른 지역의 비중을 살펴보면, 아시아 32.8퍼센트, 중남미 12.7퍼센트, 기타 8.8퍼센트다.

세계 투자자로서의 중국의 영향력은 미국과 유럽 지역에서도 나타나고 있다. 현재 중국은 미국 국채를 1조 달러 이상 매입했고, 그래서 미국의 최대 채권 국가가 되었다. 그 결과 중국은 저

가의 상품을 공급하여 미국인의 소비 생활을 유지시켜 주는 생산
자로서의 역할뿐만 아니라, 거대한 재정적자를 보전하여 미국 정
부의 재정을 지탱시켜 주는 채권자의 역할도 수행하고 있다. 물
론 미국은 반대급부로 중국에 거대한 시장을 제공함으로써 막대
한 무역수지 흑자를 안겨 주고 있다. 이런 중국의 무역수지 흑자
가 바로 미국 국채 매입 자금으로 사용된다.

　중국은 또한 유로존(Eurozone)(27개국으로 구성된 유럽연합 중에
서 유로화를 단일 화폐로 사용하는 17개국)의 경제 위기를 해결할 수
있는 중요한 구원자로 거론되고 있다. 현재의 유로존 위기는 그
리스 등 일부 국가의 정부 부채가 급격하게 증가하면서 발생한
재정 위기의 성격이 강하다. 이 문제를 해결하기 위해서는 누군
가가 막대한 자금을 유럽재정안정기금(EFSF)에 제공해야 하는
데, 그것이 바로 중국이라는 것이다. 물론 중국은 이런 구원자 역
할을 맡지는 않을 것이다. 하루 1달러 미만으로 살아가는 빈곤층
이 1억 명이 넘는 '가난한 중국'이 방만하게 재정을 운영하여 파
산 지경에 이른 '부유한 유럽인'을 도와준다는 것이 국민 정서상
맞지 않기 때문이다. 대신 중국은 IMF에 대한 투자 확대를 통한
지원이나 개별 국가의 국채를 소량 매입하는 방식을 통한 지원을
모색하고 있다.

경제적 부상의 의미 3: 세계의 규칙 제정자

　마지막으로 중국은 '세계의 규칙 제정자(rule-setter)'로 등장

하고 있다. 지금까지 세계의 경제 규칙은 서유럽 선진국, 즉 미국과 유럽 국가들이 결정했다. 일본은 비록 최근까지 세계 2위의 경제 대국이었지만 세계의 규칙 제정자로서는 큰 역할을 발휘하지 못했다. 한국과 같은 다른 개발도상국은 서유럽 선진국이 제정한 경제적인 게임 규칙을 무조건 따라야만 했다. 그것은 때로는 매우 가혹한 것이다. 우리는 1997-1998년 아시아 경제 위기 기간에 이것이 얼마나 힘들고 비참한 일인가를 직접 경험할 수 있었다.

세계의 규칙 제정자로 등장한 중국을 상징적으로 보여 주는 것이 바로 중국인이 세계 경제기구 지도자로서 진출하고 있는 상황이다. 세계의 경제 규칙을 제정하는 과정에서 막강한 영향력을 행사하는 조직으로는 두 가지가 있다. 하나는 세계은행(World Bank)이고 다른 하나는 국제통화기금(IMF)이다. 2012년 2월 현재 세계은행 총재는 2007년에 취임한 로버트 졸릭(Robert Zoellick)이다. (2012년 4월에는 한국계 미국인 김용이 총재로 선임되었다.) 그는 미국 조시 부시(George W. Bush) 정부의 국무부 차관을 지낸 인물이다. 반면 IMF 총재는 2011년 말에 취임한 크리스틴 라가르드(Christine Lagarde)다. 그녀는 프랑스 재무장관 출신이다. 이처럼 미국과 유럽은 두 기구의 운영을 각각 분담하여 주도하고 있다.

그런데 재미있는 사실은 두 기구의 여러 부총재 중 하나에 중국인이 임명되었다는 점이다. 세계은행 부총재에는 린이푸(林毅夫) 베이징 대학교 교수가 2008년에 임명되었다. IMF 부총재에는 주민(朱民) 중국인민은행의 전임 부총재가 2011년에 임명되었다.

이로써 중국은 양대 국제기구에서 영향력을 행사할 수 있는 수단을 확보하게 된 것이다.

중국의 규칙 제정자 역할은 2008년 하반기 세계 금융 위기 이후 더욱 강화되었다. 이는 '주요 20개국(G-20)' 회의에서 잘 나타나고 있다. 중국은 막강한 경제력을 바탕으로 세계 금융 위기 이후 IMF 의결권의 재분배, 새로운 기축통화의 도입, 금융자본 통제의 강화, 개발도상국의 지원 확대 등 국제 금융 질서의 재편과 관련하여 목소리를 높이고 있다. 실제로 이중에서 일부는 관철되고 있다. 예를 들어, 2010년 11월에 개최된 G-20 서울 회의에서 중국의 IMF 의결권을 기존의 3.65퍼센트에서 6.4퍼센트로 확대하는 방안이 합의되었다. 이렇게 되면 중국의 IMF 의결권 규모는 미국과 일본 다음으로 많은 3위가 된다. (이전에는 6위였다.)

아시아의 군사 강국

중국의 군사력 증강에 대한 몇 가지 오해

한국전쟁을 겪은 우리 부모 세대들은 중국에 대해 좋지 않은 인상을 가지고 있다. 나의 어머니도 내가 중국을 연구한다고 했을 때 달가워하지 않으셨던 것으로 기억한다. 미국 등 많은 나라 중에서 왜 하필 "지저분하고 우리와 원수인 중국"을 연구하느냐는 것이었다. 이런 어머니조차 2011년 초 칠순을 기념하여 상하이 등 주요 관광지로 가족 여행을 다녀와서는 생각을 바꾸셨다.

중국에 대한 나쁜 인상 중의 하나가 바로 중공군의 '인해전술(人海戰術)'이다. 이것은 한국전쟁에 참전한 중국군이 소총과 같은 최소한의 무기도 없어서 많은 병사들을 떼 지어 공격하게 하는 방식을 사용했다는 가공된 이야기다. 이는 곧 중국의 군사력이 매우 낙후되었다는 것을 의미하고, 이런 인상은 직간접으로 현재까지 이어지고 있다. 약 30년 전이었다면 이런 인상은 어느 정도 타당했을 것이다. 그러나 뒤에서 보겠지만 이런 이야기는 1990년대 이후 더 이상 현실에 맞지 않는 잘못된 오해다.

또한 우리 사회의 일부에서는 중국의 군사력이 최근에 급격히 증강되어 한국에 군사적으로 커다란 위협이 되고 있다고 생각한다. 이런 생각은 2010년 천안함 폭침과 연평도 포격 사건을 거치면서 더욱 확대되었다. 그러나 이것도 오해다. 만약 중국이 한국에 군사적으로 위협이 된다면, 그것은 최근의 일이 아니라 이미 40-50년이 넘은 오랜 일이기 때문이다. 중국은 이미 1960년대부터 핵무기를 개발하기 시작했고, 1970년대 초에는 초보적인 수준에서 핵무장을 했다. 이후 중국은 미국, 소련/러시아 등과 함께 세계 5대 핵무기 보유국으로 발전했다. 이에 비해 한국은 과거나 현재 모두 핵무기를 보유하고 있지 않다. 재래식 무기와 핵무기는 차원이 다르기 때문에 한국은 이미 오래전부터 군사적으로는 중국의 적수가 되지 못했던 것이다.

이런 점에서 보면, 중국의 군사적 위협은 1992년 한중 수교 이전에 더 컸다고 할 수 있다. 당시에는 냉전 체제 속에서 한중은 상호 적대적인 관계에 있었기 때문이다. 그래서 사소한 정치적 대립도 쉽게 군사적 대립으로 악화될 가능성이 매우 높았다. 또 그럴 경우 우리가 독자적으로 이런 갈등을 해결할 수 있는 수단이나 방법도 매우 적었다. 이에 비해 1992년 국교 수립 이후 최근까지 한중 관계는 비약적으로 발전했고, 이로 인해 양국 간에는 다양한 통로와 수단이 만들어졌다. 그래서 오히려 최근이 중국의 군사적 위협이 더 적다고 말할 수 있다. 최소한 우리는 중국에 대해 우리의 입장을 전달하고 설득할 수 있는 기초는 가지고 있기 때문이다.

마지막으로 중국은 '공산주의 국가'이기 때문에 국력이 커지면서 자신의 영향력과 세력을 해외로 확대하기 위해 군사력을 급속히 증강하고 있다는 생각을 살펴보자. 이 생각도 오해다. 우선, 부상하는 강대국이 군사력을 증강하는 것은 중국만의 특징이 아니라 모든 국가의 일반적인 특징이다. 예를 들어 전근대 시기 유럽에서는 네덜란드, 스페인, 영국, 20세기에 들어서는 미국과 소련이 세계 강대국으로 등장하는 과정에서 급격한 군사력 증강을 경험했다. 대부분의 강대국은 안보의 필요성 이외에도, 시장 개척, 석유 자원과 원료 확보, 안전한 해상 교통로 확보의 필요성 등의 이유로 군사력을 증강했던 것이다.

1990년대 이후 중국도 이런 필요성에 직면해 있다. 경제적 측면을 살펴보면, 무엇보다 중국은 1994년 이후 석유 수입국이 되면서 안전한 원유 수송로를 확보해야 할 필요성이 대두되었다. 과거와 현재 모두 주요 원유 수송로는 미국이 지키고 있다. 또한 중국의 대외무역이 급속히 확대되면서 안전한 해상 교통로를 확보할 필요성도 동시에 대두되었다. 게다가 아시아 지역뿐만 아니라 아프리카, 라틴아메리카 지역에도 중국이 수천억 달러의 거액을 투자하면서 만일의 경우 자국민의 해외자산과 투자를 보호할 필요성도 크게 증가했다.

군사, 안보적인 측면에서는 군사력 증강의 필요성이 더욱 절실했다. 중국이 세계 강대국으로 급속히 부상하면서 이에 대해 미국을 중심으로 한 기존 강대국의 군사적 견제 혹은 '봉쇄(containment)'가 강화되었다. 1989년 톈안먼(天安門) 사건 이후 최근까지 이어지고 있는 미국의 안보 정책은 이런 상황을 잘 보여준다. 중국의 입장에서 보면, 이런 미국 주도의 군사적 견제는 우려할 사항이다. 이에 맞서기 위해서는 중국도 군사력을 증강해야 한다는 목소리가 군을 중심으로 강력하게 제기되었다.

게다가 중국의 부상과 함께 중국과 육속 및 해양 국경선을 맞대고 있는 열아홉 개 주변국의 경계심은 점차 강화되었다. 이런 경계심은 다시 이들 국가와 미국 간의 안보 협력 강화로 나타났다. 단적으로 중국은 남중국해와 센카쿠열도(尖閣列島)/댜오위다오(釣魚島)를 둘러싼 해상 분쟁, 인도와의 국경선 획정을 놓고 벌어지는 갈등에 대비해야 한다. 마지막으로 장쩌민과 후진타오 등 카리스마적 권위가 없는 '3세대'와 '4세대' 지도부는 군부의 충성과 복종을 유도하기 위해 군부가 요구하는 국방비 증액과 군 현대화를 지원해야 했다. 이 점은 다른 국가에는 없는 중국만의 특수한 조건이다.

국방비의 급속한 증가

이상에서 살펴본 이유로 인해 중국의 군사력은 1990년대 들어서 본격적으로 강화되기 시작했다. 이는 크게 국방비의 급격한 증가, 무기 현대화와 전투력 향상으로 나누어 살펴볼 수 있다.

중국의 국방비는 1990년대 이후 급격히 증가했다. 구체적으로 1996년부터 2008년까지 12년 동안 중국 정부가 발표한 국방 예산은 매년 12.9퍼센트씩 증가했다. 그 결과 **표 2-3**이 보여 주듯이, 2011년 중국의 국방 예산(915억 달러)은 2002년 국방 예산(200억 달러)보다 4.6배나 증가했다. 이는 세계에서 가장 빠른 증가율이다. 참고로 **표 2-4**에 의하면, 같은 기간 동안 미국의 국방비는 1.6배 증가했을 뿐이다. 냉전 해체 이후 미국을 제외한 대부분

표 2-3 중국의 국방비

(단위: 10억 달러)

	2002	2003	2004	2005	2006	2007	2008	2009	2010	2011
중국국방예산	20	25.7	29.8	33.6	38.5	46	60	69.2	78	91.5
최저추정치	45	50	59.6	70	85	97	105	n/a	n/a	n/a
최고추정치	65	70	89.4	105	125	139	150	150	160	n/a

출처: 외교통상부, 『중국 개황 2012』, 149쪽 ; Office of the Secretary of Defense, *Military Power of the People's Republic of China, Annual Report to Congress*, 각 연도 통계.

표 2-4 국가별 국방비 지출 비교(1998-2010년)

(단위: 10억 달러, 각 년도 가격 기준과 환율 적용)

		1998	1999	2000	2001	2002	2003	2004	2005	2006	2007	2008	2009	2010
미국	국방비	256.1	259.9	280.6	281.4	335.7	417.4	455.3	478.2	528.7	547	607	661	698
	세계 비중 (퍼센트)	36	36	35	36	43	47	47	48	46	45	41.5	43	43
중국	국방비	16.9	18.4	23	27	31.1	32.8	35.4	41	49.5	58.3	84.9	100	119
	세계 비중 (퍼센트)	3	3	3	3	4	4	4	4	4	5	5.8	6.6	7.3
일본	국방비	51.3	51.2	37.8	38.5	46.7	46.9	42.4	42.1	43.7	43.6	46.3	51	54.5
	세계 비중 (퍼센트)	7	7	4	5	6	5	4	4	4	4	3.2	3.3	3.3
영국	국방비	32.6	31.8	36.3	37	36	37.1	47.4	48.3	59.2	59.7	65.3	58.3	59.6
	세계 비중 (퍼센트)	4	4	4	4	5	4	5	5	5	5	4.5	3.8	3.7
프랑스	국방비	45.5	46.8	40.4	40	33.6	35	46.2	46.2	53.1	53.6	65.7	63.9	59.3
	세계 비중 (퍼센트)	7	7	5	5	5	5	5	5	5	5	4.5	4.2	3.6
러시아	국방비	18.1	22.4	43.9	43.9	11.4	13	19.4	21	34.7	35.4	58.6	53.3	58.7
	세계 비중 (퍼센트)	3	3	6	6	2	1	2	2	3	3	4	3.5	3.6
한국	국방비	15.2	15.0	10.0	10.2	13.5	13.9	15.5	16.4	21.9	22.6	24.2	24.1	24.3
	세계 비중 (퍼센트)	2	2	1	1	2	2	2	2	2	2	1.7	1.6	1.6

출처: Stockholm International Peace Research Institute, *SIPRI Yearbook: Armaments, Disarmament and International Security*, 각 연도 통계.

국가의 국방비가 축소 혹은 소폭 상승한 것과 달리 중국의 국방비는 오히려 크게 증가한 것이다.

또한 국방비의 규모, 즉 절대 금액 면에서도 중국의 국방비는 크게 증가했다. 중국의 '실제' 국방비(국방 예산에 무기 구입비, 국방

과학기술 연구비 등을 합한 실제 총 지출)는 정부가 공식 발표하는 '국방 예산'보다 최소 1.5-2배 이상 많다고 평가된다. 그래서 **표 2-3**에 의하면, 2010년의 경우 중국 정부가 발표한 국방 예산은 780억 달러에 불과하지만, 미국 국방부가 계산한 실제 국방비(추정치)는 1600억 달러에 달했다. 참고로 **표 2-4**가 보여 주듯이, 스톡홀름 국제평화연구소(SIPRI)가 계산한 것에 의하면, 2010년 중국의 국방비는 이것보다는 조금 적어 1190억 달러다. 이처럼 중국의 국방비가 지난 10여 년 동안 급속히 증가한 결과, 그 규모는 2008년 이후 미국에 이어 세계 2위를 차지하고 있다.

군 현대화의 추진

중국의 군사력 증강은 무기 현대화와 전투력 향상 면에서도 나타나고 있다. 먼저 무기 현대화를 살펴보자. 1990년대 중국이 러시아로부터 도입한 무기, 장비 및 군사 기술 규모는 총 70-80억 달러로 연평균 10억 달러로 추산된다. 이런 무기 및 기술 도입은 2000년대에 더욱 증가했다. 예를 들어 2001-2005년 기간 중국이 러시아로부터 획득한 무기 체제 및 군사 기술 비용은 약 133억 달러로서, 이는 1990년대의 연평균 10억 달러보다 2.6배나 많았다. 그 결과 미국의 한 유명한 군사 전문가는 2015년 무렵에 중국은 미국의 '세계적 경쟁자'로 부상하지는 않겠지만 '지역적 경쟁자'로는 부상할 수 있다고 전망했다.

한편 중국은 세 가지 측면에서 전투력을 향상시키려고 노력하고 있다. 첫 번째 측면은 '반접근(anti-access) 및 지역 거부(area denial)' 전략이다. 이는 대만해협과 남중국해 지역에서 분쟁이 발생할 때 미국이 개입하는 것을 차단하기 위한 전략이다. 중국은 냉전 시대의 소련과는 달리 미국과의 군비 경쟁을 극도로 경계한다. 2011년 소련 붕괴 20주년을 기념해서 중국에서 출판된 각종 연구서와 보고서가 공통으로 지적하는 점이 바로 이것이다. 소련이 미국과의 군비 경쟁을 통해 국력을 소진했고, 그로 인해 붕괴가 촉진되었다는 교훈을 잊지 말자는 것이다. 대신 중국은 자국의 '핵심(core)' 국익이 걸린 지역, 즉 대만해협과 남중국해 지역에서 미국의 군사적 접근을 차단하는 전략을 추진하고 있다. 이런 측면에서 중국의 군사 전략은 미국과 세계적 규모에서 경쟁하거나, 미국의 군사력을 아시아 지역에서 몰아내려고 하는 것은 아니다.

중국의 국익이 걸린 지역에 미국이 군사적으로 개입한 사례는 1990년대에 있었다. 1995~1996년의 대만 총통 선거에 영향을 미치고 동시에 리덩후이(李登輝) 당시 총통의 미국 방문을 저지하기 위해 중국은 대만해협에서 대규모 군사 훈련을 전개했다. 이에 따라 대만해협에는 군사적 긴장이 고조되었고, 대만의 증시가 폭락하는 등 사회, 경제적 혼란이 초래되었다. 이때 미국은 대만을 지원하기 위해 항공모함을 필두로 하는 대규모 항모전단을 두 개 파견했던 것이다. 이런 경험에 근거하여, 중국은 장래에 이런 사태가 다시 발생할 경우 미국이 쉽게 군사적으로 개입할 수 없도록 만드는 전략을 구상했다. 그것이 바로 반접근 및 지역 거부 전략이다.

이를 위해 중국은 구체적으로 몇 가지 군사력을 개발 및 증강해 왔다. 항공모함을 파괴할 수 있는 탄도미사일(ASBM)인 둥펑(東風, DF-21D)의 개발이 대표적인 사례다. DF-21D는 사거리가 1500-2000킬로미터로서, 발사 후 대기권을 벗어났다가 재진입하여 종말 단계에서 항공모함을 추적하여 타격하는 능력을 갖춘 것으로 알려져 있다. 만약 수십 발의 DF-21D 탄도미사일이 일시에 하늘에서 수직 하강하여 항모를 타격한다면, 미국의 이지스함이 아무리 적의 미사일을 탐지하여 격추시키는 능력이 탁월하다고 해도 결코 안심할 수가 없다. 그 밖에도 중국은 항모를 타격할 수 있는 각종 무기(창젠(長劍)-10 순항미사일, 항모를 공격하는 킬로급 잠수함 등)를 개발 및 도입하여 실전 배치하고 있다. 만약 이런 모든 무기 체제가 제대로 작동한다면 미국의 항모전단은 '쉬운 표적(sitting duck)'의 신세를 면치 못할 것이다.

두 번째 측면은 군사 위성을 무력화하는 무기 체계의 개발과 실전 배치다. 항공모함을 포함한 첨단 무기 체계는 기본적으로 군사 위성을 통한 통신과 정보를 통해 운용된다. 만약 이런 군사 위성들이 파괴된다면 항모나 다른 첨단무기 체계도 제대로 작동할 수 없다. 일반적으로 군사 위성은 미사일과 레이저를 이용하여 파괴할 수 있다. 현재 중국은 이 두 가지 기술을 모두 보유한 것으로 알려져 있다. 예를 들어 2007년 1월에 중국은 저위도의 낡은 기상 관측 위성을 미사일로 격추시키는 실험에 성공한 바가 있다. 이와 함께 중국은 독자적인 위성항법 체계인 베이더우(北斗)를 자체 개발하여 구축하는 등 우주 영역에서도 군사력을 증강하고 있다. 게다가 중국은 세계에서 가장 많은 사이버 부대를 운영하는 것으로 알려져 있다.

세 번째 측면은 먼 거리에 군사력을 투사(projection)할 수 있는 무기 체계의 개발과 실전 배치다. 2011년 8월 최초로 시험 운항한 바랴그(Varyag) 항공모함은 이를 잘 보여 주는 사례다. 또한 중국은 머지않은 장래에 서너 척의 항모를 보유하기 위해 항모 건조를 추진 혹은 준비 중인 것으로 알려졌다. 그 밖에도 중국은 러시아의 스텔스기를 참고하여 스텔스기(J-20)를 자체 개발하여 시험 중에 있다. 만약 이것이 실전 배치된다면 중국의 공군 전투력은 상당히 제고될 것이다. 그 밖에도 중국의 군 현대화는 조직, 인사, 교육, 훈련 등 다양한 분야에서 진행되고 있다.

군사적 부상의 한계: 아시아의 강대국

그런데 중국의 군사력 증강이 곧바로 팽창적인 혹은 공격적인 군사 정책으로 이어지는 것은 아니다. 이를 판단하기 위해서는 중국의 '의도'도 함께 보아야 한다. 중국의 군사 독트린을 분석한 한 연구에 의하면, 현재까지 중국의 군비 증강 목표는 방어적이고 보수적이다. 즉 중국의 전략 목표는 국내적으로는 체제 유지와 통제, 대외적으로는 증가하는 해양 이익(안전한 원유 수송로의 확보 등)의 수호, 대만 통일, 영토 분쟁 해소 등에 맞추어져 있다는 것이다. 실제로 중국은 지금까지 공격적인 해외 군사 작전을 수행한 적이 없고, 해외 영토에 전투부대를 파견하거나 군사기지를 운영한 적이 없다.

2020년까지 중국이 설정한 국가 전략에 비추어 보아도 중국의 군사적 부상은 최소한 당분간은 군사적 팽창으로 이어지지 않을 것이다. 이 책의 3부에서 자세히 검토할 것이지만, 중국은 2020년까지 '전면적 소강사회'를 건설하기 위해 경제 발전과 사회 안정에 매진하는 방침을 확정하여 추진 중이다. 이를 위해서는 안정적이고 평화적인 국제 환경을 유지하는 것이 필요하다. 군사 전략도 이에 맞추어 공격적이 아니라 방어적으로 운영한다. 특히 미국과의 군사 대립과 충돌은 최대한 피하는 것이 좋다. 다만 주권과 영토 등 중국의 핵심 국익이 걸린 문제에 대해서는 비타협적인 자세를 취한다는 것이 기본 방침이다.

더 중요한 것은, 중국의 군사력이 급속히 증강되고 있지만 미국의 군사력과 비교할 때 여전히 열세라는 사실이다. **표 2-4**가 보여 주듯이 2010년 중국 국방비(1190억 달러)는 미국 국방비(6980억 달러)에 비해 월등히 부족하다. 즉 국방비 규모 면에서 중국은 미국의 약 17퍼센트에 불과하고, 세계의 국방비 비중 면에서도 미국이 43퍼센트를 차지하는 반면 중국은 7.3퍼센트를 차지할 뿐이다. 핵무기 면에서도, 현재 미국이 약 8500개의 핵무기(이중에서 실전 배치한 것은 약 2000개)를 보유한 반면, 중국은 약 400~500개의 핵무기를 보유하고 있다고 평가된다. 한마디로 중국의 군사력 증강은 미국에 위협이 될 정도는 아니다.

그렇다고 중국의 군사적 부상이 아시아 지역에서 의미가 없는 것은 아니다. 비록 전 세계를 대상으로 한 무기 체계와 전투력 면에서 중국은 미국에 크게 뒤지지만 아시아 지역만을 놓고 본다면 중국은 미국에 큰 타격을 가할 수 있는 군사력을 일부는 이미 갖추었고 향후에는 더욱 그럴 것이기 때문이다. 실제로 중국이 아시아에서 미국 주도의 기존 질서를 변화시키기 위해서는 군사력 면에서 세계 초강대국이 될 필요는 없다. 이런 점에서 중국의 군사적 부상은 미국의 군사적 우위를 잠식하고 있다. 그래서 아시아 지역에서는 상당 기간 동안 중국과 미국의 힘겨루기 양상이 나타날 가능성이 높다.

제3세계의 '모범 국가'

중국의 소프트파워

조지프 나이(Joseph Nye, Jr.) 교수에 따르면, 소프트파워는 군사력에 토대를 둔 '강제'나 경제력에 토대를 둔 '보상'이 아니라 문화와 이념 등 비물질적 '매력'을 통해 한 국가가 타국에 요구하는 정책 목표를 달성하는 능력을 가리킨다. 기본적으로 소프트파워는 한 국가가 가지고 있는 소프트파워의 자원, 즉 문화, 정치 이념, 가치, 정책(특히 외교 정책) 등의 활용을 통해 발휘된다.

중국은 1990년대 후반, 특히 2002년 후진타오 시대에 들어 소프트파워 전략을 대외정책의 중요한 요소로 추진하고 있다. 지역 강대국에서 세계 강대국으로 도약하기 위해서는 소프트파워가 필요하기 때문이다. 이 전략은 세 가지의 자원을 활용하여 새로운 국가 이미지를 창출하고 선전하는 것에 집중된다. 첫째는 '중국 모델(中國模式)' 또는 '베이징 컨센서스(Beijing Consensus)'[10] 다. 둘째는 중화 문명, 특히 유가(儒家) 사상이다. 셋째는 정교한 외교정책이다. 이런 자원을 활용하여 중국은 '경제 대국', '문명 대국', '평화 대국'의 국가 이미지를 만들려고 노력한다. 경제 대국은 중국 모델의 확산을 통해, 문명 대국은 중화 문명의 확산을 통해, 평화 대국은 정교한 외교정책을 통해 확산하려고 한다.

이런 중국의 의도는 2008년 베이징 올림픽의 개막식을 통해 생생히 확인할 수 있었다. 베이징 올림픽의 개막식과 폐막식은 우리에게도 잘 알려진 장이머우(張藝謀) 감독이 연출했다. 그러나 개막식과 폐막식의 주제, 즉 중국이 이를 통해 세계에 전달하고자 하는 메시지는 공산당의 최고 권력 기구인 정치국이 결정한 것으로 알려졌다. 따라서 베이징 올림픽의 개폐막식은 중국이 세계에 알리고자 하는 국가 이미지가 무엇인지를 확인할 수 있는 좋은 기회였다.

한마디로 베이징 올림픽 개막식의 주제는 위에서 말한 세 가지 국가 이미지 바로 그것이다. 개막식이 시작되면서 공자(孔子)

가 나와 『논어(論語)』에 나오는 구절, 즉 "배우고 때로 익히면 즐겁지 아니한가.(學而時習之 不亦說乎)"를 외친다. 이를 통해 중국은 5000년 역사의 문명 대국임을 세계에 알린다. 또한 개막식은 중국이 평화와 화합을 사랑하는 국가라는 사실을 강조하기 위한 다양한 공연(예를 들어 평화와 화합을 의미하는 '화(和)' 자 문양의 연출)을 보여 주었다. 게다가 개막식은 그 자체가 최첨단의 산업 기술을 적절히 활용하여 진행되었다. 성화를 봉송하는 올림픽 스타가 메인 스타디움의 상층부에 설치된 대형 화면을 달리는 모습은 절정이었다. 중국은 자국이 산업국가임을 세상에 알리고 싶었던 것이다.

경제 대국, 문명 대국, 평화 대국이라는 최근의 국가 이미지는 전과는 완전히 다른 것이다. 단적으로 마오쩌둥 시대에 추구하는 국가 이미지는 '혁명 중국'이었다. 국민을 동원하여 비약적인 경제 발전을 이룩하겠다는 대약진운동(大躍進運動), 국민의 사상 개조를 위해 전국적으로 추진된 문화대혁명(文化大革命)[11]은 대표적인 사례다. 그래서 우리는 당시의 중국 하면 마오쩌둥 어록을 들고 있거나 붉은 깃발을 휘두르는 홍위병(紅衛兵)을 떠올린다.

반면 덩샤오핑 시대의 중국은 '개혁 중국'의 이미지를 추구했다. 공산당의 지도 아래 전 국민이 경제 발전에 매진하는 '역동적인 중국', '급성장하는 중국', '세계의 공장'이라는 국가 이미지가 만들어졌다. 21세기에 들어 세계 강대국으로 급속히 부상하고 있는 중국은 이전의 국가 이미지를 벗고 최근의 이런 변화된 자국의 상황에 맞는 새로운 이미지를 창출하려고 노력하고 있다.

또한 중국은 특정 국가나 지역을 대상으로 소프트파워의 세 가지 자원을 집중적으로 활용하는 방식으로 소프트파워 전략을 전개하고 있다. 중국 모델은 아시아, 아프리카, 라틴아메리카 등 중국과 유사한 권위주의 정치 체제를 유지하고, 경제 발전과 체제 유지가 당면 목표인 국가를 대상으로 활용된다. 이런 국가에는 중국이 필요로 하는 천연자원과 석유가 풍부하며, 중국 상품의 시장이 될 가능성이 높다. 중국은 이들 국가에 자국의 경제 발전 경험을 선전하고, 이를 물질적으로 뒷받침하기 위해 대규모 경제 원조를 제공한다. 예를 들어 2009년 중국은 아세안(ASEAN) + 1(중국) 회의에서, 아세안의 낙후 지역에 기반시설(SOC)을 건설하기 위해 100억 달러의 무상원조와 150억 달러의 우대차관을 제공한다고 선언했다. 앞에서 보았듯이 중국의 '매력 공세(charm offensive)'는 아프리카 지역에서도 활발히 전개되고 있다.

반면 중화 문명을 활용한 소프트파워 전략은 미국이나 유럽 등 서방 선진국을 주요 대상으로 삼고 있다. 중국이 2004년부터 공자학원(孔子學院, Confucius Institute)을 세계 각지에 설립한 것은 대표적 사례다. 공자학원은 세계 각국에 중화 문명을 전파하기 위해 설립된 문화센터다. 공자학원의 공식 사이트 통계에 따르면 2004년 11월 서울에 최초의 공자학원이 문을 연 이후 2010년 10월까지 아흔한 개 국가 및 지역에 모두 322개가 설립되었다. 중고등학교에 설립된 공자학당(孔子學堂)은 500개가 넘는다. 참고로

2010년 10월 현재 한국에는 열여덟 개, 미국에는 예순아홉 개의 공자학원이 있다. 이는 향후 5년 내에 전 세계에 100개의 공자학원을 설립한다는 2004년의 목표를 초과 달성한 대성공이다. 프랑스의 알리앙스 프랑세즈(Alliance Francaise)가 120년 동안 1110개, 영국의 브리티시 카운슬(British Council)이 70년 동안 230개, 독일의 괴테 인스티튜트(Goethe Institute)가 50년 동안 128개를 설립한 것과 비교해 보아도 이는 비약적인 증가다.

정교한 외교정책의 전개는 1990년대 중반부터 본격화되었다. 중국은 1980년대의 강대국 외교와 양자 외교 중심의 단조로운 기존 정책에서 벗어나, 1990년대에 들어 강대국, 주변국(아시아), 다자기구, 제3세계 등에 대한 전방위 외교정책을 전개하기 시작했다. ASEAN + 1(중국), ASEAN + 3(한중일), 상하이협력기구(SCO), 동아시아 정상회의(EAS), 북핵 6자회담 등은 대표적인 사례다.

동시에 '중국위협론'이나 '중국붕괴론' 등에 맞서기 위해 중국은 자국의 외교정책을 널리 선전하는 새로운 개념과 이론을 개발하는 데 많은 노력을 기울였다. 1996년에 제기된 '신안보관(新安全觀, New Security Concept)', 2003년에 공식 제기된 '평화부상(和平崛起, Peaceful Rise)', 그리고 이를 변형하여 2004년부터 사용되기 시작한 '평화발전(和平發展, Peaceful Development)', 마지막으로 2005년에 공식 제기된 '조화세계(和諧世界, Harmonious World)'[12]는 이를 잘 보여 주는 대표적인 사례다.

중국의 소프트파워는 과거에 비해 크게 강화된 것이 사실이다. 1990년대 중반까지 동남아시아 지역에 널리 퍼져 있던 '중국 위협론'이나 일부 서방 세계에서 제기되었던 '중국붕괴론'과 현재의 강대국 이미지(예를 들어, 중국이 미국과 함께 세계를 관리한다는 G-2 개념)를 고려하면 이를 쉽게 알 수 있다. 향후 중국의 소프트파워는 경제력과 정치적 영향력의 증가와 함께 더욱 확대될 가능성이 있다.

중국 소프트파워의 한계

그러나 중국의 소프트파워에는 분명한 한계가 있다. 무엇보다 중국은 여전히 공산당 일당제의 권위주의 정치 체제를 유지하고 있다. 이 때문에 중국은 인권과 법치 영역에서 심각한 문제를 안고 있다. 여기에 더해 티베트(西藏)와 신장(新疆) 위구르 지역의 소수민족 문제, 대만해협 문제 등 아직 국내적으로 해결해야 할 많은 문제가 산적해 있다. 이런 문제를 해결하지 못하는 한 중국의 소프트파워는 크게 신장될 수 없다. 다시 말해, 미국과 유럽 등 서유럽 선진국뿐만이 아니라 한국이나 일본 등 아시아의 주요 국가에도 중국은 인권, 민주, 법치 등 중요한 가치 면에서 여전히 '후진국'으로 여겨진다.

실제로 2000년대 후반부터 최근까지 진행된 동남아시아 국가들과 미국의 주요 동맹국 및 안보 협력 국가를 대상으로 실시된 조사에 의하면, 중국의 소프트파워는 미국은 물론 일본에도 뒤졌다. 단적인 예로 중국에 대한 호감도나 평가가 미국과 일본에 대한 그것보다 매우 낮았다. 중국은 2008년 베이징 올림픽을 성공적으로 개최했다고 자평하지만, 중국에 대한 세계의 호감도는 오히려 악화되는 경향이 나타났다. 특히 티베트와 신장 위구르 지역에서 발생한 소수민족의 시위와 이에 대한 강경 진압은 중국에 대한 부정적인 이미지를 강화했다.

이런 점에서 중국이 정치적 민주화를 달성하여 경제와 군사뿐만 아니라 인권과 법치 영역에서도 커다란 발전을 이루기 전까지, 중국의 소프트파워는 제3세계 국가들에만 영향을 미치는 수준에 그칠 것이다. 다시 말해 소프트파워 면에서 볼 때 2020년에도 중국은 여전히 세계 강대국이 아닌 지역 강대국 수준에 머물러 있을 것이다.

중국의 부상이 다른 강대국과 다른 세 가지 특징

이상에서 우리는 경제력, 군사력, 소프트파워를 중심으로 세계 강대국으로 부상하는 중국을 자세히 검토했다. 이런 세 가지 영역의 내용을 종합할 때 중국이 세계 강대국으로 부상하고 있는 것은 분명한 사실이다. 특히 경제력에 초점을 맞추면 2020년 무렵이면 중국은 미국을 제치고 세계 최대의 경제 대국이 될 것이다.

그런데 이와 함께 우리는 중국의 부상이 영국이나 미국 등 이전 세계 강대국과는 다른 특징을 보이고 있다는 사실에 주목해야 한다. 이럴 때에만 중국의 부상이 우리에게 주는 시사점과 올바른 대응책을 마련할 수 있다. 한마디로 말해 중국의 부상은 이전 세계 강대국에서는 발견되지 않았던 불균등성, 지역성, 취약성의 특징을 보인다. 그리고 이로 인해 중국은 설사 세계 강대국으로 부상한다고 해도 매우 '불완전한' 세계 강대국이 될 것이다.

먼저 중국은 '불균등한(uneven)' 세계 강대국으로 부상하고 있다. 영국은 20세기 초까지 세계 강대국으로서 경제력, 군사력, 소프트파워 면에서 세계 최고의 수준이었다. 영국은 산업혁명을 통해 세계의 선진 공업국가가 되었고, 막강한 해군력을 중심으로 하는 세계 최강의 군사력을 자랑했다. 또한 과학기술과 학문 분야에서도 영국은 세계를 선도했다. 과학 분야의 아이작 뉴턴(1643-1727년)과 찰스 다윈(1809-1882년), 경제학 분야의 애덤 스미스(1723-1790년), 철학 분야의 존 스튜어트 밀(1806-1873년)은 이를 상징적으로 보여 준다. 2차 세계대전 이후 세계 강대국으로 등장한 미국도 마찬가지다. 미국은 경제력, 군사력, 소프트파워에서 세계 최고의 수준을 갖추었다.

중국은 영국이나 미국과는 많이 다르다. 경제력 면에서 중국은 이미 대국이고, 2020년 무렵에는 세계 1위의 경제 대국이 될 것이다. 그러나 군사력은 현재 지역 강대국의 수준이고 향후 10-20년 이후에도 미국에 비해 열세를 면치 못할 것이다. 소프트파워는 현재도 그렇고 향후 10-20년 이후에도 주로 제3세계 국가를 중심으로 일정한 영향력을 행사하는 지역 강대국 수준에 머물 것이다. 이처럼 중국의 부상은 매우 불균등하다.

중국은 또한 '지역적인(regional)' 세계 강대국으로 부상하고 있다. 즉 중국은 세계 강대국이 될 것이지만 주요 관심과 활동 영역은 여전히 자국과 아시아 지역에 집중될 것이다. 대만해협 문제와 일본과의 동중국해 및 센카쿠열도/댜오위다오 문제, 아세안 일부 국가와의 남중국해 문제, 인도와의 국경선 획정 문제가 이에 해당된다. 반면 세계 기후변화와 환경보호, 에너지와 자원 문제, 민주 · 인권 · 법치 등 보편적인 가치의 확산, 국제평화의 유지 등 지구적 공공재를 공급하는 측면에서 중국은 여전히 제한된 역할과 책임만을 담당할 것이다.

이는 2차 세계대전 이후 미국이 '세계적인(global)' 세계 강대국으로 활동한 것과 크게 대조된다. 미국이 자국의 이익을 위해 세계 강대국의 지위를 활용한 경우도 적지 않았다. 이런 점에서 미국도 기본적으로는 국가 이익을 추구하는 강대국의 하나일 뿐이다. 그러나 이와 동시에 미국은 전 세계에 민주주의와 인권이 확산되는 데 큰 역할을 했다. 스스로 민주주의의 모범을 보였을 뿐만 아니라 제3세계 지역의 민주화를 위해 많은 지원을 했다. 게다가 다양한 국제기구와 제도를 수립하여 정치, 경제, 환경, 문화 등 다양한 방면에서 새로운 국제질서가 수립되고 운영되는 데 주도적인 역할을 담당했다. 세계 안보 면에서도 마찬가지다. 과거에도 그랬고 현재에도 만약 미국이 없다면 세계는 안보 공백과 이로 인한 커다란 혼란에 직면하게 될 것이다.

마지막으로, 중국은 '취약한(fragile)' 세계 강대국으로 부상하고 있다. 미국을 포함한 모든 강대국도 산적한 문제를 안고 있다. 예를 들어 일본은 정치 지도력의 부재, 인구 노령화의 심화, 재정 적자의 누적이라는 문제에 직면해 있다. 미국도 빈부격차의 확대, 인종갈등, 중산층의 붕괴, 성장 동력의 약화 등의 문제에 직면해 있다. 그런데 중국의 특징은 이런 문제가 더욱 심각하다는 데 있다. 그래서 중국은 향후 세계 강대국이 될 것이지만, 정치 민주화, 소수민족과 대만해협 문제, 빈부격차와 지역격차의 확대, 인구노령화, 환경 오염 등 수많은 문제들로 인해 커다란 어려움에 직면할 것이다. 이에 따라 비록 세계 강대국이라고 하지만 중국의 지위와 역할은 여전히 취약할 것이다.

4

세계가 중국을 바라보는 시각

21세기 들어 미국과 일본 등 주요 국가들은 중국의 부상에 모두 촉각을 곤두세우고 있다. 이들의 태도는 각기 다르지만 뚜렷한 공통점도 있다. 무엇보다 주요 국가들은 중국의 부상을 객관적인 사실로 인정하고 이를 자국의 경제 발전에 활용하기 위해 관여(engagement) 정책을 채택한다. 동시에 중국의 군사적 부상이 초래할지도 모르는 불확실성(uncertainty)에 대비하기 위해 위험분산(hedging) 정책도 함께 추진한다.[13] 물론 각국의 상황과 조건에 따라 구체적인 정책 목표와 내용, 추진 방식은 조금씩 다르다.

미국, 중국의 부상을 막아라!

중국에 대한 각국의 대응을 살펴보자면, 먼저 미국의 태도부터 정확히 파악해야 한다. 중국의 부상에 대해 가장 경계하고 또한 가장 적극적으로 대응하는 국가가 바로 미국이기 때문이다. 게다가 만약 중국의 부상을 제어할 수 있는 능력과 의지가 있는 나라가 있다면, 그것은 미국뿐이기 때문이다. 1991년 소련의 붕괴 이후 아시아 지역에서 미국은 사실상 패권국가(hegemonic state)의 지위를 누려 왔다. 그런데 중국이 세계 강대국으로 부상하면서 미국의 확고부동했던 지위가 위협을 받기 시작한 것이다. 미국 내 이러한 불안감은 1990년대에 본격화되었고 2000년대에 들어서는 더욱 깊어졌다. 특히 2009년 오바마 정부가 들어서면서 중국에 대한 경계와 대응은 과거 미국 정부의 정책에 대한 반성을 기반으로 한층 더 강화되었다.

아시아 지역에서의 국가이익

미국이 아시아 지역에서 확실히 하려는 목표는 뚜렷하다. 가장 기본적으로는 현재와 같은 미국의 지배적 지위를 유지하면서 어떤 도전 세력의 등장도 허용하지 않는 것이다. 아시아 지역에서 미국의 지위에 도전할 수 있는 잠재 세력으로는 일본, 러시아, 인도, 중국이 있다. 이중에서 실제로 위협이 되는 국가는 중국이다. 따라서 미국의 정책은 중국의 부상에 대한 대응을 중심으로 전개된다. 미국의 구체적인 정책 내용은 상황과 조건에 따라 다르겠지만, 중국의 부상을 억제하거나 혹은 중국의 부상이 미국의 국익에 위협이 되지 않는 방향으로 유도하는 것이 기본 방향이다.

아시아 지역의 시장과 안보상의 지역 접근 및 항해의 자유를 확보하는 것도 미국의 중요한 국익이다. 아시아 지역에서 가장 중요한 시장은 중국, 일본, 한국, 동남아시아다. 또한 남중국해와 대만해협은 중요한 해상 교통로일 뿐만 아니라, 미국과 동맹국가의 안보를 확보하는 데 필수 불가결한 전략적 요충지이기도 하다. 따라서 미국은 이에 위협이 될 수 있는 세력의 등장에 적극 대응하려고 한다. 현재 상황에서 보면 위협 세력이 될 가능성이 가장 높은 국가는 중국이다.

마지막으로 미국은 다른 지역에서와 마찬가지로 아시아 지역에도 민주, 인권, 법치, 시장 등 미국적 가치 혹은 보편적 가치(universal values)와 규범을 확산시키려고 노력한다. 만약 이런 것들이 아시아 지역의 중심 가치로 뿌리를 내리면 미국에 친근감을 느끼는 국가는 증가하고 반대로 미국에 적대감을 느끼는 국가는 감소할 가능성이 높기 때문이다. 이는 냉전 시기부터 이어져 온 미국의 핵심 외교정책의 하나다. 이는 주로 소프트파워 전략에 해당된다. 현재 아시아 지역에서 미국적 가치에 정면으로 위배되는 국가로는 사회주의 국가와 독재국가가 있다. 앞의 예로는 중국, 북한, 베트남을 들 수 있고, 뒤의 예로는 미얀마와 캄보디아를 들 수 있다.

미국의 중국 정책

이 같은 국익을 위해 미국은 중국에 대해 다양한 정책을 결합한 복합적인 전략을 추진해 왔다. 1989년 톈안먼 사건 이후 미국은 중국에 대해 관여 정책과 봉쇄 정책을 결합한 이중 전략을 추진했었다. 일부 학자들은 이런 정책을 가리켜 '혼합(congagement: containment + engagement) 정책'이라고 불렀다. 그런데 21세기 들어 봉쇄 정책은 실효성이 약화되었다. 경제적으로나 정치적으로 중국이 적극적인 개방 정책을 추진하면서 경제 대국 중국을 봉쇄한다는 것은 사실상 불가능해졌기 때문이다. 다만 군사·안보적으로는 봉쇄 정책을 부분적으로는 사용할 수 있다.

그래서 최근에 미국은 중국에 대해 관여 정책과 위험분산 정책을 결합한 이중 전략을 추진하고 있다. 앞에서 살펴보았듯이, 위험분산은 군사적 대비와 함께 다양한 다른 정책도 포함하고 있는 좀 더 유연하고 포괄적인 정책이다. 이런 이중 전략은 두 가지 목적을 갖고 있다. 하나는 중국과의 적극적인 협력을 통해 중국이 기존의 국제질서에 순조롭게 편입하도록 유도하는 것이다. 이를 통해 미국은 중국이 현재의 국제질서 속에서 '책임지는 강대국'의 역할을 수행하기를 기대한다. 동시에 미국은 다양한 방식을 통해 중국의 국내 상황에 개입하고, 이를 이용해 중국의 정치와 사회가 더욱 다원화되고 민주화되도록 유도하려고 한다. 미국이 중국의 인권 문제에 개입하는 것도 바로 이 때문이다. 다른 하나는 중국의 군사적 부상이 초래할지도 모르는 불확실성에 대비하여 미국의 군사적 우위를 유지하고, 이를 통해 미국의 국익을 물리적으로 보장하는 것이다.

미국의 관여 정책은 지구 공공재(기후변화 예방, 에너지와 식량 문제 해결, 테러리즘 척결 등) 공급에서 중국의 협조가 절실하며, 이 점에서 중국은 '필수적 협력자'라는 인식에서 출발한다. 2009년 중국을 '전략적 협력자(strategic partner)'로 규정한 버락 오바마 대통령과 힐러리 클린턴 국무장관의 발언은 이를 잘 보여 준다. 또한 관여 정책은 중국의 부상을 봉쇄하는 것이 사실상 불가능할 뿐만 아니라 바람직하지도 않다는 판단에 기초한다. 구체적으로 관여 정책은 UN, IMF 등 다자기구나 북핵 6자회담에서의 협력, 미중 양자대화 등을 통해 실현된다. 2009년 7월에 개최된 '미중 전략경제대화'[14]가 대표적이다. 실제로 조지 부시(George W. Bush) 정부 시기 미국은 중국에 대한 관여 정책을 통해 수단 다푸르(Darfur)의 인종 학살 문제나 미얀마의 폭압 정치 문제를 해결하는 데 커다란 성과를 거두었다고 평가된다.

미국의 위험분산 정책은 다양한 측면에서 전개된다. 가장 중요하게는 미국 주도의 동맹 체제를 견고히 유지하는 것이다. 현재 미국은 아시아에서 5개국(한국, 일본, 태국, 필리핀, 호주)과 공식적인 군사 동맹 관계에 있다. 게다가 미국은 인도네시아, 싱가포르, 베트남, 인도 등과의 안보 협력을 강화하고 있다. 미국은 동맹 및 안보 협력 국가들과의 밀착 수준을 높여서 자국의 군사력을 아시아 지역 곳곳에 전진배치하고 있다. 그뿐만 아니라 미국은 중국의 부상을 견제할 수 있는 핵심 세력을 적극 지원한다. 일본, 인도, 인도네시아, 베트남이 대표적이다.

오바마 정부의 TPP 전략

2008년 하반기 세계 금융 위기와 함께 중국의 부상이 더욱 부각되면서 오바마 정부는 아시아 정책을 새롭게 수립하여 추진하고 있다. 핵심은 조지 부시 정부의 '아시아 경시 정책'을 폐기하고, 아시아-태평양 지역을 미국 외교의 중심 지역으로 삼는 것이다. 이는 오바마 정부가 2010년부터 '아시아로의 귀환(return to Asia)' 정책을 본격적으로 추진하면서 현실화되었다. 이런 외교 방침은 2011년 11월《포린 폴러시(Foreign Policy)》에 발표된 힐러리 클린턴 장관의 글 「미국의 태평양 세기(America's Pacific Century)」에 잘 나와 있다. 2012년 1월 미국 정부가 발표한 향후 10년의 '국방 전략 검토' 즉 「미국의 세계적 지도력 유지: 21세기 국방의 우선순위(Sustaining U.S. Global Leadership: Priorities for 21st Century Defense)」는 이를 공식화했다.

이런 오바마 정부의 최근 외교정책은 아시아와 중국을 매우 중시한다는 점에서 이전 정부 정책과는 커다란 차이가 있다. 이는 전임 조지 부시 정부가 '테러와의 전쟁'을 명분으로 아시아 지역과 중국을 경시하는 정책을 추진했다는 반성에서 나온 것이다. 또한 미국은 향후 10년 동안 최소 4000억 달러에서 최대 1조 달러의 국방비를 절감해야 한다는 점에서 이전 시기와는 다른 조건에 처해 있다. 미국의 급증하는 국가 부채를 축소하기 위해 국방비를 대폭 삭감하는 것이 결정된 것이다.

오바마 정부는 중국의 부상에 대응하기 위해 세 가지 내용을 종합적으로 추진하고 있다. 일부는 이전 정부의 정책을 계승한 것이고 일부는 새로운 것이다. 첫째는 중국의 군사적 부상에 대응하기 위해 동맹국가 및 안보 협력 국가와의 관계를 강화하는 것이다. 이는 이전 정책을 계승하고 발전시킨 것이다. 이를 통해 미국은 '잠재적 적대 세력(potential adversary)'(사실상 중국을 가리킨다.)의 공격을 패퇴시킬 수 있는 능력을 보유하려고 노력한다. 동시에 중국이 추진하고 있는 반접근 및 지역 거부 전략에도 적극 대응하는 군사 전략을 추진한다.

둘째는 아시아 지역의 다자협력(multilateral cooperation)에 적극 참여하는 것이다. 이 정책은 새롭게 추가된 것이다. 여기에는 아세안(ASEAN), 아세안지역포럼(ARF), 동아시아정상회의(EAS), 아시아태평양경제협력기구(APEC) 등에 적극 참여하는 것이 포함된다. 그뿐만 아니라 다양한 소(小)다자주의 모임(minilateral meetings)을 적극 주도하거나 참여하는 것도 포함된다. 캄보디아, 라오스, 태국, 베트남 등이 참여하는 '메콩강 하류 모임(Lower Mekong Initiative)'이 대표적이다. 이것이 이 지역에 대한 중국의 영향력을 축소하려는 정책임은 말할 필요도 없다. 실제로 오바마 대통령은 2011년 동아시아 정상회의(EAS)에 정식 회원 자격으로 최초로 참석했다. 또한 2011년에는 오바마 대통령과 힐러리 클린턴 국무장관이 APEC과 ASEAN 회의에 모두 참여하기도 했다. 이는 드문 경우다.

셋째는 환태평양동반자협정(TPP)(공식 명칭은 '환태평양 전략적 경제 동반자 협정(Trans-Pacific Strategic Economic Partnership Agreement)')을 적극 추진하는 것이다. 중국은 2001년 WTO에 정식 가입한 이후에 주요 국가들과 FTA를 체결하는 데 적극 나서고 있다. 구체적으로 외교통상부가 발간한 『2012 중국개황』에 따르면, 중국은 2011년 말 모두 열아홉 개 지역 및 국가(아세안, 파키스탄, 칠레, 뉴질랜드, 싱가포르, 페루, 코스타리카, 대만, 홍콩, 마카오 등)와 FTA 체결을 완료했고, 열다섯 개 지역 및 국가(걸프만 협력회의, 호주, 아이슬란드, 노르웨이, 남아프리카 관세동맹 등)와 협상 중이며, 세 개 국가(인도, 한국, 스위스)와는 협상을 고려하고 있다. 이런 중국의 파상적인 경제외교 공세에 맞서 미국이 참여를 결정한 것이 바로 환태평양동반자협정(TPP)이다.

TPP는 원래 싱가포르와 뉴질랜드의 FTA가 출발점이고, 2006년에 칠레와 브루나이가 합세하면서 4개국 간에 정식 발효되었다. 미국은 2008년부터 이에 관심을 보이다가 2009년 12월에 참가 의사를 공식적으로 밝혔고, 현재는 이를 매우 중시하고 있다. TPP는 현재까지 싱가포르, 뉴질랜드, 브루나이, 미국뿐만 아니라, 호주, 캐나다, 베트남, 말레이시아, 일본이 참여를 선언했다. 반면 중국은 여기에 초대되지 않았다.

TPP는 농산물을 포함한 모든 상품에 대한 관세 철폐뿐만 아니라, 정부 조달, 지적재산권, 노동 규제, 금융, 의료, 서비스 분야의 모든 비관세 장벽의 철폐를 목표로 한다. 이런 점에서 TPP는 매우 높은 수준의 자유무역협정이라고 할 수 있다. 따라서 현 단계에서 보면 중국은 여기에 참여할 수 있는 자격과 조건을 갖추고 있지 않다. 종합하면 TPP는 중국의 FTA 전략에 맞서는 미국과 일본의 대응 전략이라고 말할 수 있다.

미국의 포위 전략은 성공할까?

이처럼 미국은 중국의 부상에 맞서기 위해 군사, 외교, 경제적 차원의 종합적인 대응 전략을 추진하고 있다. 동맹국가 및 협력국가와의 군사협력 강화(군사적 대응책), 다양한 아시아 다자주의에의 적극 참여(외교적 대응책), TPP의 적극 추진(경제적 대응책)이라는 '3대 정책'이 바로 그것이다. 미국의 이런 정책은 향후에도 지속될 것이다.

어떤 측면에서 보면, 미국의 중국 정책은 군사, 외교, 경제적 측면에서 중국을 포위하려는 성격을 갖고 있다. 미국의 안보 협력 강화 정책에 포함된 동맹국가(일본, 한국, 태국, 필리핀, 호주)와 협력국가(대만, 싱가포르, 인도네시아, 베트남, 뉴질랜드, 인도)는 동시에 TPP 참여 국가(미국, 일본, 싱가포르, 뉴질랜드, 베트남, 호주 등)와 중복된다. 아시아 지도를 보면, 미국과 이들 국가들은 중국을 포위하고 있는 모습을 그리고 있다. **그림 2-1**은 이를 잘 보여 준다. 그래서 일부 학자들은 현재 미국이 군사, 외교, 경제적으로 중국에 대한 '포위 전략'을 추진하고 있다고 주장한다. 중국 정부와 중국 학자들 대부분도 이렇게 판단한다.

그러면 이런 미국의 의도, 즉 중국의 부상을 막는다는 미국의 전략적 목표는 성공할까? 그럴 것 같지는 않다. 무엇보다 중국의 부상은 급속한 경제성장에 기초한 것인데 미국이 이를 억제할 방법이 없다. 급속한 경제성장은 중국 자체의 노력에 의한 것이기 때문이다. 또한 미국, 일본, 한국을 포함하여 아시아 주요 국가들은 중국의 경제적 부상에서 많은 이득을 보고 있다. 이런 면에서 아시아 각국은 중국의 경제적 부상을 반대할 수도 없고 또한 반대하려고 하지도 않는다. 오히려 중국의 경제적 부상을 적극 활용하려고 한다. 중국과의 경제 교류가 자국의 경제 발전을 위해 꼭 필요하기 때문이다.

미국의 군사전략도 그렇게 성공할 것 같지는 않다. 단적으로 미국의 국방비가 계속 축소될 것이 분명하기 때문에 아시아 지역에서 미국의 군사력은 현재보다 증강되기는 쉽지 않다. 2011년 미국 의회에서 통과된 계획에 따르면, 향후 10년 동안 미국 정부는 최소 4000억 달러에서 최대 1조 달러의 국방비를 줄여야 한다. 우선은 이라크와 아프가니스탄에 주둔하고 있는 미군을 철수하는 방식으로 국방비를 줄이고 있다. 이것이 완료되면 아시아를 포함한 다른 지역에서 미군을 축소하는 방식으로 국방비 감축이 이루어질 것이다. 2012년 6월 상그릴라 회의에서 레언 파네타 미 국방장관이 향후 아시아-태평양 지역에 미 해군 전력의 60퍼센

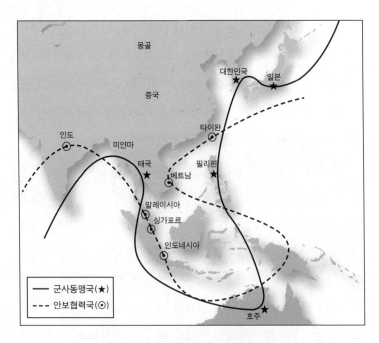

몽골

대한민국

일본

중국

타이완

인도

미얀마

태국

베트남

필리핀

말레이시아

싱가포르

인도네시아

── 군사동맹국(★)

--- 안보협력국(◉)

호주

그림 2-1 미국의 군사동맹국과 안보협력국 분포도

트(현재는 50퍼센트)를 배치하겠다고 선언했지만, 이런 감축 추세가 바뀌지는 않을 것이다. 이와 대비하여 앞에서 보았듯이 중국은 급속한 경제력 증가에 힘입어 군사력을 계속 증강할 수 있는 충분한 경제적 여력이 있다.

일본, 베트남, 필리핀 등 중국과 영해 분쟁을 겪고 있는 일부 국가는 미국과의 적극적인 안보 협력을 계속 추진할 것이다. 그러나 이들 국가들도 중국과 적대적인 군사적 긴장 관계를 원하는 것은 아니다. 일부 미국 내 정책보고서가 지적하듯이, 만약 미국이 중국과 군사적으로 충돌할 경우, 일본을 제외한 나머지 국가가 미국 편에서 중국과 싸울 것이라고 장담할 수 없다. 그럴 경우 막대한 경제적 이익을 희생해야 하기 때문이다. 그래서 미국 연구자들은 미국이 이들 아시아 국가를 궁지로 몰아서는 안 된다고 조언한다. 다시 말해 미국 정부는 이들 국가들에 미국과 중국 중 하나를 선택하라고 강요해서는 안 된다는 것이다.

미국이 적극 참여하고 있는 환태평양동반자협정(TPP)의 성공적인 체결 여부도 아직 불투명하다. 일본은 농산물 시장을 개방하지 않으려 하기 때문에 낮은 수준의 자유무역협정(FTA)도 쉽게 체결할 수 없는 상황이다. 그런데 앞에서 말했듯이 TPP는 매우 높은 수준의 자유무역협정이다. 따라서 실제 협상 과정에 들어가면 일본은 국내 반발로 인해 망설일 가능성이 높고, 협상 과정이 길어지면 TPP에 참여하려는 동력도 떨어질 것이다. 현재 TPP 내에서 경제 규모 면에서 가장 중요한 국가가 미국과 일본인데, 일본이 이런 태도를 보인다면 TPP는 결코 힘있게 추진될 수 없다.

또한, 만약 중국이 나중에 자신들도 TPP에 참여하겠다고 선언한다면 이를 막을 수 있는 방법도 없다. 실제로 일부 중국학자와 정부 관계자는 중국이 TPP에 적극 참여해야 한다고 주장하고 있다. 이렇게 하면, 설사 중국이 TPP에 가입할 수는 없어도 TPP가 중국에 불리하게 전개되는 것을 어느 정도 막을 수 있기 때문이다. 결국 이런 상황을 종합해 보면, 중국을 경제적으로 포위하겠다는 미국의 의도는 제대로 관철될 수 없을 가능성이 높다.

자국 문제만으로도 벅찬 일본

세계 강대국으로 부상하는 중국에 대해 미국 못지않게 신경을 쓰는 국가가 바로 일본이다. 일본으로서는 중국의 부상을 우려하지 않을 수 없는 이유들이 몇 가지 있다. 우리가 잘 알다시피, 일본은 중국과 영해 분쟁을 겪고 있다. 현재 일본이 실효적으로 지배하고 있는 센카쿠열도/댜오위다오와 동중국해 지역이 바로 그것이다. 동중국해 지역은 많은 천연가스와 석유가 매장된 것으로 알려져 있어, 센카쿠열도/댜오위다오만큼이나 양국이 양보하기 어렵다. 게다가 중일 간에는 심각한 역사 분쟁이 있다. 난징(南京) 대학살에 대한 일본의 부정, 일본 정치인의 야스쿠니 신사 참배, 일본 역사 교과서의 왜곡 문제가 대표적인 사례다. 또 중국과 일본은 아시아 지역의 주도권을 놓고 경쟁을 벌이고 있다. 일본은 미일 동맹과 세계 2위의 경제 대국이라는 지위를 이용하여 얼마 전까지 아시아의 주도 국가라는 지위를 누렸었다. 그런데 중국의 부상과 함께 이것이 불가능하게 된 것이다.

일본이 중국에 대해 처음부터 이렇게 경계한 것은 아니었다. 1972년 중일 국교 정상화 이후 1990년대 초까지 중일 관계는 '밀월기(蜜月期, honeymoon)'라고 할 정도로 매우 좋았다. 일본은 중국에 대해 일종의 원죄의식을 갖고 있었다. 즉 일본에게는 1931년 만주사변과 1937년 본격적인 중국 침공에 대한 미안한 마음이 있었다는 것이다. 여기에 더해 일본은 1960년대 후반기부터 세계 2위의 경제 대국이었기 때문에 중국에 대해 자신감도 있었다. 그래서 정부 차원에서 중국에 막대한 공적개발원조(ODA)를 제공했고, 민간 차원에서도 많은 지원이 이어졌다. 이런 이유로 1989년 톈안먼 사건 이후 미국의 대중국 제재 조치에 대해 일본 정부는 참여하는 시늉만 냈을 뿐이었다.

그런데 1990년대에 들어 일본에서도 중국의 부상을 경계하는 목소리가 나오기 시작했다. 1992-1993년 무렵 세계 최초로 '중국위협론'이 일본에서 제기된 것은 이를 잘 보여 준다. 소련과 동유럽 사회주의 국가가 붕괴한 것과는 다르게 중국의 정치 체제는 생각보다 견고했던 것이다. 거기에 더해 1992년 공산당 14차 당대회에서 '사회주의 시장경제' 방침을 채택한 이후 중국이 비약적인 경제성장을 이룩하면서 일본은 중국의 경제적 부상에 대해서도 경계하기 시작했다. 이런 중국의 모습은 1992년 '거품경제'가 붕괴하면서 경기침체의 늪에 깊이 빠져들기 시작한 일본과는 대조적이었기 때문이다. 그 밖에도 이 무렵부터 일본 내에서도 민족주의가 고양되고 역사 왜곡 문제가 다시 대두되면서 중일 관계에 긴장이 감돌기 시작했다.

그러나 한편으로는 일본도 중국의 부상을 경계하면서 몇 가지 국익을 추구한다. 먼저 일본은 중국의 군사력 증강이 초래할지 모르는 불확실성에 대비하여 안보를 확실히 하려고 한다. 게다가 일본은 경제 회복과 발전을 위해 중국의 경제적 부상을 활용하려고 노력한다. 그 밖에도 일본은 아시아에서 기존에 누렸던 강대국의 지위를 계속 유지하고 확대하려고 노력한다. 이런 국익을 위해 일본도 중국에 대해 관여 정책과 위험분산 정책이 결합된 이중 전략을 추진하고 있다. 이는 기본적으로 경제적으로는 중국과 협력하고, 군사 및 안보적으로는 미국 편에 서서 중국을 견제하는 방식으로 나타난다.

이를 구체적으로 살펴보자. 일본은 중국의 군사적 부상에 대비하여 1990년대 중반부터 본격적으로 미일동맹을 강화해 왔다. 동시에 일본은 이를 기반으로 '정치대국화'와 '보통국가화'를 추구하고 있다. 1996년 4월 미국과 일본 정상이 발표한 「미일 안보 공동선언」과 1997년 9월 개정된 「미일 방위협력 지침」은 탈냉전기 미일동맹의 근본적인 변화를 알리는 지표였다.[15] 이런 정책은 2000년 10월에 발표된 아미티지(Richard Armitage) 보고서와 2007년 2월에 발표된 아미티지-나이(Joseph Nye, Jr.) 보고서를 통해 구체화되었다.[16] 실제로 이 보고서의 정책 제안은 2001년 등장한 미국의 조지 부시 정부에 의해 추진되었다.

또한 일본은 호주와 인도 등 주요 민주주의 국가와의 안보 협력을 지속적으로 강화해 왔다. 동시에 중국의 아시아 지역 정책에 대응하기 위해 다양한 아시아 공동체 구상도 제기했다. 일본의 구상에는 아시아 국가뿐만 아니라 호주, 뉴질랜드, 인도 등 태평양 국가들도 포함된다. 비록 현실적으로 제대로 추진되지는 못했지만 2009년에 민주당의 하토야마 유키오(鳩山由紀夫) 수상이 제기한 '동아시아 공동체 구상'도 마찬가지다. 그 밖에도 일본은 민주, 인권 등 보편적인 가치를 기반으로 인도 및 호주와 '민주동맹'을 형성하여 중국을 활 모양으로 포위하는 정책을 추진해 왔다.

다른 한편 일본은 중국의 경제적 부상을 최대한 활용하여 자국의 경제 회복과 발전을 도모하기 위해 관여 정책을 추진해 왔다. 중국과의 경제 협력 유지, 아세안+3(한중일), 동아시아 정상회의(EAS), 한중일 정상회담 등 다양한 지역 조직에 적극 참여하고, 중일 전략 및 경제 대화를 지속하는 등의 협력 증진이 이에 해당된다. 이런 일본의 중국 관여 정책은 2006년 자민당의 아베 신조 전 총리의 등장 이후 다시 본격화되었고, 2009년 민주당 정부가 들어선 이후에도 지속되어 현재까지 이어지고 있다.

그런데 일본의 중국 정책, 특히 위험분산 정책이 힘 있게 추진되어 중국의 군사적 부상에 대비한다는 정책 목표는 달성될 수 있을 것 같지 않다. 일본은 산적한 국내 문제에 직면해 있기 때문이다. 예를 들어 일본 경제의 침체는 2012년 현재까지 개선될 기미가 보이지 않는다. 그래서 이전에는 '잃어버린 10년'(1990년대 초 경기침체 이후 2000년대 초까지의 기간)이라고 했던 것을 최근에는 '잃어버린 20년'으로 고쳐 부르고 있다. 2008년 하반기에 시작된 세계 금융 위기는 일본의 침체를 더욱 깊고 길게 만들고 있다.

게다가 일본에서는 인구 노령화가 빠르게 진행되면서 산업 생산력이 저하되고 노인 인구의 부양 비용이 급증하고 있다. 이것은 일본에 사회적으로 큰 부담이 되고 있다. 이런 상황에서 빈번한 정권 교체로 인해 정치적 지도력이 실종된 지도 오래되었다. 2011년의 동북 지역 대지진 피해와 후쿠시마 원전 사고는 이런 일본 사회에 일대 충격을 가한 사건이었다. 이로 인해 일본의 안전 신화는 붕괴되었고, 일본 사회는 자신감을 상실했다. 향후 단기간 내에 일본이 이런 여러 가지의 어려움을 극복하고 중국의 부상에 맞설 수 있는 상태로 회복하기는 쉽지 않을 것이다.

이런 미국과 일본의 어려운 국내 상황을 종합할 때, 중국에는 세계 강대국으로 부상할 수 있는 좋은 기회가 아닐 수 없다. 중국은 외부 세력의 침입이나 강력한 견제가 없는 상황에서 국내 경제 발전에 전념할 수 있기 때문이다. 중국이 자체적으로 평가하듯이, 중국은 지금 '중화민족의 위대한 중흥'을 달성할 수 있는 '천재일우(千載一遇)의 기회'를 맞고 있는지도 모른다.

보이지 않는 강대국, 러시아와 인도

러시아와 인도는 동아시아 국가는 아니지만 중국의 부상에 중요한 영향을 미칠 수 있는 지역 강대국이다. 그래서 이들 국가들의 입장 또한 매우 중요한 변수로 작용할 수 있다. 또한 러시아와 인도는 아시아 지역의 강대국으로서 미국이나 일본, 아세안 국가와는 다른 위치에 있다. 따라서 중국의 부상에 대한 이들의 대응은 미국이나 일본과 다른 특징을 보인다.

러시아와 인도는 부상하는 중국에 대해 크게 두 가지 전략을 추진하고 있다. 먼저 이들 국가는 정치, 경제, 군사 등 다양한 영역에서 미국과 중국 모두와 선택적으로 협력함으로써 미국과 중국 모두를 견제하려고 한다. 러시아와 인도의 입장에서 보면, 미국이나 중국 모두 자국의 세계 강대국화를 위해 협력 및 견제해야 하는 대상이기 때문이다. 동시에 러시아와 인도는 독자적인 국가 발전 전략과 방침 아래 지역 강대국에서 세계 강대국으로 발전하려고 힘쓰고 있다.

중국과 러시아 간의 관계를 간략하게 살펴보자. 중러 양국은 탈냉전기에 우호적이고 긴밀한 전략적 협력 관계를 유지하고 있다. 양국은 1996년 '전략적 협력 동반자 관계(strategic cooperation partnership)'를 선언한 이후 정치, 군사, 경제 등 전 영역에 걸쳐 협력을 강화하고 있다. 이는 러시아에 중국이 전략적으로 매우 중요하기 때문이다. 즉 러시아가 미국의 패권적인 국제질서의 운영을 견제하려고 할 때 협력할 수 있는 중요한 지역 강대국이 바로 중국인 것이다. 이는 중국에도 마찬가지다. 즉 미국의 견제에 대응하는 데 러시아와의 협력이 꼭 필요하다는 것이다.

이런 상호 필요성 때문에, 여러 가지 국제적 현안에 대해 중국과 러시아는 공동 보조를 취해 왔다. UN 개혁과 역할의 강화, 탈냉전 시기 미국이 주도하는 단극체제(unipolar system)에 대한 비판과 국제체제의 다극화(multipolarization) 추진, 세계 테러리즘 반대에 대한 공동 대응, 미국 주도의 미사일방어체제 구축에 대한 공동 반대가 대표적인 사례다.

현재 중러 관계에서 가장 긴밀한 협력이 이루어지고 있는 분야는 군사다. 중국은 군 현대화를 위해 1990년대부터 최근까지 러시아로부터 대량의 첨단무기를 구입했다. 또한 중러 양국은 다양한 합동 군사 훈련을 실시하고 있다. 2005년 이후 대규모로 실시하고 있는 '평화임무(peace mission)' 훈련은 대표적인 사례다. 양국 간에는 경제 및 에너지 분야의 협력도 강화되고 있다. 특히 러시아의 천연가스 공급은 중국에 매우 중요하다. 동시에 양국은 2001년 상하이협력기구(SCO)[17]를 출범시켜 중앙아시아 지역의 현안에도 공동 대처하고 있다.

구체적으로 중국과 러시아 양국은 상하이협력기구를 통해 중앙아시아 지역의 국경선 획정과 비전통적인 안보(non-traditional security)(환경 문제, 인구 문제, 자원 문제, 테러 문제 등)에 공동으로 대응하려고 한다. 동시에 양국은 북대서양조약기구(NATO)의 '동진(東進)'(미국과 유럽 국가들이 과거 소련의 공화국이었던 국가들을 나토에 가입시켜 러시아의 군사적 영향력을 약화시키는 정책)과, 미일동맹의 '서진(西進)'(미국이 주요 동맹국 및 안보협력국과의 군사 협력을 강화하여 중국을 군사적으로 압박하는 정책) 등 미국의 군사력 확장에도 공동으로 대응하고 있다.

인도의 중국 정책도 이와 비슷한 양상을 띠고 있다. 중국과 인도 양국은 1962년에 국경 지역에서 비교적 대규모의 군사 충돌을 경험했다. 이후 양국은 적대적인 관계를 지속하다가 1991년 탈냉전기에 들어 상호 전략적인 필요성을 느끼고 관계를 개선했다. 인도는 1991년 이후 최대의 국정 과제로 추진하고 있는 경제 발전을 위해 중국과의 불필요한 대립과 충돌은 피하고 경제 협력을 통해 자국의 발전을 도모하는 정책을 추진하고 있다. 또한 인도는 중국과의 전략적 협력을 통해 미국의 패권적 지위를 견제하고, 더 나아가서는 지역 강대국에서 세계 강대국으로 발전하려고 한다.

그런데 러시아와는 달리 인도는 미국과의 안보 협력도 적극 추진하여 중국의 군사적 부상에 대비하고 있다. 그 이유에는 중국과의 영토 분쟁이 아직 해결되지 않았고, 중국이 파키스탄과의 관계를 강화하고 있으며, 지역 패권 경쟁이 격화되고 있기 때문이다. 이에 미국은 인도를 중국의 견제 세력으로 주목하여 적극 지원하고 있다. 인도에 대한 무기 판매, 미인 합동 군사 훈련, 정기적 군사 협의, 민간 핵 협력 합의와 지원 등이 대표적인 사례다. 또한 인도는 일본, 인도네시아, 베트남 등 아세안 국가와도 전략적 협력을 강화하고 있다.

앞에서 말했듯이, 러시아와 인도는 동아시아 국가는 아니다. 그러나 향후 중국의 부상과 동아시아 지역 질서의 형성과 관련하여 양국은 중요한 영향을 미칠 수 있다. 특히 인도는 향후에도 오랜 전통의 민주주의 정치 체제와 IT 분야의 경쟁력을 기반으로 급속한 경제성장을 지속할 것으로 예측된다. 이렇게 되면 10-20년 이후 인도의 지위와 역할은 현재보다 훨씬 강화될 것이다. 러시아도 세계 최고 수준의 군사력, 풍부한 천연자원(특히 가스와 석유),

높은 수준의 과학기술을 기반으로 경제적 재도약에 성공한다면, 현재보다 훨씬 커다란 영향력을 행사할 수 있을 것이다. 따라서 우리는 미국과 함께 러시아 및 인도도 주시해야 한다.

아세안 국가들의 3대 대응 전략

아세안(ASEAN)[18]의 10개국은 정치 체제(민주주의 혹은 권위주의), 경제 발전의 수준, 군사력 등 여러 면에서 서로 다르다. 따라서 중국에 대한 이들 국가들의 반응도 조금씩 다르다. 인도네시아, 베트남, 필리핀, 싱가포르는 중국의 부상을 경계한다. 반면 태국, 미얀마, 캄보디아, 라오스는 그렇지 않다. 이런 차이점에도 불구하고, 전체적으로 보면 아세안 국가들의 중국 정책에는 공통점이 있다. 이들은 관여 정책, 위험분산 정책, 지역 조직(아세안)을 통한 대응이라는 세 가지 정책을 추진하고 있다.

먼저 '관여 정책'을 살펴보자. 아세안 국가는 싱가포르 등 일부 국가를 제외하고는 모두 개발도상국이고 일부 국가는 경제적 후진국이다. 그래서 이들 중 다수의 국가들은 경제 발전을 최고의 국정 목표로 추진하고 있다. 이들이 중국에 대해 관여 정책을 추진하는 것은 이 때문이다. 즉 아세안 국가들은 경제 대국으로 부상하고 있는 중국과의 경제 협력을 통해 자국의 경제 발전을 달성해야 할 필요성이 절실하다.

실제로 아세안 국가들은 중국과의 무역을 매우 중시했고, 그 결과 아세안과 중국 간의 무역은 급증했다. 1997-2006년 기간에 중·아세안 수출은 450퍼센트, 수입은 625퍼센트나 증가했다. 특히 2000년부터 중·아세안 무역은 매년 12.4퍼센트씩 증가한 것에 비해, 일본·아세안 무역은 매년 3퍼센트씩 감소했다. 게다가 타국과의 무역에서 흑자를 보고 있는 중국이 아세안과의 무역에서는 적자를 기록하고 있다. 예를 들어 2006년 중국의 아세안 무역적자는 182억 달러였다. 이는 한국에도 마찬가지다. 이 때문에 아세안 국가들은 적어도 무역과 관련해서는 중국이 경제적으로 부상하는 것이 이익이라고 생각한다.

그러나 아세안 주요 국가들에게 중국의 군사적 부상은 탐탁지 않은 현상이다. 특히 중국과 남중국해 지역에서 영해 분쟁을 겪고 있는 필리핀과 베트남의 경우에는 더욱 그렇다. 그래서 이들 국가들은 미국과의 안보 협력을 강력하게 희망하고 있다. 동시에 미국이 중국의 군사적 부상을 견제하는 대응 세력으로 남아 있기를 원한다. 그 결과 아세안 국가들은 미국과 중국에 대해 '양다리 걸치기' 전략을 구사하고 있는 것이다. 즉 경제적으로는 중국과 협력하지만 군사·안보적으로는 미국과 협력한다는 것이다. 이것이 바로 중국에 대한 관여 정책과 위험분산 정책을 동시에 추진하는 이중 전략이다.

그런데 여기서 한 가지 명심해야 할 점이 있다. 아세안 국가들이 미국의 군사력 전진배치와 미국과의 안보 협력을 희망한다고 해서 이들이 미국의 중국 봉쇄 정책이나 군사 개입에 참여한 다는 것은 아니다. 만약 아세안 국가들이 미국의 이런 군사 행동에 직접 가담할 경우에는 중국과의 경제 협력에 큰 문제가 발생할 수 있기 때문이다. 따라서 아세안 국가들에게 미국과 중국 가운데 하나를 선택해야 하는 상황은 최악의 시나리오가 된다. 이런 면에서 아세안 국가들이 미국과 안보 협력을 맺는 데는 분명한 한계가 있다.

마지막으로 아세안 국가들은 지역공동체 조직, 즉 아세안의 역할 강화와 결속력의 제고를 통해 중국의 부상에 대응한다. 그러기 위해서는 중국이 아세안의 존재와 역할을 인정해야 한다. 실제로 중국은 1996년 이래 아세안과의 공식 대화 기제인 아세안+1(중국)을 제도화했다. 또한 중국은 2002년에 아세안과 FTA를 체결했고, 그것은 단계적으로 발효되어 2010년부터는 전면적으로 실시되고 있다. 그 밖에도 중국은 2003년에 비(非)아세안 국가로는 처음으로 '동남아 우호 협력 조약'에 가입했다. 이 같은 아세안의 노력과 중국의 호응으로 중·아세안의 상호 신뢰는 높아졌고 안보 협력도 증가했다.

5

'신중화질서'가 등장할 것인가?

동아시아 지역 질서를 좌우하는 네 가지 요소

향후 동아시아 지역 질서는 어떤 모습으로 변할까? 이것은 크게 네 가지 요소에 의해 결정될 것이다. 첫째, 중국의 부상이 과연 지속될 것인가? 여기에는 공산당 일당제의 유지, 고도 경제성장의 지속, 군사력 증강의 여부 등이 포함된다. 중국은 향후에도 일정 기간 동안에는 현행 정치 체제를 유지할 것으로 판단된다. 또한 중국은 연평균 7-8퍼센트의 경제성장을 지속하고, 이를 바탕으로 계속 군사력을 증강할 것으로 예측된다. 이중에서 중국의 경제적, 군사적 부상에 대해서는 앞에서 자세히 검토했다. 그 밖에 중국의 국가 발전 전략과 정치 체제에 대해서는 이 책의 3부와 4부에서 자세히 얘기할 것이다.

둘째, 미중 관계는 어떤 성격을 띠게 될 것인가? 미국과 중국은 협력과 견제가 공존하는 관계를 유지할 것으로 예측된다. 다만 협력과 견제 중 어떤 요소가 더 중심이 되느냐에 따라 지역 질서는 다른 모습을 보일 것이다. 이에 대한 학자들의 견해는 둘로 나뉜다. 일부 학자들은 전쟁을 포함하는 갈등과 대립이 중심축이 될 것이라고 주장한다. 반면 협력이 기본 추세가 될 것이라고 주장하는 학자들도 있다. 어느 것이 타당할지는 두고 보아야 할 것이다.

셋째, 일본, 인도, 러시아 등 지역 강대국, 그리고 한국, 호주, 인도네시아 등 중견 국가의 성장과 역할의 확대. 비록 미국과 중국이 새로운 동아시아 지역 질서의 형성 과정에서 가장 큰 영향을 미치겠지만, 지역 강대국과 중견 국가의 역할도 무시할 수 없다. 이들은 미국과 중국 모두가 전략적 협력이나 독자적인 지역 협력을 모색하고 이를 통해 자신의 역량을 강화하려고 노력한다. 이런 움직임은 동아시아 지역 질서의 변화에 일정한 영향을 미칠 것이다.

넷째, 동아시아 지역공동체의 형성은 어느 정도 진전될 것인가? 현재 동아시아에는 아세안＋3(한중일), 아세안 지역포럼(ARF), 동아시아 정상회의, 양자 및 다자간 FTA 등 다양한 지역협력 기구와 제도가 존재한다. 이들 기구와 제도는 역내 국가의 활동에 일정한 규범적인 영향을 미치고 있다. 다시 말해 이들은 어느 정도 미국, 중국, 일본 등이 일방적으로 힘에 의존하여 정책을 추진하지 못하도록 억제하는 역할을 담당한다. 향후 동아시아 국가 간의 경제 교류와 협력이 확대되면 지역공동체의 형성 가능성은 더 높아질 것이다. 그리고 이것이 지역 질서의 변화에도 일정한 영향을 미칠 것이다. 다만 아시아 지역에서는 단기간 내에 EU 같은 높은 수준의 지역공동체가 등장할 가능성은 매우 낮다.

10년 뒤 동아시아의 모습

앞으로 10년 내에는 동아시아 지역 질서는 지금의 모습과 크게 다르지 않을 것이다. 몇 가지 근거가 이를 뒷받침한다. 먼저 중국은 2020년까지 현행 지역 질서의 유지를 전제로 하는 국가 발전 전략을 추진하고 있다. 2002년 16차 당대회에서 중국은 향후 20년을 '전략적 기회기'로 보고, 이 기간 동안에 경제 건설에 총매진하여 2020년까지는 '전면적 소강사회(小康社會)'를 건설한다는 목표를 제시했다. (이에 대해서는 3부에서 자세히 검토할 것이다.) 이는 중국이 2020년까지 경제 발전에 유리한 평화롭고 안정적인 국제 환경을 조성하기 위해 현재의 외교정책을 계속 추진할 것임을 의미한다. 따라서 중국이 주도적으로 지역 질서를 변경하는 일은 없을 것이다. 예를 들어, 중국은 미군을 아시아 지역에서 몰아내려고 시도하지도 않을 것이고, 또한 그렇게 되기를 바라지도 않는다. 세계의 반대를 무릅쓰고 대만을 군사력으로 점령하는 일도 최소한 2020년까지는 없을 것이다.

또한 동아시아 주요 국가들의 정책에서도 단기간 내에 눈에 띄는 변화는 없을 것이다. 무엇보다 아시아 지역에서 지배적인 지위를 공고화하려는 미국, 그리고 중국의 부상을 견제하려는 일본의 외교정책에는 큰 변화가 없을 것이다. 다시 말해 미국과 일본은 앞에서 살펴본 관여 정책과 위험분산 정책의 이중 전략을 꾸준히 추진할 것이다. 다른 역내 국가도 현행 질서를 통해 경제적 이익과 안보상의 이익을 얻고 있기 때문에 지역 질서의 급격한 변화를 꺼리고 있다. 결국 현재 미국 주도의 지역 질서는 중국의 부상에 따라 약간의 조정을 겪겠지만 기본 골격과 내용은 큰 변화 없이 유지될 것이다.

마지막으로, 단기간 내에 아시아에 유럽의 나토(NATO)와 같은 제도화된 지역 다자안보기구가 출현할 가능성은 매우 낮다. 그동안 동아시아 지역에서도 다양한 다자기구와 제도가 등장했다. 향후 이런 추세는 지속되어 미래에는 아시아 국가들이 공동으로 참여하는 다자기구와 제도가 미국 주도의 동맹 체제와 병존할 것이다. 다만 이것이 단기간 내에 미국 주도의 안보 체제를 대체할 가능성은 거의 없다.

20-30년 뒤 중국의 역할

향후 20-30년 후에는 중국이 미국과 함께 아시아뿐만 아니라 세계에 막강한 영향력을 행사하는 세계 강대국이 될 것이다. 여기에 대한 미국 등 주요 국가들의 대응에 따라 중장기적인 동아시아의 지역 질서는 세 가지 시나리오 중 하나가 될 것이다.

중층적이고 복합적인 혼합질서의 출현

첫째는 '중층적이고 복합적인 혼합질서'의 출현이다. 현재 상황에서 보면 이것이 실현될 가능성이 가장 높다. 이것은 조지프 나이 교수가 제기한 '다면적인 체스판' 모델, 이를 동아시아 지역에 적용한 데이비드 샴보(David Shambaugh) 교수의 '혼합 체제 (hybrid system)', 하영선 교수가 말하는 다보탑 모양의 '복합그물망' 구조와 유사한 모습을 갖고 있다.

중층적이고 복합적인 혼합질서는 '무지개 색깔의 시루떡'을 머리에 떠올리면 쉽게 이해할 수 있을 것이다. 우선 향후 동아시아 지역 질서를 구상할 때에는 미국과 중국이 직접적으로 대결하는 평면적인 장기판이나 체스판의 모양은 버리는 것이 좋다. 그 대신 떡살과 콩고물이 층층이 있는 중층적인 '시루떡' 모양을 떠올리는 것이 좋다. 여기서 각 층은 정치 · 외교, 군사 · 안보, 경제, 사회 · 문화, 환경 등 다양한 영역을 가리킨다. 또한 미국 정부나 중국 정부 등 '국가'만을 주요 행위자로 생각할 것이 아니라, 국가, 기업, 시민단체, 개인 등 다양한 행위자를 상정해야 한다. 이런 면에서 향후 동아시아 지역 질서는 단조로운 두 가지 색깔의 말들이 움직이는 장기판이나 체스판이 아니라, 다양한 색깔의 행위자들이 움직이는 '무지개 색깔'이 될 것이다.

이를 구체적으로 살펴보자. 먼저 국가라는 행위자만을 보면, 동아시아 지역 질서는 미국과 중국이 주도하고 다른 지역 강대국과 중견 국가가 보조하는 구도가 될 것이다. 이중에서 미국과 중국은 거의 동등한 영향력을 행사하면서 이 지역을 주도하는 국가가 될 것이다. 그래서 만약 강대국만을 놓고 본다면 향후 동아시아에는 미국과 중국의 '공동 관리 체제(condominium)'가 형성될 것이다. 이는 주로 정치·외교와 군사·안보 영역에 해당한다.

또한 중층적이고 복합적인 혼합질서에서는 지역공동체 조직이 큰 역할을 할 것이다. 역내 국가 간의 경제적인 상호의존(무역과 투자 등)이 증대되면서 지역공동체의 규범과 정신이 확산될 것이다. 동시에 이를 담당하는 다양한 지역 다자조직(현재의 아세안, 아세안 안보포럼, 동아시아 정상회의와 새롭게 만들어질 동아시아 경제협력체, 동아시아 안보협력기구 등)도 중요한 행위자로 등장할 것이다. 이는 정치·외교, 군사·안보, 경제, 사회·문화, 환경 등 전 영역에 해당되며, 당분간은 경제 영역이 가장 활발할 것이다.

마지막으로 미래의 동아시아 지역 질서에서는 기후변화, 에너지 부족, 국제범죄, 환경오염 등 비전통적인 안보에 대처하기 위해 국가뿐만 아니라 다국적기업, 국제비정부기구(INGOs) 등 다양한 비(非)국가 주체들의 활동이 강화될 것이다. 이처럼 이 시나리오에서는 미국 주도의 동맹 체제가 약화되고 다양한 주체들이 중층적인 영역에서 복합적으로 얽혀서 경쟁과 협력을 반복하는 새로운 지역 질서의 등장을 상정한다.

미국 주도의 현행 질서의 지속

둘째는 미국 주도의 현행 질서가 유지되는 시나리오다. 이에 따르면, 바람직한 지역 구도는 미일동맹을 핵심 축으로 하고, 민주·인권·법치 등의 정치 이념과 현실 이익을 공유하는 한국, 인도, 호주, 싱가포르 등 민주주의 국가를 참여시키는 미국 주도의 기존 구조를 강화하는 것이다. 신뢰 결핍으로 미국과 중국이 함께 지역 현안을 처리하는 공동 관리 체제는 가능하지 않다. 대신 중국과는 협력 영역을 확대할 수 있다. 또한 미국과 일본을 한 축으로 하고 중국을 다른 한 축으로 하는 양극체제는 피해야 한다. 이럴 경우 대부분의 아시아 국가는 중립 또는 중국과의 연합을 선택할 것이기 때문이다. 한편 미국, 중국, 일본, 러시아 등 강대국의 영향력은 지속될 것이고, 지역공동체의 역할은 여전히 제한적일 것이다.

이 시나리오는 미국의 염원과 일부 아시아 국가(일본과 호주)의 희망을 담고 있다. 그러나 현재의 상황, 즉 쇠퇴하는 미국과 증가하는 중국의 국력, 다양한 아시아 지역 조직의 등장과 지역 강대국의 활동 강화 등을 종합적으로 고려할 때, 이것의 실현 가능성은 그리 높지 않다. 무엇보다 이 시나리오는 미국의 역량을 과대평가하고 있다. 반면 중국의 부상과 동아시아의 지역공동체 형성 추세를 과소평가하는 문제가 있다. 또한 이 시나리오는 지역 강대국과 중견 국가의 역할을 미국과 중국 양국과의 관계 속에서만 인정하는 한계가 있다. 다시 말해 지역 강대국과 중견 국가들의 지속적인 성장과 독립적인 활동 가능성을 크게 주목하지 않는 문제가 있다.

신(新)중화질서의 등장

셋째는 중국 중심의 위계 체제, 즉 중화질서가 재현되는 시나리오다. 이는 중국의 경제, 군사적 부상을 전제로 향후 동아시아에는 중국 중심의 새로운 지역 질서가 형성될 것이라고 보는 시나리오다. 이 속에서 미국 주도의 현행 동맹 체제는 부수적인 요소로 전락한다. 미일동맹의 실질적인 내용도 역시 약화된다. 또한 아시아 국가들의 친(親)중국적인 성향은 더욱 강화될 것이다. 이처럼 이 시나리오는 아시아 지역 질서의 근본적인 변화, 즉 중국 중심의 새로운 질서의 탄생을 상정한다. 이 시나리오는 미국과 유럽의 일부 학자들이 주장한다. 재미있는 점은, 중국 학자 중에는 아직 이를 분명하게 주장하는 사람이 없다는 사실이다.

그러나 이 시나리오는 실현 가능성이 매우 낮다. 중국은 동아시아 지역 질서를 주도할 역량뿐만 아니라 의지도 부족하기 때문이다. 다시 말해 중국이 10-20년 이후 세계 1위의 경제 대국은 되겠지만, 그렇다고 중국이 이 지역을 주도할 수 있는 역량까지 갖추는 것은 아니다. 중국 정부나 학자들이 'G-2' 개념, 즉 미국과 중국이 세계를 관리한다는 생각을 공식적으로 거부한 것은 이를 잘 보여 준다. 이들이 보기에 G-2 개념은 능력도 없고 자격도 갖추지 못한 중국에 커다란 감투를 씌워 주고 대신 과도한 국제적 책임을 맡게 하려는 미국과 서유럽 선진국의 '음모'일 뿐이다. 또한 미국과 일본은 이런 중국 중심의 새로운 국제질서를 결코 수용하지 않을 것이다. 그 밖에도 중국의 부상에 대한 아시아 국가의 경계심이 여전한데, 이 시나리오는 이 점을 무시한다. 단적으로 한국도 중국 주도의 지역 질서에 강한 거부감을 갖고 있다.

이를 종합하면, 향후 10년은 중국의 부상과 함께 기존의 동아시아 지역 질서가 변하는 과도기가 될 것이다. 이후 20-30년 후에는 미국, 중국, 지역 강대국, 중견 국가, 다자조직, 비(非)국가 조직과 단체 등의 여러 세력들이 정치 · 외교, 경제, 사회 · 문화, 군사 · 안보, 환경 등 중층적인 영역에서 양자(兩者) 및 다자간에 복합적으로 서로 얽혀서 경쟁과 협력을 반복하는 새로운 지역 질서가 등장할 것이다.

꼭 알아야 할 두 가지 시사점

중국의 부상은 우리에게 어떤 시사점을 주는가? 크게 두 가지 측면에서 이를 검토할 필요가 있다.

이중적인 자기규정의 모순에 빠진 중국

첫 번째로 우리가 배워야 할 것은 앞에서 살펴본 중국 부상의 특징, 즉 불균등성, 지역성, 취약성이 주는 시사점이다. 중국의 부상은 급속히 진행되었고, 2008년 하반기 세계 금융 위기 이후에는 그 진행 속도가 더욱 빨라지고 있다. 이는 중국의 성장보다 미국 등 기존 강대국의 쇠퇴에서 기인하는 바가 크다. 이런 빠른 부상 속도로 인해 중국의 경우에는 앞에서 말한 세 가지 특징이 더욱 크게 부각된다. 그래서 중국은 자국의 부상에 대해 한편으로는 자랑스러워하면서도 다른 한편으로는 당황하고 있다. 중국은 불균등성과 취약성이라는 자국 부상의 문제점과 지역성이라는 자국 능력의 한계를 누구보다 잘 알고 있기 때문이다.

이는 육체적으로는 이미 성인이 되었지만 정신과 습관은 여전히 어린이의 특징을 갖고 있는 청소년기의 학생과 비슷하다. 중학교 3학년 학생인 내 아들의 모습을 보면 그렇다. 중학교에 들어가 몸이 갑자기 성장하기 시작하여 키가 180센티미터에 육박하고 몸무게는 70킬로그램이 나간다. 운동을 하면서 어깨도 떡 벌어지고 허리도 곧아져서 뒷모습을 보면 다 큰 성인이다. 그러나 삶의 경험은 학교와 집을 중심으로 하는 좁은 공간에 국한되어 있다. 1년간의 미국 생활과 약간의 해외여행 경험이 있고 다양한 독서와 교외 활동을 통해 삶의 경험을 확대하고 있지만 아직은 부족하다. 그것만으로는 어떻게 세상을 살아가야 하고 또 어떻게 행동해야 하는지를 스스로 정확하게 판단할 수 없다. 결국 시행착오를 겪으면서 하나하나 세상을 배우고, 그런 경험을 통해 자기의 위상을 정립하고 올바른 실천을 할 수 있게 될 것이다.

현재 중국은 이런 상태에 있다. 중국은 국제사회에서 갑자기 높아진 자국의 위상을 어떻게 재정립해야 하는가를 놓고 깊은 고민에 빠져 있다. 또한 중국은 재정립된 자신의 위상에 맞추어 새로운 역할을 어떻게 어느 정도로 담당해야 하는가를 고민하고 있다. 중국이 G-2 개념, 즉 중국은 미국과 함께 세계를 지도하는 양대 강대국이라는 칭찬을 비판하면서 '최대 개발도상국'으로 제3세계를 대표하는 역할을 맡겠다고 공개적으로 천명한 것은 이런 중국의 고민을 잘 보여 준다.

그래서 중국은 '이중적인 자기규정의 모순'에 빠지게 되었다. 한편으로 중국은 이미 지역 강대국을 넘어 세계 강대국으로 급속하게 부상하고 있다. 이런 객관적인 상황에 입각하여 중국은 국제사회로부터 어느 정도 세계 강대국으로 존중받기를 원한다. 중국이 세계은행(World Bank)과 IMF에서 발언권과 의결권의 확대를 주장하는 것은 이를 잘 보여 준다. 주변 국가에게 자국의 '핵심' 이익이 무엇인가를 전보다 더욱 분명하게 밝히고, 주변 국가가 이를 존중해 줄 것을 요구하는 모습도 이런 상황을 보여 주는 또 다른 사례다.

다른 한편으로 중국은 여전히 개발도상국의 성격을 갖고 있다. 그래서 국제사회가 중국을 개발도상국으로 인정해 주기를 원한다. 국내총생산(GDP) 면에서는 향후 10년 이후 세계 최대가 되겠지만, 1인당 국민소득 면에서 중국은 현재 세계 99위에 있다. 중국이 이후에도 경제성장을 계속하겠지만 인구 문제 등으로 인해 단기간 내에 이런 상황이 크게 개선될 수는 없다. 동시에 중국은 세계 강대국으로서 책임을 지는 것에 대해 부담스러워하고 있고, 어떤 면에서는 두려워하고 있다. 이런 이유로 중국은 개발도상국이라고 주장한다.

이런 이중적인 자기규정의 모순에 따라, 자국에 대한 중국의 인식과 중국에 대한 세계의 인식 간에 '불일치' 또는 '인식의 괴리'가 확대될 가능성이 높다. 중국은 개발도상국임을 강조하면서 국내 문제와 대만해협 문제 등 지역 문제의 해결에 주력하려고 한다. 그리고 이런 문제의 해결에 도움이 되는 한에서만 국제적인 책임과 의무를 다하려고 노력한다. 반면 세계는 중국을 세계 강대국으로 간주하고 그에 걸맞게 환경 문제 등 지구적 문제의 해결에 커다란 역할을 담당할 것을 요구한다. 만약 중국이 이런 요구에 부응하지 못하면 세계는 중국을 비난한다. 이런 비난은 세계 강대국으로 존중받기를 원하는 중국에 커다란 좌절감을 안겨 준다. 특히 미국에 비해 군사적 열세에 있는 중국은 지속적으로 안보 불안을 느끼고 있다. 이런 상황에서 중국의 좌절감은 안보 불안을 더욱 증폭시킬 것이다.

이런 상황에서 중국은 신중함과 강경함이 동시에 나타나는

'양면적인 외교 행태'를 보일 가능성이 높다. 중국은 기본적으로 방어적인 외교정책을 추진할 것이다. 2020년까지 전면적 소강사회를 건설하기 위해서는 경제 발전에 전념해야 하고, 이를 위해서는 평화롭고 안정적인 국제 환경이 필요하기 때문이다. 이를 위해 중국은 미국과의 갈등 및 대립을 최대한 피하려고 노력할 것이다. 반면 중국은 특정 영역에서는 공세적인 외교정책을 추진할 것이다. 중국은 국민 통합을 높이고 사회 불안을 무마하기 위해 지금까지 민족주의를 적극 활용해 왔다. 민족주의는 중국의 미일 정책, 영토·영해 정책, 대만 정책 등에 커다란 영향을 미치고 있다. 단적으로 중국은 대만해협 문제나 소수민족 문제에 미국이 개입하는 것을 주권 침해로 간주하여 강경하게 대응할 것이다. 영해 분쟁에서도 중국은 강경하게 나올 것이다.

이처럼 우리는 중국 부상의 특징(불균등성, 지역성, 취약성)에서 오는 중국의 이중적인 자기규정의 모순, 여기서 파생되는 중국과 세계 간의 인식의 괴리, 그리고 중국의 양면적인 외교 행태를 잘 이해해야 한다. 또한 이에 대한 정확한 파악에 기초하여 부상하는 중국에 대한 올바른 정책을 수립하고 일관되게 추진해야 한다.

미국과 중국, 양국 중심의 사고에서 벗어나야 한다

두 번째는 새로운 동아시아 지역 질서의 형성이 주는 시사점이다. 앞에서 말했듯이, 향후 10년 후 일정한 과도기를 거쳐 복합적이고 중층적인 새로운 동아시아 지역 질서가 형성될 가능성이 높다. 이는 구조와 운영 면에서 전례 없던 새로운 지역 질서가 등장한다는 것을 의미한다. 이에 따라 역내 국가들은 많은 과제를 해결해야 한다.

먼저 미국과 중국은 동아시아 지역에서 어떻게 권력을 공유할지를 합의해야 한다. 동시에 양국은 이렇게 공유된 권력을 어떻게 운영할지도 알아야 한다. 또한 이렇게 공동으로 동아시아를 관리하는 미국과 중국 및 나머지 지역 강대국(일본, 러시아, 인도)이나 중견 국가(한국, 인도네시아) 간에도 전과는 다른 새로운 관계가 설정되어야 한다. 예를 들어, 한미동맹을 어떻게 재편할 것이며, 미일동맹을 어떻게 재편할 것인가에 대한 해결책을 모색해야 한다. 마지막으로, 새롭게 등장할 다양한 아시아 지역 조직의 성격과 역할을 어떻게 규정하고 실제로 그것을 어떻게 운영할지에 대해서도 합의가 필요하다.

이에 따라 새로운 지역 질서가 비교적 확고하게 자리를 잡기 전까지 동아시아의 불안정은 지속될 것이다. 협력과 견제의 양면성을 갖고 있는 미중 관계는 향후에도 사안별로 협력과 갈등을 반복할 것이다. 이런 미중 간의 줄다리기와 시소 타기는 아시아의 지역 질서에 부정적인 영향을 미칠 것이다. 미국의 동맹국인 한국과 일본이 향후 미국 및 중국과 어떤 관계를 설정하는가도 아직 미정이다. 이 때문에 이것도 끊임없이 논란을 일으킬 것이다. 그 밖에 FTA를 포함한 동아시아 지역공동체의 형성을 둘러싸고 미중 간에, 중일 간에, 역내 국가 간에 협력과 경쟁이 반복될 것이다.

또한 향후 각국의 대응에 따라 동아시아의 새로운 지역 질서의 모습은 조금씩 달라질 것이다. 다시 말해 새로운 지역 질서는 아직 '열려(open-ended)' 있다. 이에 따라 한국과 같은 중견 국가도 미래의 지역 질서를 형성하는 과정에 적극 참여하여 자국 및 동아시아의 번영과 평화에 기여할 수 있는 여지가 있다. 이런 점에서 향후 10년은 한국에 외교 활동과 관련하여 기회의 시기라고 할 수 있다. 한국은 미소 양극의 냉전체제나 미국 주도의 탈냉전기 패권 체제에서보다 향후 전개될 과도기 체제에서 외교 역량을 더 잘 발휘할 수 있는 조건을 맞이하게 될 것이기 때문이다. 물론 이는 한국이 충분히 준비하여 이를 적극적으로 활용하겠다는 태도를 갖고 실제로 그렇게 노력할 것이라는 점을 전제로 한다.

따라서 우리의 올바르고 적극적인 대응이 필요하다. 무엇보다 미국과 중국 양국 중심의 사고에서 벗어나야 한다. 현재도 그렇듯 향후에도 미국과 중국은 동아시아에서 가장 중요한 국가가 될 것이다. 또한 한미동맹이 유효하고 필요한 상황에서 미국과의 긴밀한 안보 협력은 매우 중요하다. 그러나 향후 동아시아 지역 질서는 미중 양국이 좌지우지할 수 있는 것이 결코 아니다. 다른 지역 강대국, 중견 국가, 지역 다자조직도 중요한 역할을 담당할 것이다. 이 같은 상황에서 미국과 중국 양국에만 초점을 맞추어 외교 활동을 전개하면 우리의 활동 범위가 좁아지고 활동 내용도 빈약해질 가능성이 크다.

또한 미중 관계는 단순히 대립적이거나 협력적이지만은 않다. 많은 경우 이들 국가 간의 관계는 이 두 가지를 함께 가지고 있다. 또한 미국과 중국은 세계 차원에서 다양한 국익을 추구한다. 이 때문에 미국과 중국은 특정 지역의 기존 정책을 언제든지 일방적으로 조정할 수 있다. 예를 들어 중국은 1989년 톈안먼 사건 이후 미국의 외교적 봉쇄를 돌파하기 위해 과거 적대국가와의 관계 정상화를 적극 추진했고, 그 결과로 1992년에 한중 간에 국교가 수립될 수 있었다. 즉 한국과 중국의 국교 수립은 한국의 노력보다는 중국의 외교정책 조정으로 인해 가능했던 것이다. 2000년대 초기에 미국이 테러와의 전쟁을 수행하면서 군사 전략을 변경하고, 그 결과로 한국의 의사와는 상관없이 주한미군에 대해 전략적 유연성을 주장한 것도 이런 사례의 하나다.

그래서 북한 문제나 한반도의 안보와 관련하여 미국과 중국은 한국의 국익과 다른 방향으로 움직일 가능성이 충분히 있다. 예를 들어, 한국과 아무런 관련이 없는 아프리카나 라틴아메리카 지역의 문제를 해결하기 위해 미국과 중국은 한반도의 이익을 무시하고 중요한 사안을 일방적으로 결정할 수도 있다. 따라서 우리는 강대국 외교의 특성을 잘 이해하고 대비하는 자세가 필요하다. 기본은 미국과 중국의 정책이나 미중 관계의 변화에 영향을 받지 않는 우리의 독자적인 외교정책을 수립하고 일관되게 추진하는 것이다.

3부

'2020 프로젝트'의 실체

중국의 부상은 우연인가, 필연인가?

2부에서는 중국의 부상을 경제력, 군사력, 소프트파워를 중심으로 자세하게 검토했다. 이를 통해 우리는 중국이 2020년 이후에는 불완전하지만 세계 강대국으로 등장할 수 있다는 사실을 알 수 있었다. 3부에서는 중국이 21세기에 들어 세계 강대국으로 부상하기 위해 추진하고 있는 국가 발전 전략을 분석하려고 한다. 2부가 중국 부상의 내용과 결과를 객관적으로 살펴보는 것이라면, 3부는 이것이 가능하게 된 주요 원인을 찾는 것이다.

중국은 2002년 11월에 개최된 공산당 16차 당대회에서 2020년까지 중국이 달성해야 할 국가 발전의 목표와 세부 정책을 결정했다. 이후 2007년 10월에 개최된 17차 당대회에서는 이전의 내용을 일부 보완했다. 그 밖에도 당대회 중간에 개최된 공산당 중앙위원회와 전국인민대표대회(전국인대: 한국의 국회에 해당) 회의에서 이에 대한 보완이 이루어졌다. 가장 최근의 결정은 2011년 3월에 열린 11기 전국인대 4차 회의에서 통과된 「국민 경제 및 사회 발전 제12차 5개년(2011-2015) 계획 요강」이다.

구체적으로 세 가지 사항을 살펴볼 것이다. 먼저, 중국의 현실 인식과 목표를 정확히 파악해야 한다. 중국의 정치 지도자들은 현실을 어떻게 인식하고 있고, 중국이 2020년까지 추구하는 국가 발전의 목표는 무엇인가를 살펴야 한다. 그 다음에 정치, 경제, 사회, 외교 등 주요 분야를 중심으로 중국이 현재 추진 중에 있고 2020년까지 추진할 예정인 세부 정책이다. 한 국가의 발전 전략은 여러 분야가 긴밀히 연결된 것이기 때문에, 이처럼 여러 분야의 정책을 종합적으로 분석하는 것이 필요하다. 셋째로, 지난 10년 동안 국가 발전 전략이 실행된 결과의 평가와 향후 10년의 목표 달성 가능성에 대한 전망이다.

이와 같은 검토를 통해 우리는 몇 가지 사실을 알 수 있다. 먼저 현실 인식 면에서 중국은 2001년부터 2020년까지의 20년을 '전략적 기회기(戰略機遇期)'로 보고 있다. 이 기간 동안 중국은 '전면적 소강사회(全面小康社會)'를 건설한다는 목표를 설정했다. 이를 위한 정치 발전 전략은 두 가지다. 첫째는 국가를 대상으로 하는 것으로, 국가 통치 체제의 합리화와 통치 능력의 향상을 목적으로 하는 '의법치국(依法治國)' 즉 법률에 의거한 국가 통치(법치)다.[19] 둘째는 공산당의 통치 능력을 강화하고 이를 통해 통치 정당성(legitimacy)을 제고하려는 '집권 능력(執政能力)'(권력의 장악과 운영 능력)의 강화다.

경제 발전 전략은 '과학적 발전관(科學發展觀)'이다.[20] 이는 크게 세 가지, 즉 경제 발전 방식의 전환, 균형 발전, 지속 가능한 발전을 목표로 한다. 사회 발전 전략은 '조화사회(和諧社會)'의 건설이다.[21] 이는 도시와 농촌의 '민생(民生)'(인민 생활) 문제 해결을 목표로 한다. 마지막으로 외교 전략은 '평화 발전(和平發展)'의 실현이다. 이는 국내 발전에 전념할 수 있는 평화롭고 안정적인 국제 환경을 조성하고 국제사회에서 중국의 영향력을 확대하려는 정책이다.

중국의 '3단계' 부상 전략

중국의 국가 발전 전략을 본격적으로 언급하기 전에 먼저 중요한 문제를 하나 살펴보자. 중국의 부상은 우연인가 아니면 필연인가?

중국의 부상이 우연이라고 보는 사람들은, 중국을 둘러싼 주관적, 객관적 조건이 유리해서 중국이 세계 강대국으로 부상하고 있다고 생각한다. 예를 들어, 중국은 개혁·개방을 시작할 무렵 인구가 9억 5000만 명에 달하는 거대한 잠재적 시장과 풍부한 노동력을 보유한 국가였다. 또한 문화대혁명(1966-1976년/문혁)에 의해 일부 파괴되었지만 중국은 이미 1950년대 중반부터 본격적으로 산업화를 시작한 상태였다. 그래서 1978년부터 개혁 · 개방 정책을 추진하기 전에 이미 경제적 도약을 위한 기초를 갖추고 있었다. 동시에 중국은 1980년대에 들어 냉전 체제가 완화되는 국제 상황에서 미소 양국과 일정한 거리를 유지하면서 경제 발전에 전념할 수 있었다. 이런 국내외 조건이 있었기 때문에 중국은 세계 강대국으로 부상할 수 있었다는 것이 우연성을 주장하는 입장의 핵심 내용이다.

과연 중국은 그렇게 우연히 강대국이 된 것일까? 중국이 세계 강대국으로 부상할 수 있었던 것은 중국을 둘러싼 주관적, 객관적 조건이 유리했기 때문이 결코 아니다. 오히려 불리한 조건을 정치적 지도력을 발휘하여 유리한 조건으로 전환하는 데 성공함으로써 중국은 국내적으로 급속한 경제 발전을 달성할 수 있었다. 또한 이를 기반으로 올바른 대외정책을 일관되게 추진함으로써 국제사회에서 정치적 지위를 높일 수 있었다.

예를 들어, 많은 인구는 경제가 발전하기 전에는 국가가 먹여 살려야 하는 부담일 뿐이다. 다시 말해 9억 5000만 명의 인구는 당시 중국 상황을 고려할 때 '자산'이라기보다는 '부채'였다. 또한 인구가 아무리 많아도 이들이 물건을 구매할 능력이 없으면 결코 시장이 될 수 없다. 현재 2300만 명의 인구가 있는 북한이 시장이 될 수 없는 이유는 이 때문이다. 게다가 아무리 인구가 많아도 교육과 훈련을 제대로 받지 못하면 경제성장에 기여할 수 있는 노동력이 아니다. 우리가 알다시피 문혁 10년 동안 교육 제도는 파괴되었다. 국제 환경도 중국이 '비동맹 원칙(不結盟)'을 천명하면서 외교정책을 근본적으로 조정했기 때문에 경제 발전에 유리한 방향으로 활용할 수 있었다. 덩샤오핑을 비롯한 중국의 지도자들은 이와 같은 불리한 국내외 조건을 정확히 파악하고 활용할 수 있는 국가 전략을 수립하고 일관되게 추진했던 것이다. 이것이 중국이 세계 강대국으로 부상할 수 있었던 가장 중요한 요인이다.

사실 지난 30여 년 동안 중국은 매우 험난하고 위험한 길을 걸어 왔다. 정치 지도자들은 이를 극복하고 경제적으로 도약하는 뛰어난 판단력과 지도력을 발휘했던 것이다. 나는 중국의 부상을 3단계로 나누어 이해한다. 각 단계는 국내외적인 위기로 시작된다. 첫째는 1989년 톈안먼(天安門) 사건과 1991년 소련의 붕괴다. 둘째는 1997-1998년 아시아 경제 위기다. 셋째는 2008년 하반기 세계 금융 위기다. 중국은 이런 위기를 기회로 활용하여 세 차례에 걸쳐 강대국으로 부상하는 데 성공할 수 있었다는 것이 나의 판단이다.

제1의 부상, 즉 시장경제의 확립과 이를 기반으로 한 급속한 경제성장은 심각한 국내외 위기의 극복으로 가능했다. 1989년 톈안먼 사건과 1991년 소련 붕괴는 개혁기에 중국이 직면한 최대의 국내외 위기였다. 국내적으로는 덩샤오핑의 개혁·개방 정책을 반대하는 보수파들의 대대적인 공격이 진행되었다. 비판의 핵심 내용은 개인적 소유 제도와 시장 제도가 도입되면서 중국은 이미 자본주의로 '타락'하고 있고, 이로 인해 중국은 '미국 제국주의자'의 공격에 취약하게 되었다는 것이다. 국외적으로는 소련의 붕괴와 함께 세계 사회주의권이 해체되면서 중국의 고립이 깊어졌다. 이미 1989년 톈안먼 사건 이후 미국을 비롯한 서유럽 세계의 제재로 중국은 국제사회에서 고립되었다.

이런 위기 앞에서 덩샤오핑은 한편으로는 톈안먼 사건을 무력으로 진압하면서 공산당의 권력을 지켰다. 다른 한편으로는 보수파에 맞서 개혁·개방 정책을 지키기 위해 국민을 상대로 직접 설득하는 작업에 나섰다. 88세의 병든 몸을 이끌고 1992년 1월부터 2월까지 상하이를 시작으로 광둥성(廣東省) 선전(深圳)까지 기차로 여행하면서 개혁·개방에 대한 새로운 방침을 천명한 '남순강화(南巡講話)'가 바로 그것이다.[22] 이후 개혁의 동력은 다시 살아났고, 이를 배경으로 1992년 가을에 개최된 공산당 14차 당대회에서는 '사회주의 시장경제론'이 당 노선으로 채택되었다. 이를 기점으로 중국에서는 사영기업과 외국기업이 우후죽순처럼 생겨나면서 경제성장을 주도했다. 동시에 해외 수출은 이 무렵부터 급증했고 이를 기반으로 중국은 비약적인 경제성장을 이룩할 수 있었다.

제2의 부상, 즉 지역 강대국으로의 부상은 1997-1998년의 아시아 경제 위기로 시작되었다. 이때 한국이나 태국 등 아시아 국가들은 금융 위기와 경기 침체로 매우 어려운 시기를 보내고 있었다. 그런데 중국은 이런 위기 속에서도 높은 경제성장률을 기록하며 경제적 도약을 지속했다. 그뿐만 아니라 중국은 미국이나 일본과는 달리 어려움에 처한 주변 국가를 적극적으로 도와줌으로써 '책임 있는 강대국'의 모습을 보여 주었다. 이를 통해 중국은 전 세계에 아시아의 강대국으로 부상했음을 최초로 인식시켜 주었다.

중국이 이처럼 아시아 경제 위기 기간에 지역 강대국으로 부상할 수 있었던 것은 무엇보다 착실하게 경제 기반을 다져 왔기 때문이다. 즉 중국은 주룽지(朱鎔基) 부총리(1998년에는 총리가 되었다.)의 주도로 1993년부터 부실기업과 금융권의 정비, 과잉·중복 투자의 해소, 해외차입금의 차단과 엄격한 외환 관리 등의 경제 조치를 본격적으로 추진했다. 이런 선견지명의 정책이 있었기 때문에 경제 위기를 피해갈 수 있었다. 또한 중국은 이 위기를 기회로 이용한다는 정책을 결정하고 적극 추진했기 때문에 지역 강대국으로 인정받을 수 있었다.

제3의 부상, 즉 세계 강대국으로의 부상은 2008년 하반기 세계 금융 위기와 함께 본격화되었다. 미국이나 EU 등 세계 경제 대국과 지역이 금융 위기를 경험할 때, 중국은 이런 위기에서 벗어나 있었다. 이는 역시 중국이 자국의 경제 문제를 해결하기 위한 정책을 선제적으로 추진해 왔기 때문이다. 뒤에서 자세히 살펴보겠지만, 중국은 이미 2002년 공산당 16차 당대회부터 경제성장 방식의 전환을 위한 정책을 본격적으로 추진하기 시작했다. 여기에는 투자와 수출 주도에서 내수 시장 위주로 성장 방식의 전환, 노동 집약적이고 에너지 과다소비형 산업 구조에서 기술 집약적이고 지속 가능한 산업 구조로의 전환, 지역 균형 발전의 전면 추진 등이 포함된다. 또한 2003년부터 원자바오(溫家寶) 총리의 주도로 물가 억제, 중복·과잉 투자의 해소, 부실채권의 정리, 외환 보유고의 확대, 인민폐의 점진적 절상 등의 거시경제 정책을 추진했다. 이런 정책이 모두 성공적인 것은 아니었지만, 중국은 이를 통해 세계 금융 위기에 미리 대응할 수 있었다.

이상에서 간략하게 살펴보았듯이, 중국이 고도의 경제성장을 지속할 수 있었던 것도, 지역 강대국으로 인정받고 세계 강대국으로의 부상을 본격화할 수 있었던 것도 모두 우연이 아니었다. 이것은 철저한 준비와 올바른 정책 판단, 그리고 일관되고 강력한 정책 추진이 있었기 때문에 가능했던 것이다. 이런 점에서 중국의 부상은 무엇보다 정치적 지도력, 즉 올바른 정세 판단, 타당한 정책 결정, 국민에 대한 설득과 지도, 일관되고 안정된 정책 추진의 산물이다.

그래서 중국이 과거에 달성한 성과를 이해하고 향후 세계 강대국으로 부상할지 여부를 정확하게 판단하기 위해서는 중국의 국가 발전 전략을 세밀하게 분석해야 한다. 3부에서 하려고 하는 것이 바로 이것이다. 그런데 중국의 21세기는 2002년에 출범한 후진타오(胡錦濤) 체제와 함께 시작되었다. 그래서 21세기 초기 10년 동안의 국가 발전 전략은 후진타오 체제의 국가 정책을 의미한다.
이후 10년의 국가 발전 전략은 2012년 가을 공산당 18차 전국대
표대회(당대회)에서 출범할 시진핑(習近平)과 리커창(李克強)을 중
심으로 하는 '5세대' 지도부에 의해 추진될 것이다.

6

중국의 현실 진단

중국은 2001년부터 2020년까지의 시기를 전략적 기회로 여기고 있다. 이 기간 동안에 경제 발전을 중심으로 정치 발전과 사회 발전을 함께 달성하여 전면적 소강사회를 건설한다는 것이 중국의 목표다. 6장에서 이 점을 자세히 살펴볼 예정이다. 그러려면 먼저 중국은 어떻게 국가 발전 전략을 수립하는지, 즉 중국의 전략적 사고방식에 대해 알아볼 필요가 있다.

중국은 어떻게 전략적으로 사고하는가?

혁명은 '무(無)'에서 '유(有)'를 창조하는 과정이다. 그만큼 힘이 든다는 이야기다. 심각한 사회 모순과 부조리를 근본적으로 바꾸려면 먼저 국가 권력을 장악해야 한다. 그래서 소수의 혁명가(대개는 지식인)가 모여 혁명 조직을 만든다. 그런 다음에 국가기관의 감시와 탄압에 맞서면서 혁명의 뜻에 동조하는 노동자, 농민, 지식인을 하나둘씩 끌어들인다. 만약 식민지 혹은 반(半)식민지 상황에서 혁명을 도모하려고 한다면 더욱 많은 노력과 정교한 전략이 필요하다. 대개 식민지 모국(영국, 프랑스, 일본 등)은 정치, 경제, 군사 면에서 매우 우월한 능력을 갖고 있다. 이 때문에 국내 세력과 맞서기도 힘든 판에 제국주의 국가와도 맞서야 하는 혁명 세력에는 더욱 커다란 부담이 아닐 수 없다.

1921년 창당된 중국공산당이 직면한 현실이 바로 이런 것이었다. 처음에 쉰여 명의 지식인으로 시작된 공산당은 막강한 국민당과 군벌 세력에 맞서 세력을 확장해야 했다. 동시에 1937년 중국 본토를 본격적으로 침략한 일본 제국주의 세력과도 맞서야 했다. 혁명 초기에 공산당은 국민당과 비교했을 때 모든 면에서 열세였다. 군대의 규모, 무기 규모와 수준, 재정 지원, 경제 상황, 국제 지원 등 어느 것 하나도 공산당에 유리한 것이 없었다. 여기에 일본군이 중국 본토를 점령하기 시작하면서 공산당은 더욱 어려운 처지에 놓이게 되었다.

이런 어려운 상황에서 혁명을 완성하려면 매우 신중하고 섬세하며 정확한 전략과 전술이 필요하다. 초기에 공산당은 그렇지 못해 거의 괴멸할 뻔했다. 1920-1930년대에 아직 공업화가 되지 않는 중국에서 산업 노동자는 여전히 미약한 집단에 불과했다. 농민들도 비록 수는 많지만 모래알처럼 흩어져 있기 때문에 조직되기 전까지는 사회 변화의 주도 세력이 될 수 없었다. 거기에다 공산당은 막 창당되었기 때문에 조직도 작고 능력도 매우 부족했다. 이렇게 매우 불리한 객관적, 주관적 조건을 모두 무시한 채 공산당 지도부는 소련의 지도를 받아 무모하게도 도시와 농촌 지역에서 폭동을 일으켜 일거에 사회주의 혁명 국가를 수립한다는 전략과 전술을 추진했다. 유럽과 소련의 경험에 근거하여 만들어진 혁명 이론을 그대로 중국에 적용한 것이다. 결과는 참담한 패배였다. 걸음마 단계의 공산당은 파괴되었고 폭동에 참가한 수많은 노동자들과 농민들이 희생되었다.

공산당은 생존을 위해 산간 오지에 들어갔다. 그리고 기존의 혁명 전략과 전술을 수정하여 혁명 근거지를 수립하기 시작했다. 혁명 근거지에 기반을 두고 농민들을 혁명에 참여시키는 진지전과 게릴라전을 통해 국민당과 일본군을 공격하는 기동전을 병행하기 시작한 것이다. 이런 공산당의 새로운 시도는 1937년 산시성(陝西省) 옌안(延安)의 혁명 근거지 건설로 이어졌다. 이후 마오쩌둥을 중심으로 하는 새로운 지도부가 당권을 장악하고 혁명을 지도함으로써 공산당은 1949년에 사회주의 중국을 건국할 수 있었다. 『마오쩌둥 선집(選集)』에 있는 글 중에는 공산당의 이런 혁명 전략과 전술을 정리한 것이 많다. 「모순론(矛盾論)」과 「실천론(實踐論)」이 대표적이다.

공산당은 성공한 혁명의 경험을 토대로 자신만의 독특한 전략적 사고방식을 습득할 수 있었다. 그것은 지금까지 이어지고 있다. 그래서 공산당은 중앙 조직부터 지방의 기층 조직에 이르기까지 이런 방식에 입각하여 국가 및 지역의 발전 전략을 수립하고 집행한다.

먼저, 중국이 처한 현실을 분석한다. 이것이 '정세 분석'이다. 분석 대상에는 국내 상황뿐만 아니라 국제 상황도 포함된다. 이런 분석을 통해 현 상황의 가장 중요한 특징을 파악한다. 이것이 '시대 주제(時代主題)'(특정 시대의 주요 추세)에 대한 인식이다. 혁명기에는 이를 '주요 모순'이라고 부르기도 했다. 다음으로, 중국이 해결해야 하는 과제를 파악한다. 당면 과제는 '중점 과제'와 '부수 과제'로 나뉜다. 이중에서 중점 과제는 반드시 달성해야 하는 과제다. 또한 시간적으로 '단기 과제', '중기 과제', '장기 과제'로 나누기도 한다. 단기는 대개 1-2년, 중기는 3-5년, 장기는 5년 이상을 가리킨다. 중국이 5년 단위로 실시하는 국민 경제 및 사회 발전 계획은 중기 과제에 해당된다.

이후 각 영역별로 결정된 과제를 달성하기 위한 '세부 정책'이 마련된다. 중앙 차원에서는 정치, 경제, 사회, 문화, 외교, 안보 등이 포함되고, 지방 차원에서는 정치, 경제, 사회, 치안, 교육, 보건, 환경 등이 포함된다. 마지막으로, 공산당, 국가기관(의회, 정부, 법원 등), 사회단체(노동조합, 여성 조직, 청년 조직 등), 국유기업 등은 각 조직과 단체가 수행할 세부 과제를 결정한다. 동시에 이를 달성할 각 조직과 단체의 실천 방안을 담은 세부 정책도 마련된다.

우리는 2020년까지 중국이 추진하고 있는 국가 발전 전략을 이와 같은 방식으로 이해할 수 있다. 중국의 국가 발전 전략을 '현실 인식', '국가 발전 목표', '영역별 세부 정책'으로 나누어 검토하는 것은 이 때문이다.

중국의 현실 인식: 전략적 기회기

중국의 현실 인식부터 살펴보자. 중국은 2020년까지의 시기를 전략적 기회기라고 생각한다. 이는 두 가지 의미를 갖는다. 첫째, 향후 20년은 중국에게 '전략적' 시기다. 한마디로 중요한 시기라는 뜻이다. 이는 중국이 세계 강대국으로 발전할 수 있는가의 여부가 이 시기에 결정되기 때문이다. 중국은 2000년에 1인당 국민소득 1000달러를 달성했다. 이에 따라 중국은 정치, 경제, 사회 등 여러 영역에서 각종 갈등과 대립이 집중적으로 출현하는 '모순 표출기'에 접어들었다. 만약 이 시기에 이런 문제를 제대로 처리하지 못하면 발전은 좌절될 것이다. 이처럼 이 시기는 중국의 국가 발전에서 '관건적인 의미'를 갖는 중요한 시기이기 때문에 전략적 시기라고 부른다.

둘째, 2020년까지의 20년은 중국에 '기회'의 시기다. 중국은 현재 '중화민족의 위대한 중흥'을 달성할 수 있는 '천재일우의 기회'를 맞고 있다는 것이다. 국내적으로는 개혁·개방을 성공적으로 추진한 결과 연평균 10퍼센트 이상의 높은 성장률을 달성했다. 일반 국민들의 생활수준도 크게 향상되었다. 이에 따라 정치 안정과 사회 단결이 유지되고, 공산당과 국가에 대한 국민의 지지도도 크게 높아졌다. 국제적으로도 급속한 경제성장을 기반으로 중국의 위상이 높아졌다. 그뿐만 아니라 현재는 평화와 발전이 중심인 시대다. 다시 말해, 미국이나 러시아와 같은 강대국이 중국을 군사적으로 침략할 가능성은 매우 낮다. 그래서 중국이 국내 발전에 전념할 수 있는 안정적인 국제 환경이 조성되었다.

국가 발전 목표: '전면적 소강사회' 건설

다음으로 국가 발전의 목표를 살펴보자. 중국은 전략적 기회기에 경제 발전을 중심으로 하고 정치 발전과 사회 발전을 결합한 종합 발전에 총 매진하여 전면적인 소강사회를 건설한다는 목표를 추진하고 있다. '소강'은 한국에서는 좋은 의미가 아니다. 정치 개혁이 소강 상태에 빠졌다고 하면, 개혁이 진전도 없고 퇴보도 없는 어정쩡한 상태에 빠졌다는 것을 의미한다. 그런데 중국에서 '소강'이란 '그럭저럭 멀고 살 수 있는 편안한 상태'를 말한다. 그래서 소강사회란 국민이 의식주 문제를 기본적으로 해결하여 인간다운 삶을 영위할 수 있는 기초가 마련된 발전 상태를 지칭한다.

전면적 소강사회를 건설한다는 목표는 1987년 개혁·개방의 최고지도자였던 덩샤오핑이 공식적으로 제기한 '3단계 발전 (三步走)' 전략에 따른 것이다. (이와 비슷한 주장은 1970년대 말부터 있었다.) 당시의 3단계 발전 전략에 따르면, 중국은 우선 1990년에는 1980년의 GDP를 두 배로 늘려 '등 따숩고 배부른 문제'(溫飽 /온포), 즉 생존의 문제를 해결(제1보)한다. 이후 2000년에는 다시 1990년의 GDP를 두 배로 늘려 '소강사회'를 건설(제2보)한다. 마지막으로, 21세기 중엽(구체적으로는 중국 건국 100주년이 되는 2049년)에는 중국을 '중등(中等) 발전 수준의 국가'(개발도상국)로 발전(제3보)시킨다. 여기서 중등 발전 수준의 국가는 1인당 국민소득이 4000달러에 도달한 국가를 의미한다.

2002년 중국이 국가 발전 목표로 제시한 '전면적 소강사회'는 2단계 발전(소강사회)에서 3단계 발전(개발도상국 수준)으로 가는 과도기의 목표였다. 중국은 이미 2단계 목표인 소강사회를 건설했다. 하지만 아직 전면적이지는 못하며 불균형이라는 문제가 있다. 그래서 향후 20년 동안 좀 더 종합적이고 균형 있는 발전을 통해 완전한 소강사회를 건설하고자 하는 것이다. 다만 이전에 제기했던 구체적인 목표치는 이제 의미가 없어졌다. 목표치를 조기 달성했기 때문이다. 예를 들어, 2010년 중국의 1인당 국민소득은 4200달러로, 이는 2049년의 목표치였다. 참고로, 2011년 1인당 국민소득은 5400달러다.

그래서 '전면적' 소강사회의 건설 목표는 정치, 경제, 사회, 문

화 등 다양한 영역을 포괄한다. 이는 이전 단계의 국가 발전 목표
였던 소강사회의 건설이 주로 경제 영역에 집중된 것과 크게 차
이가 난다. 다시 말해 이전 단계에서는 경제 발전이 모든 것에 우
선하는 목표였고, 그래서 정치, 사회, 환경 등 다른 영역은 크게
신경을 쓰지 않고 경제 성장에만 몰두했다. 그런데 이제는 이렇
게 하지 않겠다는 것이다.

우선, 경제적으로는 2020년에 2000년의 국내총생산을 네 배
증가시켜 종합 국력과 국제 경쟁력이 크게 향상된다. 또한 기본
적인 산업화가 달성되며, 시장경제와 개방경제가 더욱 완성된 경
제 체제를 수립한다. 정치적으로는 사회주의 민주와 법제(法制)가
더욱 개선되고, '의법치국(依法治國)'(법률에 의거한 국가 통치)이 전
면적으로 실행된다. 게다가 국민의 정치적, 경제적, 문화적 권리
가 존중되고 보장된다. 사회·문화적으로는 전 국민의 사상·도
덕 소질과 과학·문화 소질이 크게 향상된다. 그뿐만 아니라 비
교적 완전한 교육·과학·문화·위생 체계가 수립된다. 마지막으
로 환경적으로는 지속 가능한 발전이 실현된다. 이에 따라 생태
환경이 개선되고 자원과 에너지 이용이 효율적으로 개선되며, 인
간과 자연의 조화로운 발전이 촉진된다. 이것이 2020년까지 중국
이 달성하려는 국가 발전의 목표다.

이것을 정리하면, 중국은 현재 '법치(法治)', '전환(轉變)', '민
생(民生)', '평화 발전(和平發展)'을 핵심으로 하는 국가 발전 전략
을 추진하고 있다. 법치는 의법치국의 줄임말로 정치 발전의 목

표다. 전환은 경제 발전 방식의 전환을 의미하며, 경제 발전의 목표다. 이것의 지도 이론은 과학적 발전관이다. 민생은 사회 발전의 목표이고, 이것의 지도 이론이 바로 조화사회 건설론이다. 마지막으로, 평화 발전은 외교 전략의 목표이자 방침이다. **그림 3-1**은 이것을 정리한 것이다.

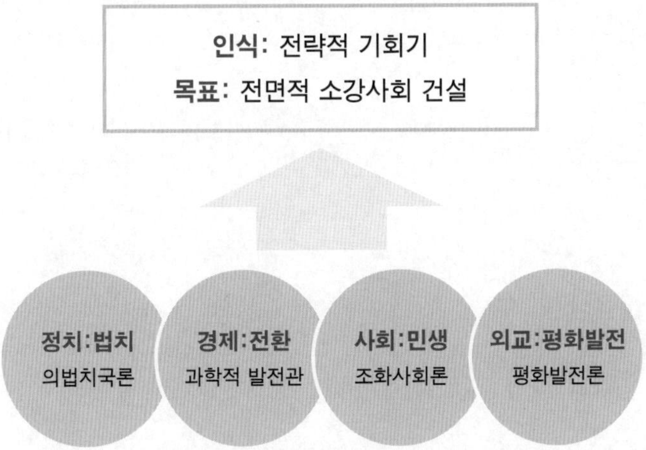

인식: 전략적 기회기
목표: 전면적 소강사회 건설

정치:법치
의법치국론

경제:전환
과학적 발전관

사회:민생
조화사회론

외교:평화발전
평화발전론

그림 3-1 **중국의 현실 인식과 국가 발전 전략**

7

중국의 국가 발전 전략

정치 개혁은 목적이 아니라 수단이다

중국, 과연 민주화될 것인가?

"중국은 언제 민주화될 것 같습니까?" 학생이나 일반인을 대상으로 중국 문제를 강의할 때 가장 많이 받는 질문 중의 하나가 이것이다. 전 세계가 지켜보았듯이, 소련을 비롯한 동유럽 사회주의 국가들은 이미 20년 전에 민주화를 경험했다. 그래서 지구상에 존재하는 사회주의 국가는 이제 네 나라밖에 없다. 북한, 중국, 베트남, 쿠바가 그것이다. 이중에서 중국은 개혁 정책을 가장 먼저 실시한 사회주의 국가다. 소련과 동유럽 사회주의 국가의 경험에 비추어 볼 때, 중국의 정치 민주화는 시간문제인 것처럼 보인다.

한 국가의 정치 민주화를 설명하는 이론은 다양한데, 이중에서 두 가지가 중요하다. 첫째는 근대화론(modernization theory)이다. 이는 우리가 민주화에 대해 상식적으로 알고 있는 내용이다. 근대화론에 따르면, 산업화를 통해 경제성장을 이룩한 국가에서는 두터운 중산층이 형성되고, 이들이 민주와 인권의 확대를 요구하면서 민주화가 일어난다. 먼저, 산업화는 도시화를 초래하고, 대중 교육의 확대와 대중매체의 발전도 촉진한다. 또한 산업화에 의해 도시에 거주하는 시민은 농민과 달리 높은 권리 의식을 갖고 있다. 마지막으로 산업화를 통해 경제가 발전하면서 중산층이 형성되고, 이들은 높아진 권리의식과 지적 수준을 바탕으로 민주화를 요구한다. 이런 과정을 거쳐 민주화가 일어난다는 것이 근대화론의 핵심 내용이다.

둘째는 행위자 중심론(actor-oriented theory)이다. 이 이론에 따르면 민주화는 경제 발전 수준과는 상관없이 정치 엘리트 간의 역학관계와 상호작용에 의해 이루어진다. 먼저, 전쟁의 패배, 경제 침체 등에 의해 한 국가가 위기에 직면하면 국민은 정부에 강한 불만을 제기한다. 이런 상황이 발생하면, 해결책을 놓고 집권 세력은 보수파와 개혁파로 분화된다. 야당이나 사회단체 등 반대 세력도 대응 방식을 놓고 강경파와 온건파로 분화된다. 만약 집권 세력 내의 개혁파와 반대 세력 내의 온건파가 힘이 강하고 서로 협조한다면, 합의를 통해 민주화로 쉽게 이행할 수 있다. 반대의 경우에는 강경 탄압이나 무력 충돌이 발생하고, 결국은 국민의 힘에 의해 권위주의 정권이 붕괴한다.

근대화론과 행위자 중심론을 중국에 적용하면 어떻게 될까? 우선, 근대화론으로는 왜 중국에서 민주화가 일어나지 않는가를 설명할 수 없다. 사실 나를 포함한 많은 정치학자들은 근대화론이 현실에 맞지 않는다고 비판한다. 중국은 2011년 말 기준으로 1인당 국민소득이 5400달러에 달했다. 베이징, 톈진(天津), 상하이, 선전 등 특대도시의 1인당 국민소득은 이미 1만 달러가 넘은 지 이삼 년이 되었다. 2011년 말 인구가 1억 명인 광둥성의 1인당 국민소득은 7800달러다. 그런데 이들 대도시에서는 현재까지 민주화에 대한 시민의 요구가 극히 미미하다. 오히려 경제적으로는 낙후되었지만 '촌민위원회(村民委員會)'(한국의 마을 회의에 해당)를 민주적으로 구성하고 운영한 경험이 있는 농민들이 더욱 강력하게 민주주의를 요구한다. 참고로 1987년 한국이 민주화를 시작할 당시 1인당 국민소득은 3500달러 수준이었다. 대만도 이와 비슷했다.

행위자 중심론에 따르면, 중국에서 민주화가 일어나지 않는 것은 어쩌면 당연하다. 우선, 지난 30여 년 동안 중국 경제가 급속하게 성장하면서 국민의 생활이 크게 좋아졌다. 중국의 국제적 지위도 높아지고, 국민의 자부심도 커졌다. 이런 상황에서 집권 세력(공산당 지도부) 내부에서 분열이 일어날 가능성이 없고, 국민이나 사회집단이 국가에 대해 크게 불만을 제기할 일도 없다. 물론 1989년 톈안먼 사건과 같은 대규모의 시위가 있었지만 그것은 학생들이 주도한 일시적인 현상이다.

간략하게 말해, 현재 중국 상황에서는 집권 세력이나 반대 세력 모두 민주화와 관련된 특별한 행위를 할 일이 없다. 비록 일부 지식인이나 반체제 인사들이 공산당의 일당 집권을 비판하지만 이는 소수의 목소리일 뿐이다. 따라서 중국의 정치 체제는 변화가 없는 것이다. 게다가 미래에도 만약 중국이 심각한 위기에 직면하지 않는다면 민주화에 대한 국민의 요구나 행동은 일어나지 않을 것이다.

공산당 일당 통치, 어떻게 정당화하는가?

다른 방식으로 왜 중국에서는 민주화가 일어나지 않았는지를 살펴보자. 중국의 민주화 전망에 대한 질문을 받으면 나는 대개 이런 식으로 답변한다. "만약 공산당이 국민을 설득하는 논리가 타당하지 않으면 국민은 공산당의 일당 통치를 반대할 것이다. 반대로 공산당의 논리가 설득력이 있으면, 국민은 공산당의 일당 통치를 수용할 것이다."

그렇다면 공산당은 어떤 논리로 국민에게 일당 통치를 정당화하고 있는가? 공산당의 논리는 매우 간단하면서도 명쾌하다. 이는 덩샤오핑이 1980년대 초에 국민에게 제시한 것이다. 동시에 대부분의 정치 지도자와 지식인이 동의하는 논리다. 결론적으로 말하면, 당시 중국 국민은 공산당의 이런 논리를 수용했고, 지금도 마찬가지다. 이런 점에서 우리는 이를 정치 개혁에 대한 중국의 '사회적 합의(social consensus)'라고 할 수 있다. 이것이 깨지지 않는 한 국민은 민주화를 요구하지 않을 것이다.

먼저, 중국의 최우선 과제는 경제성장이다. 경제성장만이 중국이 당면한 여러 가지 문제를 해결하여 '중국 특색의 사회주의'를 건설할 수 있기 때문이다. 1976년 문혁이 끝난 중국은 경제적으로 매우 피폐했다. 농촌에는 약 8억 명의 농민 중에서 2억 명이 굶주림에 시달리고, 도시에는 수천만 명에 달하는 실업자가 일자리를 찾아 방황했다. 특히 마오쩌둥에 의해 농촌과 오지로 내몰렸던—중국말로는 '하방(下放)'('아래로 보내지다'라는 뜻) 혹은 '상산하향(上山下鄉)'('산과 농촌으로 보내지다'라는 뜻)—2000만-3000만 명의 '홍위병(紅衛兵)'이 도시로 돌아오면서 이들에게 일자리를 제공하는 것이 심각한 사회문제가 되었다. 덩샤오핑의 말처럼 "빈곤은 사회주의가 아니다." 결국 빈곤과 실업 문제를 해결할 수 있는 유일한 방법은 경제성장밖에 없다. "발전은 확실한 도리(發展是硬道理)"라는 덩샤오핑의 말은 이를 표현한 것이다.

그런데 중국의 경제성장을 위해서는 정치·사회적 안정이 필수적이다. 예를 들어 문혁 기간에 그랬던 것처럼, 공산당이 국민을 들볶아 정치 활동에 동원하는 혼란스러운 상황에서는 국민이 안심하고 생업에 종사할 수 없다. 또한 그때처럼 국민이 서로 적대적인 계급으로 나뉘어 죽기 살기로 투쟁하는 상황에서는 경제 발전은 생각조차 할 수 없다. 내가 살기 위해 다른 사람을 정치적으로 공격하는 일이 먼저이기 때문이다. 또한 그 어떤 외국기업이나 투자자도 이런 중국에 투자하려고 들지 않을 것이다. 자본과 기술이 부족한 중국에게는 외국기업의 투자가 절실하다. 그래서 덩샤오핑이 말했듯이, 경제 발전을 추진하기 위해서는 "안정이 모든 것에 우선한다.(穩定壓倒一切)"

　마지막으로, 중국이 정치·사회적 안정을 유지하면서 경제성장에 총 매진하기 위해서는 공산당의 일당 통치가 필요하다. 중국은 전체 인구의 92퍼센트를 차지하는 한족(漢族) 이외에도 쉰다섯 개의 소수민족이 존재하는 다민족 사회다. 민족 간에는 언어, 풍습, 종교는 말할 것도 없고 경제 발전 정도도 크게 차이가 난다. 그래서 전체 민족을 하나로 통합하는 것은 대단히 어려운 과제다. 연해 지역과 내륙 지역, 그리고 도시 지역과 농촌 지역 간에도 매우 커다란 격차가 존재했다. 이런 상황에서 국가의 통합을 유지하고 국민을 지도하여 경제성장에 총 매진하기 위해서는 강력한 정치 조직이 있어야 한다. 중국에서 이런 일을 할 수 있는 정치 조직은 공산당밖에 없다. 그래서 만약 경제성장이 최우선 과제라는 사실에 동의하면 좋든 싫든 공산당을 믿고 따라야 한다. 1980년대 초 덩샤오핑이 주장한 개혁·개방의 네 가지 기본 원칙(四項基本), 즉 사회주의, 프롤레타리아 독재, 공산당 지배, 마르크스-레닌주의와 마오쩌둥 사상의 견지는 이를 표현한 것이다.

　물론 공산당이 이런 논리만으로 국민을 설득할 수 있었던 것은 아니다. 국민은 정치 집단의 '약속'이나 '논리'가 아니라 실제 '행동'과 '결과'를 보고 판단한다. 그런데 앞에서 보았듯이, 공산당은 이런 논리를 제시하면서 실제로 경제성장에 총 매진했다. 동시에 지난 30여 년 동안 연평균 9.9퍼센트의 경제성장률을 기록하면서 놀라운 경제 발전을 달성했다. 이런 상황에서 국민이 공산당의 논리를 믿지 않을 이유가 없다. 이것이 바로 중국 국민이 아직까지 정치 민주화를 광범위하게 요구하지 않는 가장 중요한 이유다.

정치 개혁의 목표는 경제 발전

한편 공산당은 지난 30여 년 동안 꾸준히 정치 개혁을 추진해 왔다. 일부 학자는 중국이 경제 개혁만 추진했고 정치 개혁은 추진하지 않았다고 주장한다. 나는 이에 동의하지 않는다. 또한 일부 학자는 중국이 추진한 것은 정치 개혁이 아니라 행정 개혁이라고 주장한다. 여기서 정치 개혁은 권력 분립, 다당제, 직선제, 국민의 정치 권리 보장 등을 의미한다. 즉, 정치 개혁은 주로 민주화를 의미한다. 반면 행정 개혁은 정부 구조와 과정의 합리화와 효율화를 위해 추진하는 정부 개혁을 의미한다. 그런데 이런 주장도 잘못된 것이다. 뒤에서 자세히 살펴보겠지만, 중국은 실제로 다양한 종류의 정치 개혁을 추진했고 적지 않은 성과를 거두었다.

그렇다면 왜 중국이 정치 개혁을 추진하지 않는 것처럼 보이는가? 이는 중국이 추구하는 정치 개혁이 민주화가 아닌 다른 종류의 것이기 때문이다. 이에 대해서는 4부에서 자세히 설명하겠다. 결론적으로 중국은 앞에서 살펴본 세 가지 논리에 따라 두 가지 목표를 달성하기 위해 정치 개혁을 추진했다.

정치 개혁은 무엇보다 공산당 일당 통치의 유지와 강화를 위해 추진되었다. 다시 말해, 공산당이 정치 개혁을 추진한 가장 중요한 목적은 문혁의 정치적 혼란을 끝내고 국민의 신뢰와 지지를 회복하여 권력을 오랫동안 장악하는 것이다. 이 때문에 정치 개혁의 시작과 끝은 공산당 일당 통치의 유지와 강화다. 이런 이유로, 우리가 흔히 생각하는 민주화를 위한 정치 개혁, 즉 삼권분립, 다당제, 직선제의 도입은 처음부터 배제되었다. 이런 정치 개혁의 목표는 향후에도 변함없이 유지될 것이다.

정치 개혁은 또한 민주화가 아니라 경제 발전에 필요한 통치 체제를 수립하기 위해 추진되었다. 다시 말해, 정치 개혁은 그 자체가 '목적'이 아니라 경제성장을 위한 '수단' 혹은 '도구'일 뿐이다. 정치 개혁이 경제성장과 밀접히 연관된 내용을 중심으로 추진된 것은 이 때문이다. 효율적인 행정 체제의 수립을 위한 행정 개혁, 유능한 통치 엘리트를 충원하기 위한 인사 제도 개혁, 법률 체제의 수립을 위한 의회 제도 개혁, 각 지방을 경제 발전에 적극적으로 참여하도록 유도하기 위한 권한 분산, 즉 '분권화(分權化;decentralization)' 개혁이 이에 속한다.

능력 있는 집권당

그렇다면 정치 개혁을 통해 중국이 해결하고자 했던 주요 문제는 무엇인가? 중국의 정치 지도자들은 중국이 두 가지의 심각한 정치 문제에 직면하고 있다고 판단한다.

먼저, 개혁·개방 정책을 추진하려면 국가의 통치 체제를 합리화하고 통치 능력을 향상시켜야 한다. 이는 정치가 급변하는 국내외 상황에 대응하여 경제성장과 정치 안정을 동시에 달성하기 위해 필요한 조치다. 시장 제도와 개인적 소유제의 도입 등 경제 개혁을 통해 사회는 '중국식 자본주의'로 빠르게 변화했다. 이에 맞추어 국가 통치 체제도 좀 더 합리화되고 통치 능력도 강화되어야 한다. 그런데 정치는 여전히 '인치(人治)'(특정 지도자에 의한 자의적인 통치), 관료주의 등 이전의 방식에서 머물러 있다. 이런 상태로는 국가 발전의 목표를 달성할 수 없다.

또한, 공산당은 국가와 사회의 중요 사업을 '영도(領導)'하기 위해 통치 능력을 강화해야 한다. 개혁기에 공산당은 더 이상 '혁명당(revolutionary party)'이 아닌 '집권당(ruling party)'이다. 유일한 집권당으로서 공산당이 만약 개혁·개방 정책을 지도할 능력을 갖추지 못한다면 중국은 경제 발전에 실패할 것이다. 그렇게 되면 공산당은 국민으로부터 외면당할 것이다. 따라서 정치권력을 잃고 싶지 않으면 공산당은 무엇보다 능력 있는 집권당으로 거듭나야 한다. 또한 전국적으로 널리 퍼져 있는 공산당의 부패 문제를 해결해야 한다. 국민이 느끼는 가장 심각한 정치 문제가 바로 당정간부의 부패이기 때문이다.

이와 같은 정치 문제를 해결하기 위해 중국은 두 가지 종류의 정책을 추진하고 있다. 하나는 국가 개혁이다. 여기서는 국가 통치 체제의 합리화와 통치 능력의 제고를 목적으로 추진되는 법치(法治)가 핵심이다. 다른 하나는 공산당 개혁이다. 여기서는 공산당의 통치 능력을 높이기 위한 집권 능력의 강화, 공산당 내의 민주주의, 즉 '당내 민주'의 확대, 통치의 정당성을 높이기 위한 부패 척결(소위 '반(反)부패' 정책)이 핵심이다. 이상에서 알 수 있는 것처럼, 현재 중국이 추진하는 정치 발전 전략에는 국민의 시민적, 정치적 기본권의 확대, 다당제 도입, 삼권분립, 직접선거의 확대와 같은 정치 민주화는 포함되어 있지 않다.

국가 개혁: 법치

먼저 국가 개혁을 보자. 의법치국은 '중국식 법치' 정책으로 1997년 15차 당대회에서 새로운 국가 통치 방침이자 정치 개혁 방침으로 결정되었다. 이후 법치는 정치 개혁의 핵심 과제로 추진되고 있다. 중국은 그 밖에도 다양한 개혁 정책을 추진하고 있는데, 이에 대해서는 4부에서 상세하게 검토할 것이다.

공산당이 처음부터 법치를 강조한 것은 아니었다. 1980년대에는 공산당으로의 권력 집중이 가장 커다란 정치 문제라고 생각했다. 공산당이 정치권력을 독점하면서 개인숭배와 독재, 국가의 역할 축소, 사회의 권한 침해 등 온갖 문제가 발생했기 때문이다.

문혁 기간에 나타났던 마오쩌둥의 개인숭배, 마오쩌둥의 부인인 장칭(江靑)을 핵심으로 한 일부 세력(소위 '문화대혁명 4인방')의 권력 농단은 여기서 발생한 것이다. 그래서 권력 집중 문제를 해결하기 위해 중국은 공산당과 국가를 기능적으로 분리하는 '당정분리(黨政分開)' 정책을 추진했다. 1987년 공산당 13차 당대회에서 당정분리가 당 방침으로 결정된 것이다.

그런데 1989년에 톈안먼 사건이 발생하고, 1991년에 소련이 붕괴하면서 공산당은 심각한 위기의식을 갖게 되었다. 그래서 당정분리처럼 공산당의 권력을 축소하는 모든 정치 개혁 방침이 폐기되었다. 그 대신 등장한 것이 의법치국과 같은 중국식 법치 정책이다. 법치 정책의 초점은 공산당과 국가를 기능적으로 분리하는 것이 아니다. 공산당이 국가를 안정적으로 통치하기 위해 통치 방식을 합리적으로 바꾸는 것이다. 즉, 공산당의 국가 통치 방식을 특정 지도자나 집단의 자의적인 통치(인치)에서 법률과 제도에 의거한 통치(법치)로 전환하는 것이다. 이렇게 되면 공산당은 안정적으로 국가권력을 장악하고 운영할 수 있게 된다.

법률에 의거하여 정부를 운영함으로써 각 정부 부서와 공무원의 행위를 통제하려는 '의법행정(依法行政)'은 대표적인 사례다. 이는 1999년부터 중국이 추진하고 있는 행정 개혁의 핵심 내용이다. 같은 동기에서 중국은 1999년부터 현재까지 '사법 공정'과 '사법 효율'의 향상('사법 독립'은 아니다!)을 목적으로 법원 개혁을 본격적으로 추진하고 있다. 중국식 법치를 실현하기 위해서는 좀 더 공정하고 효율적인 사법 제도가 필수적이기 때문이다. 그 밖에 공산당도 법률과 당규에 의거하여 권력을 장악하고 운영해야 한다는 '의법집권(依法執權)' 정책이 2002년 공산당 16차 당대회에서 결정되었다. 이처럼 공산당은 법치 정책을 통해 정치권력을 독점하면서도 국가의 통치 행위를 합리화할 수 있기를 기대한다.

공산당 개혁: 집권 능력 강화, 당내 민주, 부패 척결

다음으로 공산당 개혁을 살펴보자. 공산당의 집권 능력 강화는 2004년 9월 공산당 16기 중앙위원회 4차 회의에서 결정된 것이다. 공산당에 의하면, 집권 능력은 다음과 같은 공산당의 통치 능력을 가리킨다. 첫째, 정확한 이론, 노선, 방침, 정책을 제출하고 운영한다. 둘째, 헌법과 법률의 제정 및 실시를 지도한다. 셋째, 과학적인 지도 제도와 지도 방식을 채택하여 법률에 의거하여 국가·사회 업무와 경제·문화 업무를 관리하도록 국민을 동원하고 조직한다. 넷째, 효과적으로 공산당, 정부, 군대를 통치하여 현대화된 사회주의 국가를 건설한다.

한편 공산당은 21세기에 당면한 과제를 해결하기 위해 다섯 개 영역에서 집권 능력을 높여야 한다고 주장한다. 여기에는 사회주의 시장경제의 운영 능력, 민주 정치의 발전 능력, 선진 문화의 건설 능력, 조화사회의 수립 능력, 국제 사무의 처리 능력이 속한다. 이를 위해 공산당은 몇 가지 정책을 추진해 왔다. 먼저 고위급 당정간부를 대상으로 정기적으로 집중적인 교육을 실시했다.

이를 위해 공산당은 중앙부터 지방의 현급(縣級)(한국의 시·군 단위에 해당) 단위까지 공산당학교(黨校), 행정학교, 간부학교를 수립하여 운영하고 있다. 또한 전체 공산당을 대상으로 대규모 학습 운동을 집중적으로 전개했다. 2005-2006년 2년 동안 전개된 '공산당 선진성(先進性) 강화' 운동, 2009-2010년 2년 동안 추진된 '학습형(學習型) 정당 건설' 운동이 대표적이다.

또한 공산당은 2002년부터 당내 민주의 확대를 적극적으로 추진하고 있다. 이는 지방에서 당서기 개인이나 소수의 고위 간부가 정책 결정권과 인사권을 독점하는 폐단을 막기 위한 것이다. 몇 가지 정책이 지난 10여 년 동안 일부 지방에서 시험 실시되었다. 5년에 한 번 개최되는 당대회를 매년 개최하는 것, 당대회에 참여하는 것 이외에는 실제 활동이 없는 당원대표의 활동을 일상화하여 당서기와 당위원을 감독하게 하는 것, 당서기 1인의 전횡을 막고 당위원회를 민주적으로 운영하는 것 등이 대표적인 정책이다. 또한 2004년에 공산당은 「당정 고위 간부 공개 선발 업무에 관한 임시 규정」 등 여섯 건의 새로운 인사 규정을 제정했다. 주요 내용은 당정간부의 임용 방식을 객관적이고 공정하게 개선하는 것, 고위 당정간부의 감독과 처벌을 세밀하게 규정하는 것이다. 이런 인사 제도의 개혁은 지금도 계속되고 있다.

마지막으로 공산당은 부패 척결 정책을 적극 추진하고 있다. 이 정책은 이전부터 있어 왔다. 예를 들어 장쩌민(江澤民)을 중심으로 한 '3세대' 지도부는 덩샤오핑에게서 실질적으로 권력을 물

려받은 1993년부터 5년 동안 대대적인 부패 척결 운동을 전개했다. 후진타오를 중심으로 한 '4세대' 지도부도 2003년부터 부패 척결 정책을 강력하게 추진해 오고 있다. 그 결과 2003년 한 해에만 총 열세 명의 장관급 고위 간부가 처벌받았다.

최근의 부패 척결 정책은 제도 개선을 통한 예방에 초점이 맞추어져 있다. 2003년 12월에 「공산당 당내 감독 조례」를 제정한 것은 대표적인 사례다. 참고로 공산당의 당내 법규 통계를 보면, 2001년부터 2007년까지 모두 109건의 법규가 제정되었다. 이중에서 부패 척결과 관련된 규정(당 규율 및 당 규율 검사 기관에 대한 규정)은 쉰세 건으로 전체 법규의 49퍼센트를 차지한다. 이는 공산당이 법률과 제도를 통해 부패를 척결하는 정책을 적극적으로 추진하고 있다는 사실을 보여 준다. 다만 이것이 실제로 얼마나 효과적인가에 대해서는 회의적인 시각이 아직 지배적이다.

경제성장 지상주의에서 '조화사회'로

중국이 2020년까지 추구하는 경제 및 사회 발전 전략을 살펴보자. 경제와 사회는 밀접히 연관되어 있기 때문에, 이 두 분야는 함께 얘기해야 한다.

왜 소련의 개혁은 실패하고 중국의 개혁은 성공했나?

개혁기 경제 문제에 대해서도 일정한 사회적 합의가 형성되었다. 다만 정치 개혁과 다른 점이 있다면, 21세기에 들어 합의가 크게 변화되었다는 점이다.

1990년대까지 지속된 경제 개혁의 사회적 합의는 크게 세 가지 내용으로 구성된다. 먼저, 경제성장은 공산당의 통치 정당성을 확보하는 가장 중요한 토대다. 1921년에서 1949년까지의 혁명기에 공산당은 토지 개혁과 산업 국유화 등 혁명 정책을 통해 국민의 지지를 획득했다. 마오쩌둥 시대에는 평등 사회의 구현과 같은 사회주의 이념을 통해 국민의 지지를 획득했다. 비록 참담한 실패로 끝났지만, 대약진운동(1958-1960년)과 문혁은 바로 이런 이념을 실현하기 위한 조치였다. 물론 공산당은 이에 반대하는 세력이나 집단을 가차 없이 탄압했다.

하지만 개혁기에는 이전의 방식이 더 이상 통하지 않는다. 평등 사회의 실현과 같은 사회주의 이념은 설득력을 상실했다. 대약진운동과 문혁을 통해 국민은 그것이 대재앙을 초래한다는 사실을 뼈저리게 경험했기 때문이다. 그렇다고 공산당이 선거와 같은 민주 절차를 통해 집권한 것도 아니다. 그래서 공산당에는 '정치적' 혹은 '절차적 정당성(procedural legitimacy)'이 없다. 그 대신 지속적인 경제성장과 국민 생활 수준의 향상이 공산당의 통치를 정당화시켜 준다. 따라서 공산당이 권력을 상실하지 않으려면 경제를 발전시켜 빈곤과 실업 문제를 해결해야 한다. 이것이 바로 '업적 정당성(performance legitimacy)'이다. 그래서 중국에서는 6-7퍼센트의 경제성장률을 공산당의 '생명선(life line)'이라고 한다. 만약 공산당이 이 정도의 경제성장률을 달성하지 못하면 온갖 사회문제가 표출되고 국민의 불만이 폭발하여 권력을 잃게 될지도 모른다는 것이다.

또한 경제성장은 국제사회에서 중국의 지위를 높이는 중요한 요소다. 국제사회에서 한 국가의 지위는 경제력, 기술력, 정치력 등으로 구성된 종합 국력에 의해 결정된다. 이중에서 경제력이 가장 중요하다. 1840년 아편전쟁부터 1949년 중화인민공화국의 건국까지를 중국에서는 '100년의 굴욕' 시기라고 한다. 이전까지 중국은 정치, 경제, 문화 등 모든 면에서 '세계의 중심국가'('중국 (中國)'의 의미가 바로 이것이다.)였다. 만약 이전의 영광스러운 지위를 다시 얻고 싶다면, 다시 말해 세계 강대국으로 '재부상(re-rise)' 하고 싶다면, 중국은 종합 국력을 향상시켜야 한다. 이를 위해서는 경제성장이 필수적이다.

마지막으로 중국의 경제 개혁은 국가 주도의 점진적인 방식으로 진행되어야 한다. 앞의 두 가지 내용이 경제성장의 중요성 혹은 필요성에 대한 합의였다면, 이것은 경제성장의 방식에 대한 합의다. 1978년 중국이 개혁·개방 정책을 실시할 때 참고할 사례는 거의 없었다. 제한적인 시장 제도의 도입과 기업의 경영 자율성 확대를 주요 내용으로 했던 1960년대의 동유럽 사회주의 국가의 개혁은 그렇게 성공적이지 못했다. 그렇다고 중국이 미국이나 일본의 자본주의 제도를 전면적으로 도입할 수는 없다. 그렇게 되면 '사회주의'를 포기해야 했기 때문이다. 고민의 핵심은 어떻게 하면 사회주의의 성격(즉, 주요 생산수단의 사회적 소유와 국가의 거시경제 통제)을 유지하면서 경제성장을 달성할 수 있느냐 하는 것이었다. 이에 대해 당시 그 누구도 해답을 줄 수 없었다.

그래서 공산당은 "돌을 만져 가며 냇물을 건넌다.(摸着石頭過河)"는 방식으로 개혁을 진행할 수밖에 없었다. 그래서 개혁을 하지 않으면 죽을 수밖에 없는 곳이나, 실패해도 국가 전체에 큰 피해가 없는 곳에서 개혁이 먼저 시작되었다. 1977-1978년 집단농장을 대신하여 '호별영농(戶別營農)'(가구별로 토지를 분배받아 농사짓는 방식)이 낙후된 안후이성(安徽省)과 쓰촨성(四川省)의 농촌에서 먼저 시작된 것, 1980년 상하이나 톈진과 같은 대도시가 아니라 광둥성 선전과 같은 네 곳의 어촌에 '경제특별구역(經濟特區)'이 설치된 것은 이 때문이다. 이후 1984년에 도시 개혁(주로 국유기업 개혁)이 본격적으로 추진되었고, 동시에 같은 해에 '개방도시'가 열네 개로 확대되었다. 이때 상하이, 톈진, 다롄(大連), 칭다오(青島) 같은 대도시가 포함되었다. 1990년대 초에는 개방 도시가 수백 개로 확대되었다. 소위 '점(點)'에서 선(線)으로, 다시 선에서 면(面)으로의 확장'이 완성된 것이다.

중국이 실행했던 국가 주도의 점진적인 시장경제 도입 방식은 다른 말로 '계획으로부터의 성장(growing out of the plan)'이라고도 불린다. 1978년 이전 중국 경제에서 시장이 차지하는 비중은 거의 없었다. 그런데 농촌과 일부 해안 지역에서 시장 제도가 도입되고 해외무역과 투자가 진행되면서 시장의 비중은 어린이가 성장하듯이 커져 갔다. 그래서 1980년대 후반 무렵에는 전체 생산물 중에서 시장을 통해 분배(유통)되는 비중이 50퍼센트를 넘었고, 1990년대 초에는 90퍼센트를 넘었다. 동시에 경제성장도 1980년대에는 자율경영 제도가 도입된 국유기업과 농촌 지역의 향진기업(郷鎮企業)이 주도했던 것에서 1990년대에는 사영기업과 외자기업이 주도하는 것으로 바뀌었다. 즉 국유기업 주도의 계획 경제라는 커다란 대지에서 사영기업과 외자기업이 주도하는 시장 경제가 조금씩 자라났고, 결국에는 국유기업도 시장경제로 들어오면서 시장경제가 전체 경제를 주도하게 되었다. 이것이 1990년대 중반기 무렵이다.

이에 비해 소련과 동유럽 사회주의 국가는 급속하고 전면적인 개혁 방식을 채택했다. 소위 '충격요법(shock therapy)'이 그것이다. 소련은 미국 등 서유럽 국가와 경제학자들이 주장하는 신자유주의 원리에 따라 이 방법을 채택했다. 먼저 시장 제도를 전면적으로 도입했다. 그동안 생활 안정을 위해 국가가 지급했던 각종 물품에 대한 보조금이 중단되고, 국가의 계획적인 물품 분배도 중단되었다. 이렇게 되면서 물가는 수십 배 폭등하고 국민 생활은 궁핍해졌다.

또한 국유기업의 사영화가 전면적으로 추진되었다. 우리사주 형식으로 직원에게 주식을 보너스로 주듯이, 국유기업의 지분을 경영자와 직원에게 모두 분배하는 방식이었다. 동시에 국가의 국유기업 자금 지원도 중단되었다. 이렇게 되자 경쟁력 없는 기업은 도산하고, 수많은 실업자가 거리로 쏟아져 나왔다. 반면 회사의 지분을 사들인 소수의 이전 경영자는 졸지에 부자가 되었다. 대다수 국민이 물가 상승으로 이미 구매력을 상실한 상황에서 대량 실업까지 겹치면서 수요는 급감했고, 기업의 줄도산으로 생산도 감소했다. 이는 전체 경제의 침체로 이어지고, 국민 생활을 더욱 궁핍하게 만들었다. 악순환의 반복이다.

참고로 내가 강연을 할 때 많이 받았던 질문 중의 하나가 이것이다. "왜 소련은 개혁에 실패했는데, 중국은 크게 성공했습니까? 그 주된 원인이 무엇입니까?" 그러면 나는 양국의 차이를 초래한 가장 중요한 원인으로 두 가지를 제시한다.

첫째는 정치 개혁의 전략이다. 중국은 소련처럼 '민주화 우선'이 아니라 '제도화 우선'의 개혁을 추진했는데, 이것이 성공의 한 원인이다. 일반적으로 민주화는 '선거 민주주의'의 도입으로 시작된다. 이것은 비교적 간단하다. 다당제를 도입하고 대통령 등 주요 공직자를 선거로 뽑으면 된다. 그런데 여기서 더 나아가 자유민주주의, 즉 선거 민주주의 이외에 국민의 정치적, 시민적 권리를 완전히 보장하는 민주주의를 수립하는 데는 많은 노력과 시간이 필요하다. 그 과정에서 최소한 일정한 기간의 정치적인 혼란은 감수해야 한다. 소위 '이행기 비용(transition cost)'이다. 그것이 정착되는 데는 빠르면 10년, 늦으면 20~30년이 걸린다.

그런데 문제는 이런 민주화가 정치 제도화를 보장하지 않는
다는 것이다. 정치 제도화란 간단히 말해 각종 정치 제도가 고유
의 역할을 잘 수행하도록 자리를 잡아 가는 과정과 그 결과를 말
한다. 이를 국가 건설(state-building)이라고 불러도 좋다. 법원은
법률에 의거하여 독립적으로 재판하는 기관이 된다. 경찰은 법질
서의 집행자로 국민의 권익을 옹호하는 기관이 된다. 군대는 정
치적 중립을 유지하고 외적의 침입으로부터 국가와 국민을 수호
하는 역할을 충실히 수행한다. 학교와 의료기관, 국민 생활과 관
련된 각종 공공기관도 각자 고유의 역할을 잘 수행한다. 이것이
정치 제도화다. 이는 다당제를 도입하고 대통령을 선거로 뽑는다
고 되는 문제가 아니다. 정치 제도화는 오랜 기간의 준비와 실천
을 통해서만 완성될 수 있다.

그런데 소련에서는 정치 제도화를 소홀히 하고 정치 민주화
를 급격히 도입하면서 각종 정치 제도가 제 기능을 수행하지 못
하는 문제가 발생한 것이다. 여기에 경제 혼란까지 겹치면서 국
민의 생활은 더욱 어려워졌다. 이렇게 되면서 국민은 새로 도입
된 민주주의에 염증을 느끼고 '강력한 지도자'와 '힘 있는 정치
체제'의 출현을 고대했다. 1999년 등장한 블라디미르 푸틴 정권
은 이런 상황을 배경으로 출현한 것이다. 이는 아시아, 아프리카,
라틴아메리카의 많은 민주화 이행기 국가가 경험하고 있는 현상
이기도 하다. 중국은 그렇지 않았다. 비록 민주화가 되지 않아 인
권 침해와 국민의 정치 참여가 심하게 제한되지만, 각종 정치 제

도는 제 기능을 찾아 가고 있다. 정치 제도가 안정되고 효율적으로 운영되면서 경제성장을 강력하게 추진할 수 있게 되었다.

둘째는 지금 막 살펴본 경제 개혁의 전략이다. 중국이 '계획으로부터의 성장' 방식을 선택한 반면 소련은 '충격요법'을 선택했는데, 이것이 양국의 성패를 갈랐다. 시장 제도는 '무정부 상태'가 아니다. 시장은 효율적이며 잘 작동하는 정치 제도(특히 국가)가 갖추어져야 제대로 수립되고 운영되는 제도의 하나다. 이런 점에서 시장 제도는 갑자기 '주어지는 것'이 아니라, 누군가가 서서히 '만들어 가는 것'이다. 여기서 누군가는 국가뿐만 아니라 개인과 기업 등 다양한 경제 주체가 포함된다. 중국은 국가 주도로 경제 개혁을 추진하면서 시장 제도뿐만 아니라 기업과 같은 경제 주체도 점진적으로 만들었다. 이에 비해 소련은 한꺼번에 계획경제 제도를 버리고 일거에 시장 제도와 개인적 소유 제도를 도입하려고 시도하면서 대혼란에 빠졌다. 그리고 아직도 그 혼란에서 완전히 벗어나지 못하고 있다.

'선부론'에서 '공동부유'로

그런데 21세기 들어 경제 문제에 대한 중국의 인식에 변화가 나타나고 있다. 덩샤오핑과 장쩌민 시대의 중국이 '선부론(先富論)'(먼저 부자가 되는 것은 정당하고 영광이라는 주장)에 입각한 경제성장 일변도 정책을 중시했다면, 후진타오 시대의 중국은 경제성장과 함께 사회 발전과 환경 보호도 함께 고려하는 균형 및 지속 가능한 발전을 중시한다. 그래서 후진타오 시대에 들어 '공동부유(共同富裕)'(함께 부유해진다는 주장) 개념이 다시 주목받기 시작했다.

선부론과 공동부유는 모두 덩샤오핑이 제기한 개념이다. 이는 성장 일변도 정책을 통해 경제는 급성장했지만 불균등 발전 문제가 매우 심각해졌고, 이 문제를 해결하지 않으면 향후에 정치 안정과 사회 단결이 유지될 수 없다는 판단에 근거한 것이다.

중국의 정치 지도자들이 이처럼 경제 개혁의 방침을 변경한 데에는 충분한 근거가 있다. 21세기 들어 '4대 격차'가 이미 위험 수준에 도달했던 것이다. 여기서 4대 격차는 도시와 농촌 간의 도농격차, 연해 지역과 내륙 지역 간의 지역격차, 한 지역 내의 계층격차(빈부격차), 한족(漢族)과 소수민족 간의 민족격차를 가리킨다. 이런 네 가지 격차는 내가 쓰는 개념이다.

예를 들어, 지역격차를 보자. 2002년 경제가 가장 발달한 직할시인 상하이의 1인당 국민소득은 구이저우성(貴州省)의 1인당 국민소득보다 12.9배가 많았다. 1인당 국민소득이 지역별로 열 배 이상 차이가 나는 것은 매우 심각한 문제다. 그래서 중국 정부는 지역격차 해소에 적극 나설 수밖에 없었다. 그 결과 격차는 조금씩 해소되었다. 예를 들어, 2007년에는 두 지역의 1인당 국민소득의 격차가 9.6배였고, 2011년에는 다시 축소되어 5.1배(즉 상하이시는 1만 2800달러이고 구이저우성은 2500달러)였다. 참고로 한국의 경우 2008년 통계청의 자료에 따르면, 1인당 지역 소득이 가장 높은 광역 단위는 울산(4862만 원)이고 가장 낮은 지역은 대구(1359만 원)

로, 그 격차는 3.5배였다. 그래서 중국에서는 '하나의 중국과 네 개의 세계(一個中國 四個世界)'라는 말이 등장했다. 중국이라는 '국가'는 하나지만, 그런 하나의 국가 안에는 네 개의 다른 '세계'가 있다는 뜻이다. 경제가 발전한 연해 지역(다롄, 베이징, 톈진, 상하이, 선전 등), 그 다음으로 경제가 발전한 동북 내륙 지역과 중부 내륙 지역, 경제가 어려운 서북부 및 서남부 내륙 지역, 그리고 소수민족 밀집 지역이 그것이다.

또한 한 사회의 불평등 정도(계층간 소득격차)를 보여 주는 것으로 지니계수(Gini coefficient)가 있다. 21세기에 중국의 지니계수는 공식적으로는 0.4, 비공식적으로는 0.5에 달한다. (중국사회과학원은 2007년에 중국의 지니계수를 0.5라고 발표했다.) 일반적으로 한 국가나 사회의 지니계수가 0.43 이상이면 불평등 정도가 위험한 수준이라고 말한다. 그런데 중국은 21세기에 들어 공식적으로는 아니지만 비공식적으로는 이미 위험한 수준에 진입한 것이다. 이렇게 되면서 중국은 1970년대에 세계에서 가장 평등한 국가('빈곤으로의 평등')에서 2000년대에 세계에서 가장 불평등한 국가 중의 하나가 된 셈이다. 그렇다면 한국의 지니계수(2010년 통계청 자료)는 어떨까? 조사 방식에 따라 조금씩 다르지만 보통 0.31-0.35로 비교적 양호한 것으로 평가된다.

이처럼 4대 격차 중에서 중국은 도농격차와 그 원인인 '삼농(三農)'(농업, 농민, 농촌) 문제에 특히 주목한다. 2004년 이후 2012년까지 9년 연속으로 농촌 문제에 대한 「중앙 1호 문건」이 발표된 것은 이를 잘 보여 준다. 일반적으로 「중앙 1호 문건」은 공산당 중앙과 국무원이 가장 중시하는 국가 정책을 담고 있다. 따라서 9년 연속으로 농촌 문제가 「중앙 1호 문건」의 주제가 되었다는 것은, 중국이 농촌 문제 해결을 최우선의 국정 과제로 삼고 있다는 사실을 보여 준다. 1980년대 초에도 다섯 차례에 걸쳐 농업 개혁에 대한 「중앙 1호 문건」이 하달된 적이 있다. 당시에는 농업 개혁이 개혁 정책의 핵심이었기 때문에 그랬던 것이다.

무엇보다 도시민과 농민의 소득격차가 계속 확대되고 있다. 이들의 소득격차는 1978년에 2.36배에서 1985년에 1.72배로 축소되었다가, 이후 다시 확대되어 2007년에는 3.3배가 되었다. 그리고 2010년에는 3.2배, 2011년에는 3.1배로 그 격차가 비록 미세하지만 점차로 축소되는 경향이 나타나고 있다. 그런데 만약 도시민에 대한 각종 정부 보조금을 합하면 도시민과 농민의 소비 지출 혹은 실질 생활수준의 격차는 여섯 배에 달한다. 세계 각국의 상황을 보면, 도시민과 농민의 소득격차는 1.5-2배가 일반적이라고 한다. 그런데 공식적인 통계 자료에 기초하건, 아니면 실제 상황을 놓고 보건 간에 중국은 이보다 격차가 훨씬 크다. 그래서 중국은 세계에서 도농격차가 가장 심각한 국가다.

농민들의 취업 문제도 매우 심각하다. 중국에는 2011년 말 현재 13억 4000만 명의 인구 중에서 약 50퍼센트인 6억 7000만 명이 농민이다. 이중에서 과잉 노동력은 최소 1억 5000만, 최대 4억 5000만 명으로 추산된다. 농촌의 과잉 노동력은 실제로는 하는 일이 없기 때문에 사실상 실업 혹은 반(半)실업 상태에 있다. 이로 인해 2012년 2월 현재 도시로 유입되는 농민, 즉 '농민공(農民工)'이 약 2억 5000만 명에 달한다. 이중에서 도시와 농촌을 오가는 '유랑인구'가 약 1억 2000만 명 정도고, 이들 중 상당수는 미취업 또는 불완전 취업 상태다. 도시민들은 도시 지역에서 발생하는 많은 범죄가 바로 이런 농민공들에 의해 일어난다고 불평한다.

그런데 도시민과 농민을 분리하는 호적제도(戶籍制度)(몇 년 전까지 중국에서는 호구제도(戶口制度)라고 불렀다.)로 인해, 농민공은 도시에서 외국인 불법노동자와 유사한 신분으로 어려운 삶을 살아가고 있다. 취학 연령에 도달한 농민공의 자녀들은 해당 지역의 학교에 진학하지 못한다. 몸이 아픈 농민공들은 의료보험 혜택을 받지 못하기 때문에 병원에 갈 수도 없다. 그 밖에도 도시민이면 당연히 누릴 다양한 혜택이 이들에게는 돌아오지 않는다. 이런 이유로 중국은 농촌 문제를 전면적 소강사회 건설의 최대 장애로 인식한다. 또한 이 문제가 해결되지 않으면 농촌 사회의 안정은 유지될 수 없고, 결국 전체적인 안정도 유지될 수 없다고 본다.

과학적 발전관: 경제 발전 방식의 '전환'

이처럼 심각한 불균등 발전 문제를 해결하기 위해 후진타오 정부가 제시한 정책이 바로 과학적 발전관과 조화사회 건설론이다.

과학적 발전관을 먼저 살펴보자. 이것은 2003년 10월 공산당 16기 중앙위원회 3차 회의에서 "사람을 근본으로 하는(以人爲本)

전면적, 협조적, 지속 가능한 발전관"이라는 명칭으로 제기되었다. 이후 2004년 2월 중앙당교(黨校)의 장관급 공직자를 대상으로 하는 '과학적 발전관 연수반'에서 후진타오가 이를 '과학적 발전관'으로 다시 명명했다. 이후 2007년 17차 당대회에서 과학적 발전관은 덩샤오핑 이론, '삼개대표론(三個代表論)'[23]과 함께 공산당 사업을 지도하는 최고의 지도 이념으로 승격되었다.

처음 제기된 명칭에서 알 수 있듯이, 과학적 발전관의 기초는 '이인위본(以人爲本)'(사람을 근본으로 함)이다. 이에 따르면, 첫째, 경제성장은 어디까지나 인간의 전면적인 발전을 실현하는 것을 목표로 하는 인간 중심의 정신에 입각해야 한다. 이에 입각하여 국민의 복리 증진과 권익 확대에 기여해야 하고, 동시에 경제성장의 혜택이 전체 국민에게 골고루 돌아가야 한다. 둘째, 과학적 발전관은 '전면적' 발전을 추구한다. 다시 말해, 경제 발전과 함께 사회 발전도 추구한다. 셋째로, 과학적 발전관은 '협조적' 발전을 추구한다. 즉, 도농 동시(同時) 발전, 지역 균형 발전, 인간과 자연의 조화 발전을 추구한다. 마지막으로, 과학적 발전은 '지속 가능한' 발전을 추구한다. 즉 인간과 자연의 조화를 촉진하고, 경제성장이 인구, 자원, 환경과 상호 조정되어, 생산도 발전하고 생활도 풍족해지며, 생태 환경도 양호한, 문명화된 발전을 추구한다.

이런 고상한 목표와 정신을 갖고 있는 과학적 발전관은 현실에서는 세 가지 정책으로 구체화된다. 과학적 발전관의 첫 번째 정책은 경제성장 방식의 전환이다. 이를 위해 현재 '세 가지 전환'을 추진하고 있다. 첫째는 투자·수출 의존의 경제성장에서 소비·투자·수출의 협력에 의존한 성장으로의 전환이다. 여기서는 민간 주도의 내수 확대(소비)가 최대의 당면 과제다. 둘째는 2차 산업(제조업)에 의존한 성장에서 1·2·3차 산업의 협동에 의존한 성장으로 전환하는 것이다. 여기서는 3차 산업(서비스업)의 확대가 중요하다. 셋째는 물자, 자원 의존의 양적 성장에서 과학기술, 노동 소질 제고, 관리 혁신에 의존한 질적 성장으로의 전환이다.

실제로 중국은 경제성장 방식의 전환을 위해 많은 노력을 기울이고 있다. 예를 들어 1980년대 중국은 외국기업과의 합자를 통해 필요한 선진 기술을 도입하는 정책을 추진했다. 그러나 이 정책이 실패로 돌아가자 1990년대에 들어서는 '시장과 기술의 전수를 교환하는 정책'을 추진했다. 즉 외국기업에게 중국에 투자할 수 있는 유리한 조건을 제공하는 대가로 중국은 그 외국기업에게 첨단 기술의 전수를 요구했던 것이다. 그러나 이 정책도 실패했다. 그래서 21세기에 들어서 중국 자체의 혁신에 입각한 독자적인 기술 개발 정책을 적극적으로 추진하고 있다. 중국은 이 같은 성장 방식의 전환을 통해 산업 구조를 고도화하고 자원 절약과 환경보호도 달성할 수 있기를 기대한다.

과학적 발전관의 두 번째 정책은 균형 발전이다. 여기서 가장 중요한 것은 도시와 농촌의 동시 발전과 지역 균형 발전이다. 먼저, 중국은 "도시가 농촌을 지원한다."라는 방침을 확정했다. 혁명 과정에서는 농촌이 도시를 '지원'(정확하게 말하면 '포위')했지만,

이제는 도시가 농촌을 '지원'해야 한다는 것이다. 이로써 농촌 문제의 해결을 위해 국가 차원에서 사회 자원을 총동원하는 것을 정당화했다. 이는 일본이 1950년대부터 공업화를 중심으로 하는 경제 성장 정책을 본격적으로 추진하면서 낙후된 농촌 지역을 지원하기 위해 내걸었던 슬로건과 비슷하다.

이런 방침에 입각하여 농촌의 과잉 노동력 문제를 해결하기 위한 정책을 추진했다. 농민이 전보다 쉽게 도시로 진출할 수 있도록 호적 제도를 2000년 무렵부터 개혁하기 시작한 것이다. 그 결과 베이징, 상하이, 광저우(廣州), 선전 등 특대도시를 제외한 대부분의 도시에서는 안정된 직업, 일정 기간의 거주 등 일부 조건만 충족되면 농민도 도시 거주증을 얻을 수 있게 되었다. 또한 농민의 과도한 조세 부담을 경감하기 위해 2006년부터 농업세가 전면 폐지되었다. 이와 함께 9년(소학교와 중학교)의 농촌 무상교육을 위해 국가가 교육 재정을 전액 지원하기로 결정했다. 그 밖에도 농업 기술 개발과 설비 개선, 농촌 주거 환경 개선 등을 위해 농업 예산이 대폭 확대되었다.

지역 균형 발전을 위해서는 낙후된 내륙 지역에 자원을 집중 지원하는 정책이 추진되고 있다. 대표적인 것이 2000년부터 중서부 내륙 지역의 경제 발전을 촉진하기 위해 추진된 '서부대개발(西部大開發)' 정책이다. 원래 서부 지역은 소수민족이 밀집된 농업 지역으로, 개혁·개방의 혜택을 가장 적게 받은 지역이다. 동시에 한족들이 소수민족 지역에 대규모로 이주하면서 소수민족의 불만이 증가하고 있었다. 티베트(西藏), 신장(新疆) 위구르가 대표적이다. 이 문제를 해결하기 위해 중앙정부는 매년 1000억-3000억 인민 폐(한화 15조-45조)를 서부대개발에 투자했다.

이후 2005년에는 동북삼성(東北三省)(랴오닝성, 지린성, 헤이룽장성) '공업 지대 진흥 정책'과 중부 지역의 '부흥 촉진 정책'이 추가되었다. 중국은 이를 통해 연해 지역과 내륙 지역, 한족 지역과 소수민족 지역 간의 불균등 발전이 조금씩 완화되기를 기대하고 있다. 그 밖에도 홍콩, 선전, 광저우를 중심으로 한 주강(珠江) 삼각주 지역 개발, 상하이, 항저우(杭州), 쑤저우(蘇州)를 중심으로 한 장강(長江)(양자강) 삼각주 지역 개발, 텐진을 중심으로 한 발해만(渤海灣) 지역 개발 등 통합경제권 발전 전략도 추진되고 있다.

과학적 발전관의 세 번째 정책은 지속 가능한 발전이다. 이는 중국이 경제성장 과정에서 에너지와 자원의 절약에 좀 더 주의를 기울이고 환경보호에도 더욱 노력하겠다는 방침이다. 예를 들어 중국은 2007년 6월 「기후변화 대응 국가 방안」이라는 기후변화 종합 대책을 발표했다. 중국은 11차 5개년 계획 기간(2006-2010년)에 국내총생산 1단위당 에너지 소비량을 20퍼센트 낮추고, 주요 오염물질의 배출총량도 10퍼센트 감축한다는 목표를 설정했다. 2009년 12월 덴마크 코펜하겐 기후변화 회의에 맞추어 2020년까지 국내총생산 1단위당 이산화탄소 배출량을 2005년 기준으로 40-45퍼센트 감축한다는 목표도 발표했다. 또한 중국은 수력발전, 풍력발전, 태양광을 포함한 재생에너지의 확대 사용과 원자력 발전 확

충 등을 통해 에너지 소비 구조를 최적화하는 정책을 추진하고
있다.

'조화사회' 건설: '민생' 문제의 해결

사회 발전 전략으로 조화사회 건설과 민생 문제 해결을 살펴
보자. 조화사회 건설은 후진타오 시대에 들어 사회 문제 해결을
위해 중점적으로 추진되는 정책이다. 이것은 2004년 9월 공산당
16기 중앙위원회 4차 회의에서 최초로 제기되었다. 이후 2006년
10월 16기 중앙위원회 6차 회의에서 「조화사회 건설의 결정」이
채택되면서 공산당의 사회 발전 전략으로 확정되었다.

그런데 소강사회가 다양한 목표를 포함하는 종합 개념이듯이
조화사회도 단순히 사회 발전만을 의미하는 것은 아니다. 구체적
으로 중국이 말하는 조화사회란 "민주와 법치, 공평과 정의, 성심
(誠心)과 우애(友愛), 활력과 충만, 안정과 질서, 인간과 자연의 조
화로운 생존이 실현되는 사회"를 가리킨다. 한마디로 조화사회는
정치, 경제, 사회, 문화, 환경 등 많은 영역에서 중국이 당면한 문
제가 해결된 상태를 의미한다.

이 같은 조화사회의 건설을 위해 중국은 2020년까지 몇 가
지 정책 과제를 추진하고 있다. 첫째는 민주와 법치의 개선을 통
한 의법치국의 전면적인 실시다. 둘째는 도농격차와 지역격차를
해소하고 국민의 풍족한 생활을 실현하는 것이다. 셋째는 국민의
취업을 확대하고 광범위한 사회보장 제도를 수립하는 것이다. 넷

째는 통제형 정부를 개혁하여 서비스형 정부를 수립하는 것이다. 다섯째는 전체 민족의 도덕 소질과 문화 소질을 높이는 것이다. 마지막은 자원 이용의 효율성을 높이고 생태환경을 보호하는 것이다.

그런데 중국 정부가 실제로 추진하고 있는 정책을 보면, 조화사회 건설은 도시와 농촌의 민생 문제 해결에 초점이 맞추어져 있다. 후진타오 시대에 들어 중국은 '친민(親民)'(국민에게 다가감)이나 '이인위본(以人爲本)'과 같은 구호 아래 다양한 민생 개선 정책을 추진해 왔다. 특히 최근 몇 년 동안에는 '3대' 민생 현안으로 교육, 의료, 주택 문제가 제기되고, 조화사회 건설의 이름으로 이 문제를 해결할 필요성이 강조되었다. 이는 2007년 17차 당대회의 사회 정책에도 잘 나타나 있다. 즉 민생 문제 해결 정책으로 교육 개선, 취업 확대, 수입 분배 개선, 주민 소득 증대, 사회보장 제도 개선, 의료 체제 개선, 사회 관리 개선이 제기되었다. 또한 이에 전보다 많은 국가 예산이 할당되었다.

외교 전략: '평화발전'의 목적은 무엇인가?

마지막으로 21세기에 중국이 추진하고 있는 외교 전략을 살펴보자. 후진타오 시대의 외교 전략은 1990년대와 크게 다르지 않다. 국제 환경이 1991년 냉전 체제가 해체된 이후 지금까지 근본적으로 달라진 것은 없기 때문이다. 구체적으로 중국의 외교 전략은 1980년대 탐색기를 거쳐 냉전 해체와 미중 간의 갈등을 경험한 후 1990년대 중반에 비교적 분명하게 수립되어 지금까지 이어지고 있다.

다만 2008년 이후 중국의 부상이 빠르게 진행되어 국제적 지위에 변화가 발생하면서 외교 전략을 일부 수정해야 한다는 주장이 제기되고 있다. '핵심' 국익의 범위는 어디까지인가에 대한 논쟁, 국제 분쟁 참여의 범위에 대한 논쟁이 대표적이다. 따라서 향후 중국의 외교 전략에 일부 수정이 이루어질 가능성은 충분히 있다. 그 수정의 폭과 내용은 현재 단계(2012년 6월)에서 아직 단정적으로 말할 수 없다.

정세 인식과 외교 노선

세계 정세에 대해 중국은 1980년대 초 '평화와 발전이 시대적 추세'라고 판단했다. 강대국 간에 전쟁이 발발할 가능성이 적어 중국이 국내 발전에 전념할 수 있는 평화적인 국제 환경이 조성되었다는 것이다. 그리고 이에 입각하여 '독립자주의 외교노선'을 결정했다. 마오쩌둥 시기와는 다르게 중국은 미국이나 소련의 어느 편에도 속하지 않는 독립적인 외교 정책을 추진하겠다는 것이다. 이런 인식과 방침은 지금까지 변함없이 이어지고 있다.

다만 변화된 환경에 대한 새로운 판단이 추가되었다. 예를 들어, 탈냉전기에 국제 체제는 초강대국 미국과 러시아, 중국, 유

럽연합(EU), 일본 등 다수의 강대국이 경쟁하는 '일초다강(一超多
强)' 체제로 변했다고 본다. 일초다강 체제는 시간이 흐르면 여러
강대국들이 경쟁하는 '다극체제(multipolar system)'로 갈 것이라고
본다. 또한 한 국가의 경제 발전이 세계 경제 체제와 밀접하게 연
관되는 세계화 시대가 이미 도래했다. 이런 세계화의 추세는 향
후 더욱 가속화될 것으로 전망한다. 그래서 중국은 이런 시대적
추세에 적극 대응해야 한다.

이런 정세 인식과 독립자주 외교노선 하에 중국은 두 가지의
외교 목표를 추구한다. 이는 30여 년 전이나 지금이나 마찬가지
다. 첫째는 국내 경제 발전에 필요한 안정적이고 평화로운 국제
환경의 조성이다. 현재까지 가장 중요한 외교 목표는 이것이다.
이는 외교가 최고의 국정 목표, 즉 경제 발전을 중심으로 한 전면
적인 소강사회 건설에 기여해야 한다는 방침에 따른 것이다.

둘째는 미국을 중심으로 한 기존 강대국의 견제를 뚫고 중국
의 국제적 영향력을 확대하는 것이다. 중국 지도자들은 아직까지
도 미국이 중국의 세계 강대국화를 막기 위해 다양한 견제 또는
봉쇄 정책을 실시하고 있다고 믿고 있다. 그래서 중국이 세계 강
대국으로 부상하기 위해서는 미국 주도의 견제(봉쇄) 정책을 저지
하고 자국의 부상에 유리한 국제 환경을 조성해야 한다고 생각한
다. 21세기에 들어 중국이 국제사회에서 발언권과 정책권을 확대
하려고 노력하는 것은 이 때문이다.

만약 제1목표와 제2목표가 충돌하면 제1목표가 우선이다. 예

를 들어, 중국은 안정적이고 평화로운 국제 환경을 조성하기 위해 지난 30여 년 동안 미국과 가급적이면 갈등 없이 잘 지내려고 노력해 왔다. 중국의 국제 지위를 높이기 위해 미국과 대립하고 경쟁하지 않았다는 말이다. 다만 주권이나 영토 문제와 관련된 사안에서는 그렇지 않다. 소수민족 문제나 대만해협 문제가 이에 해당한다. 이 경우에는 미국과의 대립도 마다하지 않는다.

일관된 외교 정책

이런 외교 목표를 달성하기 위해 중국은 일관된 외교 정책을 실시하고 있다. 중국이 중시하는 순서대로, 즉 강대국 정책, 주변국 정책, 다자외교, 소프트파워 정책을 살펴보자. 이 외에도 개발도상국 정책이 중요하고, 최근에는 '영역 외교(issues diplomacy)'를 중요한 정책으로 추진하고 있다. 중국이 특히 중시하는 영역 외교로는 UN기후협약에 대한 대응과 에너지 및 자원 확보가 있다. 이전에는 '인권 외교(human rights diplomacy)'가 중요한 분야였지만, 최근에는 그 중요성이 크게 감소했다. (여기서 개발도상국 정책과 영역 외교에 대해서는 자세히 살피지 않겠다.)

강대국 외교는 중국 외교의 1순위다. 이것은 미국, 일본, 러시아, EU를 대상으로 한다. 중국은 강대국과 갈등은 최소화하고 협력은 최대화하여 안정적인 관계를 유지한다는 목표를 추진하고 있다. 무엇보다 경제 발전을 위해서는 미국과 일본의 자본, 기술, 시장이 필요하다. 이들과의 대립은 국력만 소진하고 잘못할 경우

국가를 파멸에 이르게 할 수 있다. 특히 미국과의 군사적 대결은 최대한 피해야 한다. 이를 위해 중국은 세계 강대국과 각종 동반자관계(伙伴關係, partnership)를 맺고 있다. 이중에서 미국과의 관계가 가장 중요하다.

1990년대에 들어 중국은 아시아 지역외교(regional diplomacy)(중국에서는 이를 '주변국 외교'라고 부른다.)를 적극적으로 추진하고 있다. 이는 안정적인 지역 정세를 유지하고 아시아 지역에서 영향력을 확대하여 미국 주도의 동맹 체제를 견제하기 위한 것이다. 이를 위해 중국은 덩샤오핑의 지시에 따라 "쟁점은 미루어 두고 함께 개발한다.(擱置爭議 聯合開發)"는 원칙을 수립했다. 그리고 이 원칙에 따라 인접 국가들과 육속 국경선 획정과 해양 영토 분쟁을 대부분 해결했거나 해결을 보류하고 있다. 또한 1990년대 들어 주변국들과 외교 관계를 정상화하고, 이들과 각종 동반자관계를 맺어 왔다. 실제로 1989년 톈안먼 사건 이후 1993년까지 중국은 전 세계적으로 무려 27개국과 수교했다. 1992년의 한중수교는 그중의 하나다.

중국이 중시하는 세 번째는 다자외교(multilateral diplomacy)다. 1980년대에 중국은 양자 혹은 쌍무 외교만을 중시했다. 미국과 일본이 주도하는 다자기구에 가입했다가는 손해만 본다는 생각 때문이었다. 당시 중국은 자신이 없었고 동시에 피해의식도 갖고 있었다. 그런데 경제 성장으로 자신감을 회복한 중국은 1990년대 들어 양자관계와 함께 다자관계를 또한 중시하는 정책으로 돌아섰다. 동시에 중국은 다양한 아시아 지역 및 국제 조직에도 적극 참여하고 있다. 이는 경제력과 국제적 영향력이 증대되면서 다자조직에 적극 참여하는 것이 국익을 증대하고 국제 지위를 제고하는 데 도움이 된다는 판단에 따른 것이다.

이와 함께 중국은 국제 체제를 대폭 개혁해야 한다는 이전의 주장을 스스로 폐기했다. 마오쩌둥 시기에 중국은 국제기구나 제도가 미국과 소련이 주도하는 패권적인 것이라고 주장하면서 대대적인 개혁을 주장했다. 그런데 최근에는 현행 체제를 옹호하면서 일부 불합리한 것만 개혁하자는 주장을 제기한다. 즉, 중국은 국제 체제의 '개혁 세력'에서 '현상 유지 세력'으로 변화한 것이다. 현재의 국제 체제가 중국에 유리하기 때문이다. 예를 들어, UN안전보장이사회(안보리)의 구성원 확대와 관련하여 중국은 매우 미온적이다. 현재의 5개국 체제가 중국에는 유리하기 때문이다. 만약 인도나 일본이 추가되면 중국의 지위는 상대적으로 약화된다.

구체적으로 중국은 아시아 지역조직에 적극 참여하고 있다. 중국은 두 조직을 특히 중시한다. 하나는 아세안(ASEAN)이다. 여기에는 'ASEAN + 1(중국)'과 'ASEAN + 3(한중일)'도 포함된다. 중국은 21세기 들어 경제력 증강을 바탕으로 아세안과 FTA를 체결하는 등 외교 공세를 강화해 왔다. 그 결과 아세안에 대한 중국의 영향력은 미국과 일본을 위협하는 수준에 이르렀다. 다른 하나는 상하이협력기구(上海合作組織/SCO)다. 이는 중앙아시아 인접 국가들과의 국경 문제를 해결하기 위해 1996년 러시아와 함께 만든 '상하이 5개국(Shanghai Five)'이 2001년 안보 및 경제 문제를 다루는 국제기구로 발전한 것이다.

또한, 중국은 다양한 세계 기구에서 적극적으로 활동하고 있다. 여기에는 UN뿐만 아니라 다양한 군사, 안보 관련 국제기구, 세계은행이나 IMF와 같은 경제, 통상 관련 국제기구, 에너지, 식량, 기후변화 등 비전통 안보와 관련된 각종 국제기구도 포함된다. 특히 2008년 하반기 세계 금융 위기 이후 중국의 활동은 더욱 활발해졌다. 'G-20' 회의 참여가 대표적이다. 이처럼 중국은 아시아를 넘어 세계 차원의 주요 문제에 대해서도 전과 다르게 적극 개입하여 발언권과 의결권(정책권)을 확대하고 있다.

마지막으로 중국은 21세기에 들어 소프트파워 전략을 중요한 외교정책의 하나로 추진하고 있다. 지역 강대국에서 세계 강대국으로 도약하기 위해서는 경제력과 군사력 등 하드파워뿐만 아니라 소프트파워도 필요하기 때문이다. 이에 대해서는 2부에서 자세히 살펴보았다.

8

10년 뒤 중국

지금까지 중국의 국가 발전 전략, 즉 '2020 프로젝트'를 자세하게 살펴보았다. 중국이 2020년까지 전면적으로 소강사회를 건설한다는 목표를 제시하고 실천한 지도 이미 10년이 지났다. 그래서 현 시점에서 이를 중간 평가할 수 있다. 여기서는 이런 평가에 기초하여 향후 10년 후의 상황에 대해서도 전망해 보겠다.

중국 발전 전략의 성과와 한계

중국의 경제성장은 매우 성공적이었다. 2002년 당시 2020년까지의 경제성장 목표로 설정한 것이 1인당 국민소득 3500달러의 달성이었다. 그런데 2009년 중국의 1인당 국민소득은 약 3600달러로서 당시 목표를 10년 앞당겨 달성했다. 중국의 경제 규모(총량 GDP) 확대도 놀랍다. 중국은 이미 2010년 5조 8000억 달러의 GDP를 기록해 일본(약 5조 6000억 달러)을 제치고 미국 다음으로 세계 2위의 경제 대국이 되었다. 여기에 더해 2011년 말 현재 중국은 약 3조 2000억 달러의 외환보유고를 자랑한다. 이런 사실을 종합하면, 경제 목표는 이미 초과 달성했다고 평가할 수 있다. 중국이 건국 100주년이 되는 2049년 무렵에나 달성할 수 있으리라 예측했던 성과를 40년이나 앞당겨 달성한 것이다.

그러나 사회 영역에서는 성과보다 문제점이 더 많다. 구체적으로 도시와 농촌의 동시 발전과 조화사회 건설은 아직 성과가 뚜렷하지 않다. 특히 농촌 문제는 여전히 심각한 사안으로 인식되고 있다. 농민공을 대상으로 하는 호적 제도 개혁은 법적인 측면에서 보았을 때 어느 정도는 성과가 있었다. 법률이 바뀌면서 농민공은 베이징이나 상하이 등 특대도시를 제외한 일반 도시에서는 일정한 조건만 갖추면 안정적으로 거주할 수 있게 되었기 때문이다. 그렇지만 의료, 교육, 주택 등 실질적인 농민공의 처우 개선은 여전히 미흡하다. 이를 위해서는 많은 돈이 필요한데, 대부분의 지방은 이 문제를 개선할 재정 능력이 없다. 재정 능력이 있는 연해 지역의 대도시에서는 농민공의 실질적인 처우 개선이 정책 순위에서 밀리기 때문에 제대로 이루어지지 않고 있다.

정부가 중점적으로 추진하고 있는 농촌 지역의 의료보장과 사회보장 제도의 확대도 마찬가지다. 중국 정부는 혜택이 거의 모든 농촌 지역(약 90퍼센트)을 포괄하고 있다고 주장하지만 실제로는 그렇지 못하다. 일부 지역에서는 제대로 추진되고 있지만 일부 지역에서는 그렇지 않다는 것이다. 특히 농업을 기간산업으로 하는 많은 내륙 지역의 지방정부(한 조사에 의하면, 전체 현급(縣級) 지방정부의 80퍼센트 이상)는 매우 심각한 재정적자를 겪고 있기 때문에 이런 곳에 투자할 돈이 부족하다. 이런 지역에서는 중앙이 재정을 보조하지 않는 한 농민의 의료보장과 사회보장 제도가 제대로 실시될 가능성이 낮다.

마지막으로, 에너지 및 자원 이용의 효율성 제고와 환경보호는 문제가 심각하다. 2010년까지 국내총생산 1단위당 에너지 소비량을 20퍼센트 감축한다는 목표는 달성되지 못했다. 오염물질 배출 총량의 10퍼센트 감소도 마찬가지였다. 당장 경제성장이 시급한 지방이 중앙이 결정한 환경 정책을 제대로 준수하지 않았기 때문이다. 그렇다고 중앙이 이를 일일이 조사하여 처벌할 수 있는 것도 아니다. 다만 재생에너지의 활용은 비교적 커다란 성과를 내고 있다. 예를 들어, 태양열 이용에 대한 기술 투자 및 관련 제품의 생산 면에서 중국은 이미 세계 1위의 수준과 규모를 자랑한다.

중국의 외교 전략은 성공적이라고 평가할 수 있다. 무엇보다 경제력의 증강과 일관된 선린우호(善隣友好) 정책의 실시로 아시아 지역에서 중국의 영향력이 전보다 크게 확대되었다. 1990년대 중반 동남아시아 지역에 '중국위협론'이 유행했던 것과 현재의 상황을 비교해 보면 그 차이를 분명히 알 수 있다. 이는 세계적인 차원에서도 마찬가지다. 중국 정부나 미국 정부는 부정하지만, 중국이 미국과 함께 세계의 사무를 공동 관리해야 한다는 'G-2' 개념은 이제 당연한 것으로 여겨진다. 실제로 세계의 경제·통상, 군사·안보, 에너지·식량·인구·기후변화 문제를 해결하려고 할 때, 미국과 중국이 협력하지 않으면 아무것도 이루어질 수 없는 것이 현실이다.

중국의 정치 발전은 성과와 한계가 분명하게 나타난다. 한마디로, 정치 제도화는 성과를 거두었지만 정치 민주화는 그렇지 못하다. 국가 통치 체제의 합리화와 통치 능력의 강화에서는 성과가 있었다. 행정 개혁, 의회 개혁, 인사 제도 개혁, 사법 개혁 등을 통해 통치 행위가 전보다 제도화되었고, 행정 효율도 높아졌다. 또한 회계, 통계, 세무 등 각종 규제 기구가 개선되면서 국가 관리 능력도 향상되었다. 은행, 증권, 국유자산 관리 체제 개혁도 비교적 성공적이다.

반면 사상, 언론, 출판, 결사의 자유 보장 등 국민의 정치적 기본권 확대는 오히려 후퇴하는 현상이 나타나고 있다. 2010년 북부 아프리카 지역과 일부 중동 지역에서 '아랍의 봄'이 시작되면서 중국 정부는 사회 비판적인 지식인이나 반체제 인사에 대해 대대적인 단속과 탄압을 추진했다. 특히 2010년 류샤오보(劉曉波)

의 노벨평화상 수상을 계기로 인권과 민주의 확대를 요구하는 일부 지식인에 대해 중국 정부는 구금과 체포로 맞섰다. 이런 중국의 태도는 2012년 현재까지 이어지고 있다.

그 밖에 직접선거의 도입을 통한 국민의 정치 참여 확대도 아주 제한된 범위(주로 기층 단위) 내에서만 추진되었다. 예를 들어, 2002년 이후 전국적으로 약 300개의 향(鄕)·진(鎭)(한국의 면·읍에 해당)에서 향장이나 진장 직선제, 당서기 직선제가 시험 실시되었다. 그런데 이는 아직 전국적으로 확대되지 않고 있다. 즉 3만 5000개에 달하는 전국의 향, 진 중에서 약 1퍼센트 정도에서만 직선제가 시험 실시되고 있는 것이다. 그뿐만 아니라 이것은 현급(縣級)(한국의 시·군에 해당)이나 성급(省級)(한국의 도에 해당) 행정 단위로 상향 실시되지는 않고 있다. 이처럼 민주화 개혁이 늦어지면서, 공산당 일당제 아래 권위주의 정치 체제는 견고하게 유지되고 있다.

중국은 소련처럼 망할 것인가, 계속 번영할 것인가?

이제 중국의 향후 10년에 대해 전망해 보자. 내가 자주 받는 질문 중에는 이런 것도 있다. "향후 중국은 소련처럼 망하지 않을까요?" 혹은 "중국은 계속 현재의 권위주의 체제를 유지하면서 발전할 수 있을까요?" 이런 질문에 대해 나는 이렇게 답변한다.

중국이 향후 10년 동안 이전에 결정한 국가 발전 목표를 달성할지 여부는 세 가지 요소에 의해 결정될 것이다. 이는 동시에 중국이 향후 망할 것인가, 그렇지 않을 것인가를 결정하는 요소이기도 하다. 첫째는 지속적인 경제성장 여부다. 관건은 중국이 6-7퍼센트의 경제성장률(공산당의 '생명선')을 유지할 수 있는가 여부다. 둘째는 안정적인 정치 체제의 유지 여부다. 여기서 가장 중요한 것이, 중국의 최고 통치 엘리트들이 파벌싸움과 같은 정치적인 분열 없이 중국을 잘 통치할 것인가 여부다. 다시 말해 엘리트 정치의 안정 여부가 관건이다. 셋째는 다양한 사회 문제, 특히 주택, 의료, 교육과 같은 민생 문제의 완화 또는 해결 여부다.

이런 세 가지 요소를 종합적으로 고려하여 판단하면, 중국은 2020년의 국가 발전 목표를 대부분 초과 달성할 것으로 전망된다. 다시 말해 최소한 당분간 중국이 망하는 일, 혹은 세계 강대국화가 좌절되는 일은 없을 것이다.

중국 내외의 권위 있는 경제연구소와 금융 기관의 평가에 의하면, 최소한 향후 10년 동안 중국은 연평균 6-8퍼센트의 높은 경제성장률을 유지할 것으로 보인다. 이에 대해서는 우리가 이미 2부에서 자세히 살펴보았다. 중국은 이에 필요한 조건을 '충분히' 갖추고 있다고 평가되기 때문이다. 무한한 시장 잠재력, 풍부한 양질의 노동력, 신속한 선진 과학기술 학습 능력, 충분한 외환보유고, 양호한 재정 건전성(즉 소규모의 국가부채)이 바로 그것이다.

반면 급속한 인구 노령화의 진행, 에너지와 자원의 부족, 환경 파괴, 사회 불안정 요소의 증가 등이 경제성장에 부정적인 영향을 미치는 요소다. 그런데 이것이 중국의 지속적인 높은 경제성장을 방해할 만큼 심각한 수준으로 치달을 것 같지는 않다. 그래서 중국은 2020년 무렵이면 경제 규모(총량 GDP) 면에서 미국을 추월하여 세계 최대의 경제 대국이 될 것으로 예측된다. 만약 구매력지수(PPP)로 계산하면 중국의 경제 규모는 2016년 무렵이면 미국을 추월할 것이다.

중국의 현행 정치 체제도 최소한 2020년까지는 안정적으로 유지될 것으로 전망된다. 중국은 부정부패, 관료주의, 행정 비효율성 등 여러 가지 문제를 안고 있다. 그러나 이것이 공산당 일당 체제의 붕괴를 야기하지는 않을 것이다. 그동안 정치 개혁을 통해 국가 통치 체제가 합리화되었을 뿐만 아니라 공산당 엘리트 정치도 안정되었기 때문이다. 또한 다수의 조사에 의하면, 중국의 대다수 국민은 현행 정치 체제와 공산당을 적극 지지하는 편이다. 따라서 만약 중국이 지금처럼 국가 통치 체제의 합리화와 공산당 집권 능력의 강화 정책을 꾸준히 추진한다면, 향후 10년 동안에도 정치 안정은 달성되고 공산당 일당제도 유지될 것이다.

사회 문제는 2020년 무렵에도 쉽게 해결되지 않을 것이다. 예를 들어, 도농 격차와 지역 격차의 해소는 농촌 문제의 해결을 전제로 하는데, 이는 최소한 한 세대, 즉 30년 이상의 시간이 필요하다. 세계 각국의 경험에 근거할 때, 농촌 문제는 산업화와 도시화를 통한 농업 인구의 감소, 농업 기술의 개발과 확산, 농업 기계화와 규모 영농의 실현을 통해서만 해결이 가능하다. 그런데 이에는 많은 시간이 필요하다. 또한 에너지 및 자원의 효율적인 이용이나 환경보호도 10년 이내에는 결코 해결될 수 없다. 이는 공산당도 알고 국민도 다 아는 사실이다. 따라서 이런 문제가 공산당의 통치 정당성을 약화시키거나 사회 불안을 야기할 가능성은 높지 않다.

반면, 노동자와 농민공의 임금 인상과 노동 조건의 개선, 의료·교육·주택 문제의 완화, 사회보장 제도의 확대는 현재 추진 중이고 또한 일정한 성과를 보이고 있다. 이 때문에 이런 문제가 정치 안정과 경제 발전에 큰 압력으로 작용하지는 않을 것이다. 다만 집단 시위나 폭동 등 소위 '집단소요사건'은 앞으로도 계속 발생할 것이다. 다시 말해 크고 작은 사회적 혼란과 갈등은 계속해서 중국을 괴롭히는 문제로 남을 것이다.

종합하면, 여러 사회 문제에도 불구하고 중국은 2020년의 국가 발전 목표를 대부분 무난히 달성할 것으로 예측된다.

2008년 중국 베이징 올림픽 폐막식 장면

중국은 2002년 후진타오 시대에 들어 소프트파워 전략을 대외정책의 중요한 요소로 추진하고 있다. 첫째로 베이징 컨센서스, 둘째로 유가 사상, 셋째로 정교한 외교정책을 통해 중국은 경제 대국, 문명 대국, 평화 대국이라는 국가 이미지 창출에 노력하고 있다. 이런 중국의 의도는 베이징 올림픽을 통해 확인할 수 있다. 베이징 올림픽의 개막식과 폐막식은 장이머우 감독이 연출했지만, 주제는 공산당 최고 권력 기구인 정치국의 결정이다. 개막식에서는 공자가 나와 『논어』의 구절인 "배우고 때로 익히면 즐겁지 아니한가."를 외쳤는데, 중국은 이를 통해 5000년 역사의 문명 대국임을 세계에 알리고자 했다. 또한 최첨단 기술을 활용함으로써 중국은 자국이 산업국가임을 보여 주고 싶었던 것이다.

문화대혁명 시기 마오주의 포스터

문혁의 소용돌이 이후 1980년대부터 중국은 권력 집중 현상을 심각한 정치 문제로 인식하기 시작했다. 마오쩌둥에 대한 개인숭배와 장칭을 핵심으로 하는 4인방의 권력 농단과 같은 공산당의 정치 권력 독점으로 인해 독재, 국가의 역할 축소, 사회의 권한 침해 등 온갖 문제가 발생했기 때문이다. 그래서 1987년 공산당 13차 당대회는 이러한 권력 집중의 문제를 해결하기 위해 공산당과 국가를 기능적으로 분리하는 '당정분리' 정책을 채택한 것이다. 그런데 1989년 톈안먼 사건과 1991년 소련 붕괴를 계기로 공산당은 심각한 위기의식을 갖게 되었다. 그러자 당정분리처럼 공산당의 권력을 축소하는 모든 정치 개혁이 폐기되고, 그 대신 등장한 것이 의법치국과 같은 중국식 법치 정책이다. 이것은 공산당이 안정적으로 국가권력을 장악하고 국정 운영을 위해 통치 방식을 합리적으로 바꾸는 것이다.

문화대혁명 기간에 톈안먼 광장에 진행한 대중 퍼포먼스
마오쩌둥 시대 중국 정치는 전체주의에 속했다. 마오쩌둥 사상이 유
일한 지도 이념이었으며, 문화대혁명 등 공산당은 국민을 정치 활동
에 무한정 동원했다. 그러나 개혁기 중국에서는 사회적, 경제적 다원
성이 보장되었고, 지도 이념도 혁명성을 상실하고 경제 발전의 추구
를 정당화하는 논리로 변했다. 또한 1990년대에는 민족주의, 2000
년대에는 유가 사상이 새로운 통치 이념으로 등장했다. 장쩌민의 '덕
치론', '후진타오의 이인위본(以人爲本)'이나 '조화사회' 등은 이를 잘
보여 준다. 현재 중국을 지배하고 있는 통치 이념은 변형된 사회주의,
민족주의, 유가 사상이 혼합된 기묘한 형태다. 이처럼 중국의 공산당
일당제는 여러 형태를 띠었는데, 현재 중국의 공산당 일당제는 사회
주의 정치보다는 제3세계 국가의 권위주의 체제에 더 가깝다.

가난한 농촌 마을에서 신흥 산업도시로 성장한 광둥성 선전(深圳)

1980년 중국이 경제특구로 가장 먼저 지정한 곳은 대도시가 아니라 농촌 마을이었던 광둥성 선전이다. 공산당은 개혁을 하지 않으면 죽을 수밖에 없는 곳이나, 실패해도 국가 전체에 큰 피해가 없는 곳에서 개혁을 먼저 시작했다. 소련이 시장제도를 전면적으로 도입하는 '충격요법'으로 큰 혼란을 겪은 것과는 달리, 중국은 '계획으로부터의 성장'을 채택한 것이다. 이것은 사회주의를 유지하면서 어떻게 경제성장을 달성할 수 있을까를 고민한 끝에 채택한 전략이다. 이렇게 시작한 '개방 도시'는 이후 상하이, 톈진, 다롄, 칭다오 같은 대도시로 확대하여 1990년대 초에는 수백 개가 되었다. 소위 "점에서 선으로, 다시 선에서 면으로의 확장"이 완성된 것이다.

중국에서 1인당 GDP가 가장 높은 도시로 발전한 상하이

21세기 들어 경제에 대한 중국의 인식에 변화가 나타났다. 덩샤오핑과 장쩌민 시대의 중국이 '선부론'에 입각한 경제 성장 일변도 정책을 중시했다면, 후진타오 시대의 중국은 경제성장과 함께 사회 발전을 함께 고려하는 '공동부유' 개념을 강조하기 시작했다. 이것은 4대 격차, 즉 도농격차, 지역격차, 계층격차, 민족격차가 위험 수준에 도달했기 때문이다. 예를 들어 2007년 경제가 가장 발달한 직할시인 상하이의 1인당 국민소득은 구이저우성의 1인당 국민소득보다 9.6배였다. 그래서 중국에서는 '하나의 중국과 네 개의 세계'라는 말이 등장했다. 경제가 발전한 연해 지역, 그 다음에 경제가 발전한 동북 내륙과 중부 내륙 지역, 그 다음에 경제가 어려운 서북부 및 서남부 내륙 지역, 그리고 소수민족 밀집 지역이 그것이다. 1970년대에 세계에서 가장 평등하게 빈곤한 국가였던 중국이 2000년대에 세계에서 가장 불평등한 국가 중의 하나가 된 셈이다.

덩샤오핑(鄧小平)

1950년대 중반부터 본격적으로 산업화에 돌입한 중국은 1978년 개혁·개방 정책을 추진하기 시작하여 1980년대에 냉전 체제가 완화되는 국제 상황을 이용하여 경제 발전에 전념할 수 있었다. 그러나 중국이 비약적인 경제 성장을 이룩한 것은 심각한 국내외 위기들을 극복했기 때문에 가능한 것이었다. 덩샤오핑은 한편으로는 톈안먼 민주화 시위를 무력으로 진압하여 권력을 지켰고, 다른 한편으로는 개혁·개방을 '타락'으로 보는 보수주의자들의 비판에 맞서 88세의 노구를 이끌고 상하이에서 광둥성까지 기차 여행을 하면서 '사회주의 시장경제론'을 밀어붙였다. 이렇게 중국 공산당이 지난 30여 년 동안 일당제를 유지할 수 있었던 데에는 세 가지 요소가 작용했다. 첫째, 유능한 통치 엘리트들의 충원을 통해 공산당은 개혁·개방 정책을 성공적으로 추진할 수 있었다. 둘째, 공산당이 당 운영을 정상화하고 제도화하여 '혁명당'에서 '집권당'으로 변신할 수 있었다. 셋째, 당내 민주화를 통해 마오쩌둥 시대의 문혁 같은 권력 독점과 권력 남용을 피할 수 있었다.

장쩌민(江澤民)

1990년대 들어 중국의 엘리트 정치는 제도화되고 안정화되면서, 특정 개인이나 파벌이 권력을 독점하는 현상이 사라지고 복수의 통치 엘리트 또는 파벌이 권력을 나누어 갖는 집단지도 체제가 형성되었다. 또한 파벌과 파벌 투쟁의 성격도 변했다. 마오쩌둥 시대에 파벌은 주로 이념과 노선 대립으로 형성되었기 때문에 승자독식의 원리에 따라 생사를 건 투쟁으로 격화되었다. 그러나 장쩌민 시대에는 파벌이 칭화대학파와 같은 학연, 상하이파 같은 지연, 공청단파처럼 업무, 태자당처럼 혈연 등 다양한 요인에 의해 형성되었다. 1992년 '사회주의 시장경제 건설' 방침이 확정되면서 공산당 지도부 내에 개혁·개방 정책에 일종의 합의가 형성되었기 때문에, 파벌 투쟁은 주로 소수파에게도 일정한 몫을 배정하는 타협과 거래의 성격으로 변한 것이다.

2008년 공산당 일당 독재 철폐 등 민주개혁을 요구
하는 '08 헌장'을 주도한 류샤오보(劉曉波)

중국이 통치 체제의 합리화와 통치 능력의 강화 등
정치 제도화에서는 큰 발전을 이루었지만, 정치 민
주화 측면에서 사상, 언론, 출판, 결사의 자유 보장
등 국민의 정치적 기본권 확대는 오히려 후퇴했다.
2010년 '아랍의 봄'이 시작되면서 중국 정부는 사
회 비판적인 지식인이나 반체제 인사에 대해 대대적
인 단속과 탄압을 추진했다. 특히 2010년 류샤오보
(1955-)의 노벨평화상 수상을 계기로 인권과 민주의
확대를 요구하는 일부 지식인에 대해 중국 정부는
구금과 체포로 맞섰다. 이런 중국의 태도는 2012년
현재까지 이어지고 있다.

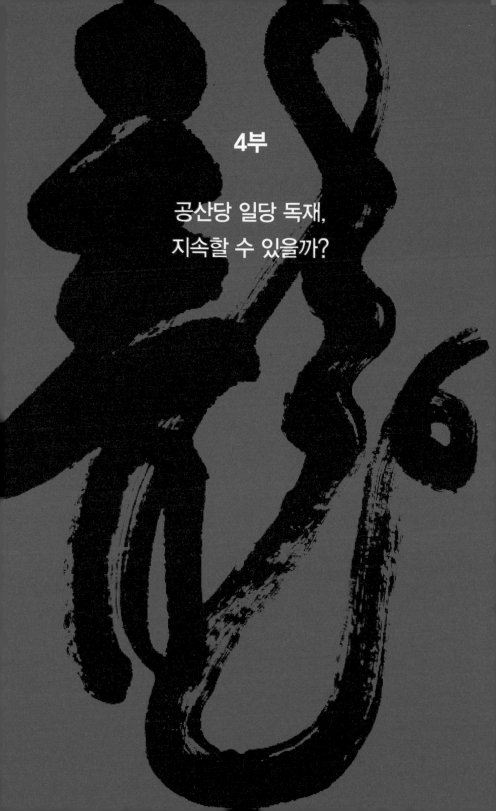

4부

공산당 일당 독재,
지속할 수 있을까?

2부에서는 중국의 부상, 3부에서는 중국의 국가 발전 전략을 자세히 살펴보았다. 이를 통해 우리는 중국이 '불완전한' 세계 강대국으로 급속하게 부상하고 있다는 사실과 그것이 우리에게 주는 의미를 알 수 있었다. 또한 중국이 세계 강대국으로 발전하기 위해 2002년 공산당 16차 당대회 때부터 매우 종합적이고 체계적인 '2020 프로젝트'를 일관되게 추진하고 있다는 사실도 파악했다.

4부에서는 중국의 정치를 살펴볼 것이다. 중국은 북한, 베트남, 쿠바와 함께 지구상에 남아 있는 단 네 개의 사회주의 국가 중 하나다. 그래서 중국은 여전히 '일당제 국가'나 '권위주의 국가'로 불린다. 대대수 사람들이 중국을 '정치적 후진국'으로 간주하는 이유는 이 때문이다. 그런데 중국은 1980년대 이후 지구상에서 가장 빠른 경제성장률을 기록한 국가다. 1978년부터 2010년까지 중국은 매년 9.9퍼센트의 경제성장을 했다. 반면 1974년부터 전 세계를 휩쓴 '민주화의 제3의 물결'에 의해 민주주의의 이행을 경험한 대부분의 국가들은 심각한 경제 침체와 사회 혼란을 겪었다. 물론 한국과 대만은 예외다.

그렇다면 중국은 어떻게 공산당 일당제를 유지하면서 동시에 눈부신 경제성장과 사회 안정을 달성할 수 있었을까? 일반적으로 시장경제는 민주주의 국가에서 더 잘 발전할 수 있다고 여겨진다. 민주주의가 시장경제의 원칙, 즉 개인적 소유제와 자유 경쟁을 더 잘 보장하고 활성화할 수 있기 때문이다. 이것이 자유주의(liberalism) 경제학의 가장 기본적인 믿음이다. 그런데 중국의 사례는 이런 기존의 생각과 맞지 않는다. 그렇다면 이것이 어떻게 가능했던 것인가? 4부는 이 문제에 대한 해답을 제시한다.

"중국은 언제 민주화가 될 것인가요?" 이 질문은 내가 중국에 대한 강연을 할 때 가장 많이 받는 질문 중 하나다. 우리가 이 질문에 답하기 위해서는 공산당이 국민의 지지를 받으면서 장기 집권할 수 있는 이유를 먼저 밝혀야 한다. 중국의 민주화는 곧 공산당 일당제의 붕괴를 의미하기 때문이다. 사실 중국의 경제 발전과 세계 강대국화는 공산당의 올바른 정책과 지도력이 없었으면 불가능했다. 중국 국민도 이 사실을 잘 알기 때문에 현재까지

공산당의 통치를 지지하고 있는 것이다. 그래서 4부에서는 공산
당의 성공 비결도 함께 살펴보려고 한다.

9

중국이 정치 안정을
유지하는 비결

2008년 베이징 올림픽 개최를 앞두고 중국 내에서는 티베트 민족의 시위가 격렬하게 전개되었다. 그 다음 해에는 신장 위구르 민족의 대규모 시위도 있었다. 그 밖에도 농촌에서는 농민 시위, 도시에서는 시민과 노동자의 시위가 끊임없이 발생하고 있다. 한국을 포함한 전 세계 언론이 이와 같은 민족 갈등과 민중 저항을 대대적으로 보도하면서 중국은 마치 '혼란'이 일상화된 국가처럼 보인다. 그래서 많은 사람들은 중국이 과연 정치적으로 안정된 국가인가라는 질문을 던진다.

중국 전문가들은 이와 관련하여 두 가지 사실을 동시에 지적한다. 우선, 중국 정치는 쉽게 붕괴하지 않을 것이다. 공산당 일당

제도 최소한 단기간 내에는 변하지 않을 것이다. 공산당은 우리가 생각하는 것보다 변화된 현실에 훨씬 더 잘 적응해 왔고 국민으로부터도 강한 지지를 받고 있기 때문이다. 그러나 다른 한편으로 중국은 관료주의나 부정부패 같은 정치 문제가 매우 심각하다. 그 밖에도 실업, 삼농(농업, 농촌, 농민) 문제, 빈부격차, 지역격차, 환경오염, 소수민족 갈등 등 여러 가지 심각한 사회문제를 안고 있다.

이를 종합적으로 고려할 때, 중국은 '취약한 안정성(fragile stability)', '흔들리는 안정성(rocky stability)' 또는 '안정적인 동요(stable unrest)', '안정적인 불안정성(stable instability)'의 상태에 있다고 평가된다. 나도 기본적으로 이런 평가에 동의한다. 중국은 1980년대 말과 1990년대 초에 일정한 정치, 사회적 혼란을 경험했고 현재에도 여러 가지 불안정 요소를 안고 있다. 그렇지만 전체적으로 볼 때 중국은 비교적 안정적이고 앞으로도 최소한 당분간은 이런 안정이 지속될 것이다.

우리는 세 가지 측면에서 공산당 일당제가 지속될 수 있었던 이유를 살펴볼 수 있다. 첫째는 정치적 측면이다. 여기서는 중국의 엘리트 정치가 얼마나 안정적으로 운영되고 있으며, 통치 엘리트가 공산당 일당 지배를 지속하기 위해 주요 사회 세력과 사회집단에 대해 어떤 전략을 사용했는가를 검토할 것이다. 둘째는 행정적, 제도적 측면이다. 여기서는 중국이 국가 통치 능력을 강화하고 통치 행위를 제도화하기 위해 어떤 노력을 기울였는지를 검토할 것이다. 마지막은 이념적 측면이다. 중국이 개혁기에 변화된 국가 정책과 사회, 경제적 조건에 맞추어 자신의 통치 이념을 어떻게 변화시켰는가를 검토할 것이다. 우리는 이상의 세 가지 측면에 대한 분석을 통해 공산당이 안정적인 통치 체제를 유지할 수 있었던 정치적 기초를 이해할 수 있을 것이다.

결론적으로 정치적, 행정적, 이념적 측면에서 몇 가지 요인이 복합적으로 작용하여 중국은 정치 안정을 유지할 수 있었다. 정치적 측면에서는 엘리트 정치의 안정화, 굳건한 통치 연합의 형성, 사회단체의 체제 내 흡수가 중요하다. 행정적, 제도적 측면에는 국가 통치 능력의 강화와 통치 행위의 제도화가 중요하다. 이념적 측면에서는 통치 이념의 변형과 모색이 중요하다. 여기에는 사회주의 이념의 변화와 민족주의의 등장이 포함된다.

정치: 안정된 엘리트 정치와 굳건한 지배 연합

지난 30여 년 동안 중국이 고도의 경제성장을 이룩하면서 정치 안정을 동시에 달성할 수 있었던 원인을 설명하는 일은 중국 연구자들의 중요한 과제다. 여기서 설명하는 내용은 나의 고유한 주장이다. 혹시 다른 중국 연구자들은 이에 동의하지 않을 수도 있다. 나는 중국의 정치 안정이 무엇보다 공산당과 국가가 특정한 정책을 수행한 결과로 달성된 것이라고 주장한다. 그리고 이런 정책 중에서 엘리트 정치의 안정화, 굳건한 통치 연합의 형성, 사회단체의 체제 내 흡수가 가장 중요한 요소라고 생각한다. 이 제부터 하나하나 살펴보자.

엘리트 정치의 안정화

중국과 같은 사회주의 정치 체제에서는 엘리트 정치가 매우 중요하다. 소수의 통치 엘리트가 거의 독점적으로 주요 국가 정책을 결정하기 때문이다. 또한 사회주의 정치 체제는 '당-국가(party-state)' 체제로서, 공산당과 국가기관이 조직적, 기능적으로 결합되어 있고 국가의 핵심 권력이 공산당으로 집중되는 특징을 보인다. 이 때문에 공산당 통치의 안정성과 그 정치적 기초를 분석할 때에는 무엇보다 먼저 공산당을 중심으로 한 엘리트 정치를 검토해야 한다.

한마디로 지난 30여 년 동안 공산당이 일당 통치를 유지할 수 있었던 가장 중요한 요인은 엘리트 정치가 안정화되었기 때문이다. 향후에도 엘리트 정치가 지금처럼 안정적으로 운영된다면 공산당 일당제는 지속될 것이다. 반대로 만약 중국에서 정치 혼란이 발생하고 궁극적으로 정치 체제가 붕괴한다면, 그것은 엘리트 정치의 안정이 깨졌을 경우이다. 다시 말해, 통치 엘리트가 당 노선과 정책을 둘러싸고 몇 개의 파벌로 나뉘어 생사를 건 정치 투쟁을 전개한다면 공산당은 분열되고 정치는 혼란에 빠질 수 있다. 문화대혁명(1966-1976년) 시기에 이런 일이 실제로 일어났었다.

개혁기 중국의 엘리트 정치를 어떻게 보아야 할 것인가에 대해서는 그동안 많은 논의가 있었다. 예를 들어 일부 학자들은 중국 정치도 다른 국가의 정치처럼 정치 엘리트들이 국민의 의견을 수렴해 정책에 반영하고 국민으로부터 지지를 얻기 위해 서로 경쟁하는 양상으로 바뀌었다고 주장한다. 그래서 중국 정치도 이제 정상 정치(normal politics)라고 부를 수 있다는 것이다. 반대로 일부 학자들은 중국 정치는 여전히 승자 독식(winner-takes-all)의 원리에 따라 작동하며 '꽌시(關係)'(개인적인 관계)와 파벌에 기초한 비공식(informal) 정치 혹은 파벌 정치가 법과 제도에 기초한 공식(formal) 정치보다 더 중요하다고 주장한다.

이런 두 가지 주장은 모두 일리가 있다. 개혁기 중국에는 비공식 정치(혹은 파벌 정치)와 공식 정치(혹은 정상 정치)가 공존한다. 그러나 우리는 변화하는 현실에 주목해야 한다. 즉 시간이 가면서 중국 정치가 비공식 정치에서 공식 정치로 발전하고 있다는 사실을 놓쳐서는 안 된다는 것이다. 이런 발전으로 인해 엘리트 정치는 상당히 안정될 수 있었다. 장쩌민 시대와 후진타오 시대의 엘리트 정치는 이런 특징을 잘 보여 주었다.

우리가 알다시피 1980년대 엘리트 정치는 불안한 모습을 보였다. 덩샤오핑(鄧小平)의 후계자로 간주되었던 후야오방(胡耀邦)과 자오쯔양(趙紫陽)의 실각이 보여 주듯이, 1980년대에는 공산당이 권력 승계와 정책 결정을 둘러싸고 심각한 당내 갈등과 혼란을 겪었다. 1986년 학생운동과 1989년 톈안먼 사건은 엘리트 정

치의 불안정 속에서 발생한 것이었다.[24]

　그런데 1990년대에 들어 엘리트 정치는 점차로 제도화되고 안정화되는 추세를 보였다. 장쩌민 정부 1기(1989-1996년)는 과도기였다. 예를 들어, 장쩌민은 1989년 텐안문 사건과 자오쯔양의 실각이라는 정치 혼란 속에서 공산당 총서기와 중앙군사위원회 주석에 임명되었고, 이후 경쟁자를 제거한 후에야 비로소 최고지도자가 될 수 있었다. 이런 과도기를 거쳐 2기(1997-2001년)에는 엘리트 정치가 매우 안정화되었다. 이후 3세대에서 4세대 지도자로의 권력 이양이 매우 평화롭고 순조롭게 이루어짐으로써 중국은 엘리트 정치의 안정성을 대내외에 과시할 수 있었다.

　이렇게 변화된 엘리트 정치는 다음과 같은 두 가지 특징을 보인다. 첫째, 특정 개인이나 파벌이 권력을 독점하는 현상이 사라지고 복수의 통치 엘리트 또는 파벌이 권력을 나누어 갖는 집단지도(collective leadership) 체제가 형성되었다. 예를 들어 장쩌민 시대에는 장쩌민을 중심으로 한 상하이파(上海帮)가 핵심 세력이었지만 이들이 권력을 독점하고 국가 정책을 마음대로 결정할 수는 없었다. 즉 1기 장쩌민 정부에서는 장쩌민-챠오스(喬石)〔전국인대 위원장〕-리펑(李鵬)〔국무원 총리〕의 삼두체제, 2기 정부에는 장쩌민-리펑〔전국인대 위원장〕의 이원체제가 형성되었다. 후진타오 시대에 들어와서는 공청단(共靑團) 출신을 중심으로 하는 후진타오 세력과, 상하이파와 '태자당(太子黨)'을 중심으로 하는 세력이 중앙과 지방에서 권력을 분점하고 있다.[25]

둘째, 앞에서 살펴본 첫 번째 특징으로 인해 최고 통치 엘리트들이 협의와 타협을 통해 국가 정책과 인사를 결정하는 엘리트 민주주의가 확대되었다. 이렇게 되면서 권력 승계나 정책 결정이 전보다 훨씬 더 안정적이고 평화롭게 이루어질 수 있었다. 예를 들어, 2002년 공산당 정치국 상무위원의 인선 과정에서는 최대 세력인 상하이파가 다수(아홉 명 중 다섯 명)를 차지하고 다른 세력이 일정한 지분을 인정받는 타협이 이루어졌다. 또한 2004년 9월 장쩌민의 중앙군사위원회 주석의 사임과 후진타오의 승계, 2006년 9월 천량위(陳良宇) 상하이 시 당서기의 퇴진과 2007년 3월 시진핑(習近平)의 임명 등은 모두 후진타오 세력 및 경쟁 세력의 협의와 타협을 통해 이루어졌다.

이처럼 집단지도 체제가 형성되고 엘리트 민주주의가 확대되면서 엘리트 정치는 매우 안정화되는 추세에 접어들었다. 그런데 이런 안정화는 덩샤오핑과 같은 조정자가 없는 상황에서, 또한 주요 파벌들이 치열하게 경쟁하는 상황에서 이루어졌다. 그래서 이것이 가능한 배경이 무엇인가를 두고 의문이 제기되었다. 내가 보기에 이것은 크게 네 가지 이유 때문에 가능해졌다.

먼저, 3세대나 4세대 지도자는 마오쩌둥이나 덩샤오핑처럼 카리스마를 발휘할 수 없다. 따라서 이들은 타 세력(파벌)을 인정하고 타협할 수밖에 없다. 다시 말해 절대적인 권력자가 없는 상황에서 파벌 간에 상호 인정하고 타협하는 일종의 '신사협정(code of civility)'이 형성된 것이다. 이것이 바로 엘리트 정치의 안정화에 기여한 요인이다. 실제로 한 연구에 따르면 1949년 이후 중국 정치에서 카리스마적 지도자의 퇴진과 함께 독재가 약화될 때 파벌 간에 타협이 가능하고, 그로 인해 엘리트 정치가 안정화되는 현상이 나타났다.

여기에 더해 1990년대부터 중국에서는 공산당, 정부, 의회 등 권력 기관 간에 역할을 분담하고 각 기관의 주요 책임자에게 그 권한을 인정해 주는 체제가 형성되었다. 그 결과 당 총서기가 전국인대 위원장(국회의장)이나 국무원 총리의 권리와 영역을 쉽게 침범할 수 없게 되었다. 이는 후진타오 시대에도 해당된다. 예를 들어 후진타오 총서기는 군사, 외교 정책, 대만 정책 등과 관련하여 매우 중요한 권한을 행사한다. 반면 원자바오(溫家寶) 총리는 사회 정책과 경제 정책에 대해 중요한 권한을 행사한다. 그 밖에도 법률 제정과 감독의 권한은 우방궈(吳邦國) 전국인대 위원장, 사상 · 이념 · 언론에 대한 권한은 리창춘(李長春), 공산당의 규율 감독은 허궈창(賀國强) 중앙기율검사위원회 서기가 우선적인 권한을 행사한다.

게다가 장쩌민 시기에 들어 파벌과 파벌 투쟁의 성격이 변화했다. 마오쩌둥 시대에 파벌은 주로 이념과 노선 대립을 기반으로 형성되었다. 그래서 파벌 투쟁은 승자독식의 원리에 따라 생사를 건 투쟁으로 격렬하게 전개되었다. 문혁 시기의 이념 대립과 지도자 숙청은 이를 잘 보여 준다. 덩샤오핑 시대에는 '개혁파'나 '보수파' 같은 명칭이 보여 주듯이 파벌이 주로 정책 차이로 인해 형성되었다. 파벌 투쟁은 전보다 덜 격렬했지만 여전히 치열하게 전개되었다. 후야오방과 자오쯔양의 실각은 이를 잘 나타낸다.

그런데 장쩌민 시기의 파벌은 이런 노선 대립이나 정책 차이 때문에 형성된 것이 아니다. 대신 칭화대학파와 같은 학연, 상하이파나 베이징파와 같은 지연, 공청단파처럼 업무, 태자당처럼 혈연 등 다양한 요인에 의해 형성되었다. 이는 1992년 14차 당대회에서 '사회주의 시장경제 건설' 방침이 확정되면서 공산당 지도부 내에 개혁·개방 정책에 대한 일정한 합의가 형성되었고 그때문에 지도자 간에 이념 대립이나 정책 차이가 크게 부각되지 않은 결과다. 그래서 최근의 파벌 투쟁은 중앙과 지방의 요직을 어떻게 배분할 것인가를 놓고 벌어지는 자리 다툼의 성격이 강하다. 이렇게 되면서 파벌 투쟁은 승자독식의 원리에 근거한 생사를 건 투쟁이 아니라 소수파에게도 일정한 몫(자리)을 배정할 수 있도록 타협하고 흥정하는 거래로 변화되었다.

마지막은 공산당 지도부의 단결 유지에 대한 강한 공감대 형성이다. 1989년 6월 톈안먼 사건과 1991년 소련 붕괴 이후, 중국에서는 "안정이 모든 것에 우선한다.(穩定壓倒一切)"는 원칙이 다시 한 번 강조되었다. 특히 1990년대 중반 노동자, 농민 등 개혁·개방 정책의 피해 계층(집단)이 형성되고 이들이 조직적으로 저항하는 규모와 빈도수가 증가하면서 공산당은 일종의 위기의식을 갖게 되었다. 사회 안정을 위해서는 정치 안정이 필수적이고, 공산당 일당제에서는 공산당의 통합과 단결 유지가 핵심이다. 덩샤오핑이 말했듯이 만약 중국에서 정치적으로 문제가 생긴다면 그것은 공산당이 분열할 경우다. 이런 공산당 지도부의 위기의식과 단결에 대한 강조가 파벌 투쟁의 악화를 방지하는 중요한 역할을 함으로서 엘리트 정치의 안정에 기여할 수 있었다.

굳건한 통치 연합 형성

권위주의 정치 체제에 도전할 수 있는 가장 강력한 집단은 대학생을 포함한 지식인과 중산층이다. 1980년대 한국의 민주화 경험은 이를 잘 보여 준다. 만약 통치 엘리트가 이들을 체제 내로 성공적으로 포섭할 수 있다면 안정적으로 국가와 사회를 통치할 수 있다. 공산당이 일당제를 유지할 수 있었던 또 다른 정치적 요인이 바로 이것이다. 즉 1990년대에 들어 중국에는 정치권력(공산당), 지식(지식인), 자본(사영기업가)이 비교적 강고하게 통치 연합(ruling coalition)을 형성하여 노동자, 농민, 자영업자 등 일반 국민을 지배하는 현상이 나타났다. 이것은 공산당이 지식인과 경제 엘리트, 특히 사영기업가를 체제 내로 끌어들이는 포섭 전략(inclusion strategy)을 성공적으로 실시한 결과다.

먼저 지식인의 보수화와 체제 내 편입을 살펴보자. 1989년 톈안먼 사건과 1991년 소련 붕괴 이후 지식인은 급격히 보수화되었다. 이런 사건을 경험하면서 정치적 단결과 사회 안정을 강조하는 경향이 확산되었고, 단결과 안정을 위해서는 국가 능력과 함께 공산당의 지배를 강화해야 한다는 주장이 힘을 얻었다. 여기에 더해 공산당은 임금 인상 등을 통해 지식인과 전문가 집단의 경제적 지위를 높여 주었다. 또한 국가 정책 결정 과정에 이들을 일부 참여시킴으로써 정치적 지위도 높여 주었다. 게다가 일정한 선을 넘지 않는 범위 내에서는 지식인이 비교적 자유롭게 연구하고 활동할 수 있도록 보장함으로써 이들의 불만을 완화시킬 수 있었다. 그 결과 대부분의 지식인은 공산당이 이룩한 경제적 성과를 인정하고 공산당 일당제를 지지하는 체제 옹호 세력으로 변화했다.

물론 공산당 일당제에 비판적인 반체제 지식인이 존재하는 것은 사실이다. 그러나 전체적으로 볼 때 1990년대 이후 이들의 영향력은 매우 약화되었다. 또한 1990년대 말부터 여러 사회적 쟁점에 대해 의견을 제시하고 경우에 따라서는 사건에 직접 개입하여 문제 해결을 시도하는 새로운 유형의 활동가적인 지식인이 등장한 것도 사실이다. 중국에서는 이들을 '공공 지식인(公共知識分子)'이라고 부른다. 그런데 이들의 등장은 의미 있는 일이지만 실제 정치적 영향력은 여전히 제한적이다.

사영기업가를 중심으로 한 경제 엘리트에 대한 포섭 전략은 2000년대에 들어 본격화되었다. 1990년대에 시장경제가 확대됨에 따라 사영기업가는 중요한 사회 계층으로 성장했다. 그런데 이들은 처음부터 국가권력에 대해 대항적이라기보다는 협조적이었다. 이는 무엇보다 이들의 태생적 한계 때문이다. 즉 사영기업가들은 국가권력과의 밀접한 관계를 통해 부를 축적했다. 또한 사영기업가가 체제 지지적인 태도를 보이는 것은, 정치권력과 대립해서는 경제 활동을 제대로 수행할 수 없다는 중국의 현실 때문이기도 하다.

그러나 최근까지 사영기업가가 갖고 있는 경제력에 비해 이들의 사회적 지위는 여전히 낮았고 정치적 영향력도 매우 미약했다. 단적으로 1989년 톈안먼 사건 직후 공산당 중앙은 「당 건설 강화에 대한 통지」를 통해 사영기업가의 입당을 공식적으로 불허했다. 이에 따라 사영기업가들은 자신의 경제 활동을 보호하고 사회·정치적 지위를 높이기 위해 공익사업에 출연, 당정 고위관료와의 '꽌시' 형성, 지방의회 출마 등 다양한 방식을 동원해야만 했다.

이런 상황에서 장쩌민의 삼개대표(三個代表)론이 2002년 16차 당대회의 당헌 수정과 2003년 10기 전국인대 1차 회의의 헌법 수정을 통해 국가의 공식적인 지도 이념이 되었다. 이것은 사영기업가에게 매우 큰 의미를 갖는다. 왜냐하면 삼개대표론은 사영기업가의 정치적 지위를 공식적으로 인정하고 이들의 입당을 정당화하는 이론이기 때문이다. 여기에 더해 2004년 10기 전국인대 2차 회의에서 헌법 수정을 통해 국유재산과 동등하게 사유재산의 신성불가침이 헌법에 명시되었다. 2007년 10기 전국인대 5차 회의에서는 「소유권법(物權法)」이 통과되어 사유재산의 보호가 구체화됨으로써 사영기업가들의 재산권은 법적으로 더욱 잘 보장받을 수 있게 되었다. 여러 조치들이 취해짐으로써 원래부터 체제 순응적이던 사영기업가들은 공산당 일당제를 더욱 옹호하는 세력으로 변화했다.

사회단체 흡수

다른 한편으로 중국은 공산당 일당제에 위협이 될 만한 사회 조직과 단체에 대해서도 체제 내로 흡수하는 포섭 전략을 추진했다. 노동조합(總工會)을 비롯한 여성단체(婦聯), 사영기업가단체(工商聯), 청년단체(共靑團)에 대한 정책은 대표적인 사례다. 예를 들어, 노동자들은 시장 제도 등 개혁 정책이 실시된 이후 심각한 고용 불안과 노동 조건의 악화를 경험했다. 특히 국유기업 개혁이 본격적으로 실시된 1990년대에는 대규모 실업이 발생함으로써 노동 문제가 큰 사회적 쟁점이 되었다. 이런 상황에서 노동조합은 공산당-국가와 노동자를 연결하는 다리로서 노동자를 개혁·개방 정책에 동원하는 역할만 수행할 수는 없었다. 만약 그렇다면 노동자로부터 외면당할 수 있기 때문이다.

이런 이유로 공산당은 1980년대 중반 노동조합이 국가 정책결정 과정에 좀 더 적극적으로 참여할 수 있도록 보장하고 장려하는 정책을 실시했다. 예를 들어, 1985년에 공산당과 국무원은 공동 명의로 공산당과 정부 기관이 노동 관련 정책을 결정할 때노동조합이 참여하여 의견을 개진할 수 있도록 보장하는 지시를 하달했다. 이 지시의 하달로 정부가 노동 관련 정책을 결정할 때

노동조합이 직접 참여할 수 있는 근거가 마련되었다. 실제로 노동조합은 정부의 정책 결정 과정에 적극 참여했다. 이런 방침은 1989년 톈안먼 사건 이후 더욱 강화되었다. 그 결과 1990년대에 들어 노동조합은 정부의 정책 결정 과정뿐만 아니라 지방의회의 입법 과정에서도 매우 중요한 역할을 수행할 수 있게 되었다. 이처럼 공산당은 포섭 전략을 통해 노동조합을 체제 내에 묶어 두고 동시에 그것을 활용하여 노동자를 관리할 수 있었다. 이는 다른 군중 단체에도 해당된다.

이렇게 되면서 현재 중국에서는 정치 체제 밖에서 공산당에 반대하는 힘 있는 조직이 형성될 수 없다. 물론 일부 지역에서는 빈민구제단체, 환경단체, 여성단체가 체제 밖에서 운영되고 있는 것이 사실이다. 그러나 이런 주변 조직이나 단체들이 의미 있는 정치적 영향력을 발휘하기까지에는 좀 더 많은 시간이 필요하다. 반면 앞에서 말했듯이 공산당 일당제에 영향을 미칠 수 있는 노동자, 농민, 여성, 청년 등의 군중 단체나 기업가, 변호사, 의사, 회계사 등의 직능 단체는 모두 공산당-국가의 틀 속에서 움직이고 있다.

행정: 통치 체제의 강화와 제도화

엘리트 정치의 안정화와 강고한 통치연합의 형성, 그리고 사회조직 및 단체의 체제 내 흡수는 정치적 측면에서 공산당 통치가 장기간 지속될 수 있었던 배경이 되었다. 그러나 이것만으로는 충분하지 않다. 여기에 더해 공산당 통치가 지속될 수 있었던 배경에는 국가 체제의 정비를 통한 국가 통치 능력의 강화와 통치 행위의 제도화가 있다. 사실 이것이 가능했기 때문에 중국은 연 10퍼센트의 경제성장을 달성할 수 있었다.

개혁기 공산당 통치의 정당성은 사회주의 이념이 아니라 경제성장과 국민 생활수준의 향상에서 나온다. 이에 필요한 개혁·개방 정책을 성공적으로 추진하기 위해서는 그에 맞는 제도 개혁을 실시해야 했다. 예를 들어, 계획경제 시대에 명령과 통제에 익숙한 정부 구조나 행정 체제로는 시장 제도를 도입하고 운영할 수 없다. 해외 투자 유치와 무역 촉진도 마찬가지다. 그뿐만 아니라 계획경제에서는 국가가 주택, 교육, 의료를 무상 또는 저가로 제공했지만 시장경제에서는 그렇게 할 수 없다. 이에 따라 공공 서비스 제공과 관련된 국가의 역할과 기능도 재조정되어야 했다. 결국 이 모든 것은 행정적, 제도적 차원에서 국가 체제를 정비하고 통치 능력을 제고할 것을 요구했다.

실제로 중국은 지난 30여 년 동안 다양한 개혁을 통해 변화된 사회·경제에 능동적으로 적응하려고 할 뿐만 아니라 통치 능력을 향상시키기 위해 많은 노력을 기울였다. 이런 노력은 크게 다섯 가지로 정리할 수 있다. 첫째는 정부기구 개혁과 인사 제도 개혁을 중심으로 한 행정 개혁이다. 둘째는 세제 개혁이다. 셋째는 은행, 증권, 국유자산 관리 체제의 개혁을 중심으로 한 금융 개혁이다. 넷째는 회계, 통계, 세무 등 국가 규제 기구의 강화다. 마지막은 중앙-지방 관계의 재조정이다. 이 같은 노력을 통해 중국은 동유럽 사회주의 국가와는 달리 국가 체제를 재정비하고 통치 능력을 강화할 수 있었다. 또한 이를 바탕으로 정치 안정을 유지하면서 개혁·개방 정책을 실시하여 경제성장을 이룩할 수 있었다. 우리가 중국을 단순히 정치적 후진국으로 부를 수 없는 이유가 바로 이것이다.

예를 들어, 중국은 1978년 이후 지금까지 모두 여섯 차례 (1982년, 1988년, 1993년, 1998년, 2003년, 2008년)에 걸쳐 정부 개혁을 실시했다. 개혁 내용도 초기에는 단순한 정부 기구의 통폐합과 인원 축소에서 정부 직능의 변화와 그것에 근거한 기구 및 인원의 재조정, 더 나아가서는 정부의 운영 방식 전반에 대한 개혁으로 바뀌었다. 이중에서 가장 중요한 것이 1998년에 시작된 4차 행정 개혁이다. 이를 통해 시장경제의 수립과 함께 불필요하거나 과도했던 정부의 경제 기능을 민간에 대폭 이양했다. 그 결과 정부 경제 관련 부서가 대폭 축소(국무원 경제 부서가 스물두 개에서 열두 개)되고 인원도 대규모로 감축(3만 2000에서 1만 6000명)되었다. 이후에도 정부 부서의 규모와 직능의 재조정은 지속되었다.

정부 개혁 이외에 중국은 1994년에 공무원 제도를 정식으로 도입했다. 중국의 공무원 제도는 여러 가지 문제점을 안고 있다. 한 가지 예로, 공무원의 정치적 중립을 허용하지 않는다. 그 대신 공산당에 대한 지지 혹은 반대 금지를 공무원의 필수 사항으로 요구한다. 이런 문제점에도 불구하고 공무원 제도의 성과 또한 적지 않았다. 공개적이고 평등한 시험 제도와 임용 제도의 도입, 업적에 따른 승진, 법에 의한 신분 보장 등은 공무원 제도의 실시를 통해 얻은 중요한 성과다.

중국은 국가의 통치 행위를 제도화하기 위해서도 많은 노력을 기울였다. 의법치국(依法治國)의 실시는 대표적이다. 의법치국은 말 그대로 국가의 모든 통치 행위가 법률에 근거해야 하고 공산당도 법률이 정한 범위 내에서 활동해야 한다는 것이다. 사실 중국이 1978년 개혁 · 개방 정책을 시작할 때부터 공산당은 '사회주의 민주'와 '법제(法制) 건전화'를 중요한 과제로 제기했다. 그런데 1980년대에는 주로 경제에 초점이 맞추어짐으로써 민주 확대와 법제 정비는 큰 주목을 받지 못했다. 1990년대에 들어 시장 경제가 확대되고 국가 통치의 제도화 문제가 심각하게 제기되면서 법제 정비가 재등장했다. 1997년 15차 당대회에서 의법치국이 기본 정책으로 공식 결정되고, 1999년 9기 전국인대 2차 회의에서 『헌법』 서문에 "중국은 의법치국을 실시하여 사회주의 법치국가를 건설한다."는 것이 명시된 점은 이를 잘 보여 준다.

그런데 의법치국을 위해서는 그것을 담당하는 국가기관의 개혁이 필요했다. 구체적으로 법제 건전화와 의법치국은 체계적이고 안정적인 법률 체제의 수립을 필수 전제조건으로 한다. 법률 체제의 수립 없이는 법에 근거한 통치가 불가능하기 때문이다. 그래서 이전에는 유명무실했던 의회의 입법 역할이 강화되었다. 또한 정부의 엄격한 법률 집행과 준법 행정을 강제하기 위해서는 자의적인 정부 행정을 통제하고 감독할 수 있는 제도적 장치가 필요했다. 이것은 곧 의법행정(依法行政)의 실시, 의회의 정부 감독 강화, 법원의 역할 강화로 이어졌다. 이중에서 지난 30여 년 동안 가장 큰 성과를 거둔 분야는 의회의 입법 및 감독 역할의 강화다.

의회의 입법 역할은 두 가지 측면에서 강화되었다. 하나는 입법 자율성의 확대다. 즉 의회는 극히 일부의 법률을 제외하고는 공산당의 사전 비준 없이도 독자적으로 법안을 기초(起草)하고 심의할 수 있는 권한을 갖게 되었다. 1980년대에 의회가 법률을 제정할 때 공산당의 사전 승인을 받아야 했던 것과 비교하면 이것은 큰 발전이다. 다른 하나는 입법 산출의 급증이다. 문화대혁명 10년 동안 전국인대가 제정한 법률은 단 한 건에 불과했다. 그런데 1980년부터 2002년까지 전국인대는 총 440건의 법률(법률과 같은 효력을 갖는 결정 및 결의 포함)을 제정하거나 수정했다. 같은 기간 동안 지방의회는 모두 8781건의 조례를 제정하거나 수정했다. 이렇게 되면서 중국도 비교적 완전한 법률 체계를 마련할 수 있었다.

통치 이념의 변형

중국에서 오랫동안 생활한 사업가나 유학생들은 중국이 더 이상 사회주의 국가가 아니라고 생각한다. 단적으로 현재 중국인들 중에서 사회주의 이념을 진심으로 믿고 있는 사람은 거의 없다는 것이다. 어떤 면에서 보면 중국인은 한국인보다 더 '개인주의적'이고 '자본주의적'인 방식으로 일하고 생활하는 것 같다. 그런데 공산당은 중국이 '사회주의 국가'라고 주장하고, 사회주의 이념을 공식적인 통치 이념으로 내세우며 일당제를 유지하고 있다. 이것이 어떻게 가능한가?

모든 국가에서 그렇지만 사회주의 국가인 중국에서는 통치 이념이 특히 중요하다. 통치 이념은 내부적으로는 공산당원의 사상을 통일하여 당의 통합과 단결을 꾀하는 중요한 수단이다. 밖으로는 국민에게 공산당 통치의 정당성을 주장하고 설득하는 중요한 수단이다. 만약 공산당원이 동의하고 국민이 수용할 수 있는 통치 이념이 없으면 공산당은 끊임없는 사상 투쟁으로 분열되고 국민의 불신과 외면에 시달릴 것이다.

이런 점에서 공산당은 지난 30여 년 동안 기존의 통치 이념을 적절히 변형하고 새로운 이념을 끊임없이 발굴함으로써 비교적 성공적으로 당의 통합과 단결을 유지할 수 있었다. 다시 말해 통치 이념의 변형과 모색이 공산당 통치의 안정을 가능하게 만든 또 다른 중요한 요소라는 것이다. 우리는 이것을 사회주의 이념의 변형, 민족주의의 고취, 유가 사상(儒家思想)의 통치 이념화에서 엿볼 수 있다. 요컨대 중국에는 사회주의, 민족주의, 유가 사상이 교묘하게 혼합된 새로운 통치 이념이 등장했고, 그것이 공산당 일당제를 정당화하는 중요한 역할을 한다. 그래서 이념적으로는 중국이 사회주의 국가가 아닌 것처럼 느껴지는 것이다.

사회주의 이념의 변형

공산당이 정통 사회주의 이념을 고수하는 한 개인적 소유 제도와 시장 제도의 도입을 핵심 내용으로 하는 개혁·개방 정책을 추진할 수 없다. 기존 사회주의 이념의 폐기 또는 변화가 불가피했던 것이다. 그런데 공산당 입장에서는 사회주의 이념을 폐기할 수는 없다. 만약 그렇게 되면 공산당 일당제를 포기해야 하기 때문이다. 그 대신 공산당은 사회주의 이념을 형식적으로는 유지하면서 내용적으로는 시장경제의 핵심 요소를 수용하는 개혁을 추진했다. 그 결과 사회주의 이념은 혁명이나 평등 사회의 실현이 아니라 경제 발전을 정당화하는 이념으로 변화되었다. 1987년 13차 당대회에서 체계화된 '사회주의 초급단계론'과 1992년 14차 당대회에서 채택된 '사회주의 시장경제론'은 이런 노력의 결과물이다.[26]

여기에 더해 공산당은 통치 이념이 변화된 현실을 반영하고 당의 개혁 정책을 정당화할 수 있도록 하기 위해 새로운 내용을 계속 모색했다. 2002년 11월 16차 당대회에서 공식 지도 이념으로 채택된 '삼개대표론'과 2007년 10월 17차 당대회에서 채택된 '과학적 발전관'과 '조화사회론'은 이를 잘 보여 준다. 이런 새로운 이념의 모색에 대해 공산당 내외에서 반대가 없었던 것은 아니다. 하지만 공산당은 당원을 대상으로 한 대규모 학습 운동과 대국민 선전을 통해 이를 극복해 왔다.

이런 변형된 사회주의 이념이 일반 국민에게 어느 정도 설득력이 있는지는 단정적으로 말할 수 없다. 국민은 문화대혁명을 경험한 이후 사회주의 이념에 대한 믿음을 상당히 상실한 터다. 소위 '신념의 위기'가 발생한 것이다. 게다가 개혁 · 개방 정책으로 자본주의적 요소가 도입되고 빈부격차가 확대되면서 이런 경향은 더욱 심화되었다. 그런데 이런 상황에서 변형된 이념이 최소한 국민에게 공산당이 중국을 어느 방향으로 이끌고 가는지를 제시하고 국민의 동의를 구하는 데 일정한 역할을 한 것은 분명하다. 이것보다 더 중요한 점은 이념의 변형을 통해 공산당이 당의 통합을 유지하고 당노선을 정당화할 수 있었다는 사실이다. 이런 점에서 변형된 이념은 대국민 설득 수단보다는 공산당의 내부 통합과 당노선의 정당화를 위한 수단의 성격이 강하다.

민족주의 고취

1989년 톈안먼 사건 이후 공산당은 서유럽 사상의 유입을 막고 국민 통합과 단결을 유지하기 위해 새로운 통치 이념을 모색했다. 1990년대에 민족주의(중국에서는 이를 '사회주의적 애국주의'라고 한다.)가 재등장할 수 있었던 것은 이 때문이다. 즉 공산당은 21세기에는 '중화민족의 위대한 중흥'을 이룩해야 한다는 민족주의 이념을 대대적으로 선전하면서 공산당 통치와 개혁 · 개방 정책을 정당화했던 것이다. 그래서 공산당은 1993년부터 몇 년 동안 모든 학생과 국민을 대상으로 사회주의 혁명과 중국의 역사에 대한 애국심을 고취시키는 교육 운동을 대대적으로 전개했다. 사실 이 때부터 이미 중국은 고구려사를 중국 고대사의 일부분으로 가르치기 시작했다.

이런 노력의 연장선에서 2002년 16차 당대회에서는 「공산당 당헌(黨章)」의 개정을 통해 공산당의 성격을 "노동자 계급의 선봉대"이면서 동시에 "중국 인민과 중화 민족의 선봉대"라고 재규정했다. 이렇게 하여 공산당은 이제 계급정당이면서 동시에 민족정당이 된 것이다. 동시에 16차 당대회에서 '삼개대표론'이 당의 공식 이론으로 채택되었다. 그 결과 사영기업가 등 '선진 생산력'을 대표하는 계층이 공산당에 입당할 수 있는 길이 열렸다. 결국 공산당은 계급정당이면서 동시에 모든 국민을 포괄하는 '국민정당(catch-all party)'이 된 것이다.

그런데 1990년대 민족주의의 재등장은 공산당의 노력에 의해서만 이루어진 것이 아니다. 앞에서 보았듯이 톈안먼 사건 이후 지식인 사회는 급속히 보수화되었다. 그래서 많은 지식인들은 마오쩌둥 사상과 함께 민족주의에 주목하고 이를 적극 선전했던 것이다. 일부는 사회 안정과 경제 발전을 위해서는 국가권력이 강화되어야 한다는 '국가' 민족주의를 제기했다. 일부는 중국 문화의 우수성을 강조하고 서유럽의 문화 침략을 비판하는 '문화' 민족주의를 주장했다. 이렇게 해서 민족주의는 1990년대 중국 사회의 지배 담론이 되었다.

민족주의는 두 가지 측면에서 공산당 통치와 개혁·개방 정책을 정당화했다. 먼저, 민족주의는 공산당의 일당 지배를 정당화하는 새로운 근거를 제시했다. 즉 공산당이 중화민족의 선봉대가 됨으로써 중화민족의 중흥을 위해서는 공산당을 중심으로 단결해야 하고 공산당의 통치를 받아들여야 한다고 주장할 수 있게 되었다. 또한 민족주의는 개혁·개방 정책에 필요한 동원 이념의 역할을 수행했다. 즉 공산당은 사회주의 이상(평등)을 실현하기 위해서가 아니라 중화민족의 중흥을 위해 개혁·개방 정책을 추진한다고 주장함으로써 공산당 지배에 반대하는 국민이나 화교(華僑)까지도 민족 중흥의 대의에 공감한다면 개혁·개방 정책에 적극 참여해야 한다고 주장할 수 있게 된 것이다.

유가 사상의 통치 이념화

마지막으로, 중국은 장쩌민 시대부터, 특히 후진타오 시대에 들어와 유가 사상을 통치 이념으로 적극 활용하고 있다. 사회주의 혁명 시기뿐만 아니라 마오쩌둥 시기에도 유가 사상은 봉건 귀족의 지배를 정당화하고 백성의 복종을 유도하는 '봉건주의 이념'으로 신랄한 비판을 받았다. 문혁 시기에 전국적으로 이루어진 공자 사당의 파괴와 유교 경전의 훼손은 대표적인 사례다. 그런데 1990년대에 들어 유가 사상이 공산당의 통치를 정당화하는 새로운 이념으로 등장한 것이다. 동시에 유가 사상에 익숙한 중국 국민은 이를 자연스럽게 수용하는 경향이 나타나고 있다.

예를 들어, 장쩌민은 인치(仁治)를 모방하여 국가의 통치 방침으로 '의법치국(依法治國)'과 '이덕치국(以德治國)'(덕을 이용한 국가 통치, 즉 덕치)의 결합을 강조했다. 공산당은 국민을 위해 법치와 덕치를 결합해야 한다는 것이다. 또한 2001년 9월에 유교 덕목과 사회주의의 집단주의 정신을 결합한「시민 도덕 건설 실시 요강(公民道德建设实施纲要)」이 반포되었다.[27] 이는 박정희 정부가 일본의 메이지(明治) 정부를 모방하여「국민교육헌장」을 제정하여 국민에게 학습하도록 한 것과 매우 유사하다.

후진타오 시대에 들어서는 이런 노력이 더욱 강화되었다. 후진타오는 '이인위본(以人爲本)'(국민을 근본으로 함)과 '친민(親民)'(국민에게 다가감) 등 민본주의(民本主義)를 국정 이념으로 제시했다. 또한 새로운 국가 목표로서 '조화사회(和諧社會)'의 건설, 새로운 국가 윤리로서 '사회주의 영욕관(榮辱觀)'을 제시했다.[28] 게다가 외교 이념으로 '평화발전(和平發展)'과 '조화세계(和諧世界)'를 주장했다. 한마디로 말해, 후진타오 시대에 들어 중국이 제시하는 국정 이념이나 이론은 대부분 유가 사상에 뿌리를 둔 것이다.

이런 과정을 거쳐 현재 중국에는 사회주의, 민족주의, 유가 사상이 혼합된 통치 이념이 등장했다. 이는 마치 전통 시대에 유가, 법가(法家), 도가(道家) 사상이 서로 혼합되어 왕조의 통치 이념과 지배 계층의 생활 윤리가 된 것과 매우 흡사하다. 중국의 역사를 보면, 황제들은 공식적으로는 유가 사상에 따라 '예(禮)의 정치'를 하는 것처럼 보였다. 그런데 실제 권력 운영의 과정에서는 법가 사상이 주창하는 '힘(力)의 정치'를 적절히 활용하기도 했다. 그래서 궁중 정치에서는 권모술수가 난무했다. 또한 예술이나 처세술에서는 도가 사상이 깊은 영향을 미쳤다.

이와 같은 중국의 상황은 우리에게 두 가지 사실을 말해 준다. 먼저, 사회주의는 공식적으로만 국가의 통치 이념이다. 공산당과 국가는 사회주의 이념을 강조하고 이를 현실적으로 실현하기 위해 많은 정책을 추진하고 있다고 주장한다. 그러나 일반 국민은 이를 믿지 않는다. 오히려 국민이 종종 사회주의 이념을 동원하여 공산당과 정부를 공격하기도 한다. 노동자의 시위나 농민의 폭동에서 사회주의 이념을 담은 구호(예를 들어 "노동자는 국가의 주인이다.")가 등장하는 것은 이를 잘 보여 준다. 중국에서 사회주의 이념은 이제 껍데기만 남았다.

또한 이런 상황은 중국에 사실상 통치 이념이 없다는 사실을 보여 준다. 사회주의 이념은 불평등하고 부정부패가 만연하며, 개인적 재산제와 시장 제도가 지배하는 사회에서는 이제 설 땅이 없다. 오히려 앞에서 말했듯이 노동자와 농민 등 시장 제도의 피해 계층이 공산당과 국가를 공격하는 이념으로 활용되고 있다. 유가 이념은 통치자들의 올바른 태도를 강조하는 것으로 현대 사회에서 통치 이념이 되기에는 적절하지 않다. 민족주의도 국가와 민족이 위기에 처한 식민지 시대에는 국민 동원의 이념이 될 수 있지만, 현재와 같은 상황에서는 제한된 역할만을 수행할 수 있다. 결국 중국은 새로운 통치 이념을 수립해야 하는 어려운 과제를 안고 있다.

무엇이 중국의 정치 안정을 위협하는가?

이상에서 살펴보았듯이, 공산당이 지난 30여 년 동안 비교적 안정적으로 중국을 통치할 수 있었던 이유는 세 가지다. 첫째는 정치적 요소다. 여기에는 엘리트 정치의 안정화, 권력·지식·자본의 강고한 통치 연합의 형성, 주요 사회 조직과 단체의 포섭이 속한다. 둘째는 행정적, 제도적 요소다. 공산당은 지난 30여 년 동안 국가 체제를 정비하여 통치 능력을 강화하고 통치 행위를 제도화하는 데 많은 노력을 기울였다. 셋째는 이념적 요소다. 여기에는 사회주의 이념의 변형과 적응, 민족주의의 활용, 유가 사상의 통치 이념화가 속한다.

그런데 우리가 중국 정치의 안정성을 살펴볼 때에는 공산당 통치에 중대한 위협이 될 수 있는 불안정 요소가 최근 들어 증가하고 있다는 사실에 주목해야 한다. 공산당이 이 문제를 어떻게 처리하느냐에 따라 정치가 안정될 수도 있고 그렇지 않을 수도 있다. 다시 말해 공산당의 일당 지배는 결코 보장된 것이 아니다. 이런 가능성은 크게 두 가지 측면에서 기인한다.

먼저, 지금까지 공산당 통치의 정당성은 주로 경제성장과 국민 생활수준의 향상(소위 업적 정당성)에서 나왔다. 그런데 중국이 세계 경제에 깊숙이 편입됨으로써 이런 업적 정당성이 위험에 직면할 수 있게 되었다. 2001년 12월 WTO에 가입함으로써 중국은 이제 세계경제에 비교적 완전하게 편입되었다. 이에 따라 공산당은 국내뿐만 아니라 세계의 경제 변화에 대해서도 능동적으로 대응해야 한다. 다시 말해 중국의 의지와는 상관없이 세계경제의 변화에 따라 경제도 심각한 영향을 받고, 동시에 정부의 경제 정책 운용도 많은 제약을 받게 되었다. 인도네시아와 태국이 1997-1998년 아시아 경제 위기 후에 심각한 정치 위기를 경험한 것은 이런 위험성을 잘 보여 준다.

또한 중국은 지난 30여 년 동안 급속한 경제성장을 이룩했지만 이와 동시에 많은 심각한 사회 문제에 직면하게 되었다. 노동격차, 지역격차, 빈부격차, 사회안전망의 미비와 사회 불안의 증대, 2억 5000만 명에 달하는 농민공(農民工) 문제, 환경 악화와 에너지 부족 등 중국이 직면하고 있는 문제는 결코 만만한 것이 아니다. 이런 사회 불안 요소로 인해 다섯 명 이상이 참여하는 집단소요사건(群體性事件)이 2004년에는 7만 4000건, 2005년에는 8만 7000건이나 발생했다. 비공식 통계이지만, 2009년에는 16만 건, 2010년에는 18만 건이 발생했다. 만약 사회문제를 제대로 처리하지 못한다면 공산당 통치는 심각한 도전에 직면할 것이다.

10

중국은 정치 후진국인가?

　개혁기 중국 정치에 대한 평가는 무엇에 초점을 맞추느냐에 따라 크게 달라진다. 만약 공산당 일당제의 지속에 초점을 맞춘다면 크게 평가할 것이 없다. 왜냐하면 과거나 현재나 중국은 공산당과 국가가 하나로 융합된 당-국가 체제를 지속하고 있기 때문이다. 이런 관점에서 보면 경직된 공산당 일당제는 시장 제도의 도입과 함께 급변하는 사회, 경제 체제와 호응할 수 없다. 따라서 만약 근본적인 정치 개혁이 없다면 중국 정치는 쇠퇴 또는 붕괴할 가능성이 있다.

　반면 변화에 초점을 맞춘다면 다른 평가가 가능하다. 중국이 공산당 일당제를 유지하고는 있지만 지난 30여 년 동안의 정치 개혁을 통해 국가 통치 능력과 적응성이 크게 향상되었다. 또한 사상과 언론의 자유 등 국민의 정치적 권리는 여전히 제한되지만 직업 선택과 거주 이전의 자유 등 사회, 경제적 권리는 크게 신장되었다. 한마디로 말해 중국 정치는 전보다 더 발전했다는 것이다.

나는 중국 정치를 변화의 관점에서 본다. 이런 관점에서 개혁기 30여 년 동안의 정치 개혁을 살펴볼 것이다. 구체적으로 네 가지 사항을 검토할 것이다. 먼저, 마오쩌둥 시대에서 개혁기로 넘어오면서 중국 정치가 어떻게 변화되었는가를 살펴보겠다. 이어서 일반적으로 말하는 정치 발전의 두 가지 경로, 즉 정치 민주화(democratization)와 정치 제도화(institutionalization)를 살펴볼 것이다. 셋째로 개혁기 중국의 정치 개혁을 정치 제도화와 민주화의 측면에서 각각 분석할 것이다. 마지막으로, 최근 중국 내에서 진행된 정치 개혁의 논의를 들여다보겠다. 이렇게 네 가지 차원을 고려해야만 향후 중국 정치가 어떻게 발전할 것인가를 전망할 수 있다.

이상의 분석을 통해 우리는 다음을 알 수 있을 것이다. 먼저, 중국 정치는 지난 60년 동안 전체주의(totalitarianism)에서 권위주의(authoritarianism)로 변화되었다. 이럼 점에서 중국 정치는 분명히 '발전'했다. 또한, 개혁기 중국은 정치 민주화가 아니라 정치 제도화를 중심으로 정치 개혁을 추진했다. 이런 면에서 보면 정치개혁은 비교적 큰 성과를 거두었다. 이 때문에 중국은 단순한 정치적 후진국이 아니다. 그러나 정치 민주화의 면에서 보면 매우 미진하다.

한편, 향후 단기간 내(10년)에 중국이 급진적인 민주 개혁을 실시할 가능성은 낮다. 중장기(20-30년)적으로 볼 때, 중국은 민주화의 길(동아시아), 연성 권위주의의 길(싱가포르), 정치적 권위주의와 사회적 혼란의 고착화의 길(라틴아메리카), 정치적 붕괴의 길(소련) 중에서 하나를 갈 것이다. 이중에서 정치적 권위주의와 사회적 혼란의 고착화로 갈 가능성이 가장 높다. 반면 정치적 붕괴의 길은 거의 가능성이 없고, 민주화의 길이나 연성 권위주의의 길은 가능성이 낮다.

전체주의에서 권위주의로

개혁기, 즉 1978년부터 현재까지 중국 정치가 어떻게 변화되었는가를 알기 위해 지난 60여 년의 중국 정치를 살펴보자. 역사적 시각에서 현재를 보는 것이 우리의 이해에 큰 도움이 되기 때문이다. 지난 60여 년은 대략 30년씩 두 시기로 나눌 수 있다. 첫째는 개혁 이전 시기(1949-1978년)로, 마오쩌둥 시대(1949-1976년)라고도 한다. 둘째는 개혁기(1978년-현재)다. 중국 정치는 이 두 시기 동안 변하지 않은 것과 변한 것이 있다. 변하지 않은 것은 공산당 일당제의 지속이다. 변한 것은 민주적이지는 않지만 전보다 더욱 제도화되고 유능한 정치 체제의 등장이다.

그렇다면 현재의 중국 정치의 성격을 어떻게 규정할 것인가?

한마디로 말해, 현재의 중국 정치는 마오쩌둥 시대의 전체주의에서는 벗어났지만 아직 민주주의에는 도달하지 못한 권위주의 정치체제에 속한다. 일부 학자들은 억압적 통치를 강조하여 이를 '강성(hard)' 권위주의라고 부른다. 일부 학자들은 이보다는 설득, 선전, 물질적 보상 등을 강조하여 '연성(soft)' 권위주의라고 부른다.

표 4-1 전체주의와 권위주의의 특징

구분	전체주의	권위주의
다원성	1 정치, 경제, 사회적인 다원성 부재 2 공식 정당의 권력 독점 3 과거의 다원성 제거 4 제2경제 또는 대응 사회 공간 부재	1 제한된 정치적 다원성 존재 2 광범위한 사회, 경제적 다원성 3 과거의 다원성 존재 4 일정한 반대 공간 존재
이념	1 정교한 지도 이념 존재 2 특정한 인간관과 사회관에서 사명감과 정통성 도출	정교한 지도 이념 부재 (단, 분명한 정신 구조 존재)
동원	1 정권이 만든 조직의 광범위한 동원 2 간부 및 구성원의 활동성 강조 3 사회 구성원의 열정 동원 4 사생활의 비난	광범위하고 집중적인 정치 동원 부재 (단, 일정 시기에는 존재)
지도력	1 무한하고 예측 불가한 전체주의 지도력 2 종종 카리스마적 3 당 조직을 통한 최고 지도부 충원	1 애매하지만 예측 가능한 규범 속에서 권력 행사 2 과거 엘리트 집단 포섭 3 국가, 군 업무에서 약간의 자율성

출처: Juan J. Linz and Alfred Stephan, *Problems of Democratic Transition and Consolidation*(Baltimore: Johns Hopkins University Press, 1996), 44-45쪽.

지구상에 존재하는 정치 체제를 명확히 구분하기는 쉽지 않다. 중국도 마찬가지다. 이와 관련하여 후안 린츠(예일대학교 명예교수)와 앨프리드 스테판 교수는 각종 정치 체제를 민주주의, 권위주의, 전체주의(totalitarianism), 후기 전체주의(post-totalitarianism), 술탄주의(Sultanism) 등 모두 다섯 가지로 구분한다. 다섯 가지 정치 체제는 다원성(pluralism), 이념(ideology), 동원(mobilization), 지도력(leadership) 등 네 가지 면에서 다른 특징이 있다. 이중에서 중국과 관련이 있는 것이 전체주의와 권위주의다.

표 4-1의 기준에서 보면, 마오쩌둥 시대의 중국 정치는 전체주의에 속한다. 1957년 반우파 투쟁(反右派鬪爭)[29] 이후 공산당은 건국 초기 민주당파(民主黨派)와 일부 공유했던 권력을 독점했다. 이에 따라 공산당을 비판하는 정당(집단)과 개인은 탄압을 받았고, 정치적 다원성은 사라졌다. 토지 집단화와 산업 국유화가 급속히 진행되면서 1949년 이전에 존재했던 사회, 경제적 다양성도 사라졌다.

또한 마오 시대는 마오쩌둥 사상을 유일한 지도 이념으로 삼아 국민의 자발성과 열정을 끌어내 단기간 내에 공산주의 사회를 건설한다는 유토피아적 운동(campaign)이 일상화된 시대였다. 대약진운동(1958-1960년)과 문화대혁명(1966-1976년)은 이를 잘 보여준다. 이런 운동에서 국민은 공산당이 제시한 목표를 달성하기 위해 정치 활동과 경제 발전에 무한정 동원되었다. 그 결과 개인과 가정의 사생활은 사라졌다. 또한 이런 유토피아적 운동의 정점에는 마오쩌둥에 대한 개인숭배와 마오의 카리스마적이고 전제군주적인 권력 행사가 있었다.

이에 비해 개혁기 중국은 권위주의 체제로 변화했다. 국민의 사회적, 경제적 다원성이 보장되었다. 직업 선택이나 소비 생활, 결혼 등에서 자유가 허용된 것이다. 또한 공산당과 사회주의 제도를 정면으로 비판하지 않는 등 일정한 범위 내에서는 정부에 대한 비판이나 언론의 자유도 어느 정도 허용된다. 게다가 1980년대와 1990년대 초기에 '부르주아 자유화 반대' 등의 운동에 국민이 동원되는 경우는 있었지만 그 빈도수와 범위는 많이 축소되었다. 공산당-국가의 권력도 비록 철저하게 법과 규범에 의거해 행사되는 것은 아니지만, 점차로 주어진 절차와 제도에 따라 행사되고 있다.

개혁기 지도 이념의 성격과 역할도 이전과는 다르게 변화했다. 마오 시대에 마오쩌둥 사상은 '프롤레타리아 계속 혁명'과 계획 경제를 이끄는 지도 이념이었다. 반면 개혁기에 사회주의 사상은 혁명성을 상실하고 경제 발전의 추구를 정당화하는 논리로 변화했다. 앞에서 살펴본 사회주의 현대화론(개혁·개방 정책)(1978년), 사회주의 초급단계론(1987년), 사회주의 시장경제론(1992년), 삼개대표론(2002년), 과학적 발전관(2007년), 조화사회 건설론(2006년)은 이를 잘 보여 준다. 게다가 1990년대에는 민족주의, 2000년대에는 유가 사상이 새로운 통치 이념으로 등장했다. 장쩌민의 '덕치론(德治論)', 후진타오의 '이인위본(以人爲本)'(국민을 근본으로 함),

'친민(親民)'(국민에 다가감), '조화사회(和諧社會)', '조화세계(和諧世界)'는 이를 잘 보여 준다. 이렇게 되면서, 변형된 사회주의, 민족주의, 유가 사상이 혼합된 기묘한 통치 이념이 중국을 지배하고 있다.

이처럼 중국의 공산당 일당제도 여러 형태를 띠었다는 사실을 알 수 있다. 즉 마오쩌둥 시기의 공산당 일당제와 개혁기의 공산당 일당제는 분명히 다르다. 또한 현재 중국의 공산당 일당제와 북한의 노동당 일당제도 분명히 다르다. 이런 점에서 현재의 중국 정치 체제, 즉 공산당 일당제는 사회주의 정치보다는 제3세계 국가의 권위주의 정치에 더 가깝다고 말할 수 있다.

예컨대 현재의 중국 정치는 1960-1970년대의 한국정치, 즉 박정희 군사 독재나 대만 정치, 즉 장제스(蔣介石) 독재 정치와 유사한 측면이 있다. 당시 한국과 대만의 정치는 비록 개인의 기본권과 정치적 자유(언론의 자유와 사상의 자유 등)가 제한을 받아 '독재 정치'라고는 했지만, 사회 · 경제적 자유(직업 선택의 자유, 이전의 자유, 결혼의 자유 등)는 대부분 보장되었다.

이처럼 개혁기에 들어 중국 정치가 많이 변화했다는 사실을 제대로 인식하는 것이 중국의 비약적인 경제 발전과 사회 변화를 이해하는 데 중요하다. 만약 우리가 기존의 선입견에 입각하여 '사회주의'나 '공산당 일당 독재' 등 특정 사실만 강조하다 보면 지난 30여 년 동안 변화한 내용을 놓칠 수 있다.

동아시아 정치 발전의 두 가지 길

한편 우리가 중국의 정치 발전을 이해하기 위해서는 정치 발전이 무엇인가를 먼저 알아야 한다. 또한 중국은 동아시아 국가를 참고하여 정치 개혁을 추진했다. 그래서 동아시아 국가의 정치 발전을 이해하는 것이 중국 정치를 이해하는 데에 큰 도움이 될 수 있다. 조금은 딱딱하고 어려운 내용이지만, 기존의 편견에서 벗어나 중국 정치를 제대로 이해하기 위해서는 이 정도의 인내와 수고는 감내할 수 있어야 한다.

무엇이 정치 발전인가?

경제 발전이 무엇인지에 대해서는 이견이 거의 없다. 경제 발전은 대개 한 사회의 경제적 부가 증가하고 개인의 생활수준이 향상되는 것을 의미한다. 일반적으로 앞의 것은 국내총생산(GDP), 뒤의 것은 1인당 국민소득(Per capita GDP)으로 표시한다. 그래서 경제 발전이란 국내총생산과 1인당 국민소득의 증가를 의미한다. 경우에 따라서는 생산성의 증가, 또는 과학기술의 발전을 통한 혁신에 의해 경제 발전을 측정하기도 하지만, 일반적으로는 앞에서 말한 방식을 사용한다.

이에 비해 정치 발전이 무엇을 의미하는가는 학자마다 다르다. 이중에서 대표적인 견해는 두 가지다. 하나는 정치 발전을 민주화로, 다른 하나는 제도화로 해석하는 것이다. 가장 이상적인 형태는 정치 민주화와 정치 제도화를 동시에 달성하는 것이다. 그래서 일부 학자는 정치 발전을 정치 민주화와 정치 제도화가 모두 이루어지는 과정으로 이해한다. 그런데 실제 각국의 정치 발전은 정치 민주화와 정치 제도화가 동시에 진행되지 않는 경우가 많다. 특히 일부 국가들은 의식적으로 둘 중에 하나를 우선적으로 발전시키는 전략을 채택하기도 한다. '정치 제도화 우선 전략'을 추진하고 있는 중국이 대표적인 사례다.

정치 발전을 정치 민주화로 이해하는 견해는 정치학계의 주류 견해다. 이 견해는 1970년대 중반 민주화의 '제3의 물결'이 전 세계를 휩쓸면서 더욱 많은 지지를 얻게 되었다. 이에 따르면 특정 국가의 정치 발전은 민주 제도의 도입에 의해 이루어진다. 민주주의에 대한 절차적 정의에 따르면 민주주의는 정기적인 자유 경쟁 선거를 통해 주요 공직자를 충원하는 정치 체제('선거 민주주의')를 말한다. 또한 민주주의는 자유 경쟁 선거에 더해 언론, 출판, 집회, 결사, 사상의 자유 등 국민의 시민적, 정치적 권리(자유)를 보장하는 정치 체제('자유 민주주의')를 가리킨다. 이중에서 선거 민주주의는 자유민주주의의 전제이며 필요조건이다. 이처럼 정치 발전을 민주화로 해석할 경우, 가장 기본적인 것은 정기적인 자유 경쟁 선거의 실시와 이를 위한 국민의 정치적 자유의 보장이다.

한편 정치 발전을 정치 제도화로 이해할 경우, 정치 발전은 한 국가의 정치 체제가 자신에게 부과된 직무(기능)를 수행하기 위해 필요한 능력을 배양하는 과정과 결과를 의미한다. 예를 들어, 경찰이 경찰로서의 역할을 수행하고 군이 군 본연의 역할을 수행할 수 있게 되는 과정과 결과를 경찰과 군의 정치 제도화라고 말할 수 있다. 학교와 보건 기구가 제대로 작동하여 국민에게 교육과 보건 의료 서비스를 제대로 공급하는 것도 학교와 보건 기구의 제도화라고 부를 수 있다.

이를 좀 더 학술적으로 살펴보자. 새뮤얼 헌팅턴(Samuel Huntington) 교수에 따르면, 정치 발전은 정치 조직과 정치 절차의 제도화를 의미한다. 여기서 제도는 안정적이고 가치 있는 반복되는 행위 유형을 가리킨다. 예를 들어, 학생들이 매일 학교에 등교하여 공부하는 것은 가치 있고 반복되는 행위다. 그래서 우리는 이를 학교 '제도'라고 부른다. 선거 '제도'도 마찬가지고 병역 '제도'나 조세 '제도'도 마찬가지다. 제도화는 이런 조직과 절차가 사회적으로 '가치'와 '안전성'을 획득하는 과정을 가리킨다.

우리가 중국의 정치 발전을 이해하려면 이 두 가지 종류를 모두 기억해야 한다. 우리는 흔히 정치 발전 하면 민주화만을 떠올리는데 이는 타당하지 않다. 정치 제도화도 정치 발전의 한 종류로 보아야 한다. 이와 같은 종합적인 관점은 동아시아 국가에는 특히 의미가 있다. 라틴아메리카나 아프리카 지역과는 달리, 이 지역에서는 정치 민주화와 정치 제도화의 가장 대표적인 성공 사례가 모두 존재하기 때문이다. 정치 민주화의 성공 사례로는 한국과 대만을 들 수 있다. 정치 제도화의 성공 사례로는 싱가포르와 홍콩을 들 수 있다.

정치 민주화 vs. 정치 제도화

1950년대부터 1980년대 중반까지 동아시아의 주요 국가들은 유사한 정치 체제를 유지하면서 경제 발전에 매진하는 특징을 보였다. 이를 학자들은 '동아시아 발전국가(East Asian developmental states)' 혹은 '개발 독재(developmental dictatorship)'라고 부른다. 일본, 한국, 대만, 홍콩, 싱가포르, 말레이시아가 대표적인 사례다. 이들 국가들은 이 기간 동안 급속한 산업화를 통해 고도의 경제성장을 달성했다. 이중에서 한국, 대만, 홍콩, 싱가포르는 눈부신 경제성장과 사회 발전의 성과에 힘입어 아시아의 '네 마리 용'이라는 별칭을 얻기도 했다.

일반적으로 동아시아 발전국가는 공통적으로 네 가지 특징을 갖고 있었다. 첫째는 경제 발전 지상주의와 이를 정당화하는 민족주의다. 일본, 한국, 대만, 싱가포르 등은 이 시기에 경제 발전을 최대의 국정 목표로 삼았다. 둘째는 경제 발전을 위한 권위주의 정치 체제의 유지와 발전이다. 한국의 박정희 정부, 대만의 장제스 정부, 싱가포르의 리콴유(李光耀) 정부는 이를 잘 보여 준다. 셋째는 경제 발전을 위한 협력적인 국가-사회 관계, 특히 정부-기업 간의 유착 관계 형성이다. 이 외에도 한국, 대만, 싱가포르는 국가 차원에서 권위주의를 정당화하기 위한 이데올로기 개발에 많은 노력을 기울였다. 박정희 시대의 '한국적 민주주의'와 대만의 '쑨원주의(孫文主義)' 혹은 '삼민주의(三民主義)', 그리고 싱가포르의 '아시아적 가치(Asian values)'가 그 대표적인 사례다.[30]

그런데 1980년대에 들어 동아시아 발전국가는 둘로 나뉘었다. 하나는 정치 민주화를 통해 자유민주주의 국가로 발전한 경우다. 한국과 대만이 이에 속한다. 다른 하나는 정치 제도화(특히 법치)만을 계속 추구하여 권위주의 국가로 남아 있는 경우다. 싱가포르, 홍콩, 말레이시아가 이에 속한다. 다만 이들 국가 모두는 1980년대 중반 이후에도 지속적인 경제성장과 사회 안정을 경험했다는 점에서 공통점이 있다. 이렇게 되면서 동아시아에는 정치 발전과 관련된 두 가지의 성공적인 사례가 존재하는 상황이 발생했다.

중국은 이런 두 가지 길 중에서 의식적으로 정치 제도화의 길을 선택했던 것이다. 이는 여러 가지 면에서 중국에 유리했다. 우선, 공산당 일당제를 정당화할 수 있다. 예를 들어 싱가포르에서는 국민행동당(People's Action Party)이 1959년에 집권한 이후 지금까지 권력을 유지하고 있다. 반면 한국과 대만에서는 다당제가 도입되면서 집권 세력이 권력을 상실했다. 특히 대만과 이념적으로 경쟁하고 있는 중국으로서는 대만 식의 정치 발전을 선택할 수 없었다. 이는 체제 경쟁에서 중국이 대만에 졌다는 사실을 인정하는 것을 의미하기 때문이다. 게다가 싱가포르와 홍콩 모두 세계 최고 수준의 행정 체제를 유지하면서 높은 경제성장과 사회 안정을 동시에 달성하는 성과를 보여 주었다. 중국에는 매력적인 학습 대상이 아닐 수 없다.

이런 이유로 1980년대부터 중국은 싱가포르와 홍콩으로부터 선진적인 행정 체제를 도입하기 위해 많은 노력을 기울였다. 덩샤오핑은 특히 싱가포르의 행정 체제와 사회 제도를 매우 부러워했던 것으로 알려져 있다. 그래서 리콴유 전 수상과 상의하여 싱가포르의 경험을 중국에 들여오기 위해 쑤저우(蘇州)에 대규모의 '싱가포르식' 공업단지를 설립하기도 했다. 삼성전자를 포함한 수백 개의 첨단 기업이 여기에 투자했다. 그 밖에도 수십만 명의 공직자가 싱가포르와 홍콩으로 단기 혹은 장기 연수를 떠나 이들의 경험을 학습했다. 특히 광둥성은 개혁 초기부터 지금까지 이런 학습을 매우 중시했다. 이처럼 싱가포르와 홍콩의 정치 제도화 모델은 중국의 정치 개혁에 많은 영향을 미쳤다.

중국 정치, 어디까지 발전했는가?

앞에서 살펴보았듯이, 우리는 정치 제도화와 정치 민주화라는 두 가지 측면에서 정치 발전을 이해할 수 있다. 이런 관점에서 지난 30여 년 동안 이루어진 중국의 정치 개혁을 간략하게 살펴보자.

제도화로서의 정치 개혁

정치 제도화로서의 정치 개혁은 크게 두 가지 내용으로 구성된다. 첫째는 공산당 개혁과 엘리트 정치의 변화다. 이것은 주로 공산당 일당제를 더욱 강화하기 위해 추진된 것이다. 둘째는 국가 통치 체제의 정비를 위한 개혁이다. 이것은 주로 정부와 다른 국가기관이 개혁·개방 정책을 효과적으로 추진하기 위해 추진된 것이다.

엘리트 정치의 안정화와 국가 통치 체제의 정비에 대해서는 이미 앞의 1장에서 상세하게 검토했다. 그래서 여기서는 이를 다시 반복하지 않을 것이다. 다만 다시 한 번 강조하고 싶은 것은, 중국의 정치 개혁은 정치 제도화를 통해 많이 발전했다는 사실이다. 그래서 중국을 민주화에 뒤진 '공산당 일당제 국가'나 '정치적 권위주의 국가'라고 비판하는 것은 타당하지만, 단순히 '정치적 후진국'이라고 비난하는 것은 타당하지 않다. 중국은 정치 제도화 측면에서 많은 발전을 이루었기 때문이다.

이런 점에서 중국은 아프리카나 동남아시아의 일부 '독재국가'와는 분명히 다르다. 이들 독재국가에서는 최고 통치자 개인이나 일부 집단(정당이나 군부)이 국가권력을 독점하고 개인적인 부의 축적과 특권을 유지하기 위해 각종 물리력을 동원하여 국민을 탄압한다. 그래서 이들 국가에서는 정치 민주화는 말할 것도 없고 정치 제도화도 제대로 이루어지지 않았다. 우리가 이들 국가를 '약탈국가(predatory state)'라고 부르는 이유는 이 때문이다. 만약 이와 같은 독재국가에서 정치 발전을 이룩하려면 기존의 정치 세력을 몰아내고 새로운 정치 세력이 정치권력을 장악해서 개혁을 추진해야 한다. 그래서 이들 국가에서는 정치 민주화가 먼저 일어나야 한다. 그러나 현재 중국의 상황은 결코 이렇지 않다. 중국에서도 민주화가 일어나야 하지만, 그것의 과정과 내용은 이들 독재국가와는 다를 것이다.

민주화로서의 정치 개혁

정치 민주화는 선거를 통한 국민의 정치 참여 확대와 국민의 시민적, 정치적 권리의 보장을 가리킨다. 따라서 한 국가의 정치 민주화를 살펴볼 때에는 이 두 가지 측면에 초점을 맞추어야 한다. 중국도 예외는 아니다. 결론적으로 말하면 두 가지 측면 모두에서 정치 개혁은 매우 미진하게 추진되었다.

개혁기에 개인적 소유 제도와 시장경제의 도입으로 국민의 사회적, 경제적 권리는 크게 신장되었다. 예를 들어, 개인의 재산권은 전보다 더 잘 보호받고 있고, 직업 선택의 자유나 거주의 자유도 전보다는 훨씬 더 많이 보장받고 있다. 이는 단순히 공산당의 정책이 아니라 법률 제정을 통해 보장되는 것이다. 또한 개인은 자신의 판단에 따라 자유롭게 결혼할 수 있고, 취미 생활도 할 수 있다. 경제적 여유만 있다면, 국내 여행뿐만 아니라 해외여행도 할 수 있다. 해외 유학도 마찬가지다.

그런데 국민의 정치적 권리는 여전히 심각하게 제약을 받고 있다. 단적으로 공산당은 지금까지 자신의 통제에서 벗어난 어떤 정당이나 정치 조직의 설립도 허용하지 않았다. 1998-1999년 중국 정부가 전국적으로 수백 명이 참가한 '중국민주당 창당 사건'을 가혹하게 탄압한 것은 대표적인 사례다. 최근의 사례로는 2008년 12월 류샤오보(劉曉波) 등 '08헌장(憲章)' 주도자를 구속 탄압한 것을 들 수 있다.[31] 또한 노동조합이나 기타 사회단체도 양적으로는 많이 성장했지만 여전히 공산당-국가가 허용하는 범위 내에서만 활동하고 있다는 한계가 있다.

물론 국민의 정치 참여 확대와 관련된 정치 개혁에도 일정한 성과가 있었다. 예를 들어, 1987년 「촌민위원회 조직법(시행)」의 제정 이후 1990년대에 본격적으로 확대된 촌민위원회의 민주적 선거와 운영은 농민의 정치 참여를 촉진한 정치 개혁으로 높이 평가할 수 있다. 그렇지만 촌민위원회를 통한 정치 참여는, 상당수 지역에서는 형식적으로만 선거가 실시되고 있다는 문제점 외에도 몇 가지 근본적인 한계가 있다. 무엇보다 촌민위원회는 국가 기구가 아니라 대중 자치 조직에 불과하다. 즉 촌민위원회는 일종의 마을 회의다. 실제 운영 과정에서도 촌민위원회는 여전히 상급 지방정부와 공산당의 통제를 벗어나지 못하고 있다. 마지막으로 촌민위원회는 처음부터 기층 간부들의 문제점과 국가 정책(곡물 수매, 세금 징수, 가족계획 실시 등)에 대한 농민들의 저항을 해결하기 위한 목적으로 실시된 것이다. 이 때문에 농민의 자치권 보장과는 거리가 있다.

선거 개혁도 유사한 문제가 있다. 중국은 1979년에 현급(한국의 시·군 단위에 해당) 지방의회 의원에 대한 선거 개혁을 실시했다. 이에 따라 직접선거가 실시되고, '제한적 경쟁선거(差額選擧)'

(당선자보다 후보자를 일정 비율(차액) 이상 많게 하는 선거)가 도입되었다. 또한 유권자들은 열 명 이상의 연명으로 후보를 직접 추천할 수 있는 권한도 보유하게 되었다. 이런 개혁의 결과 실제로 유권자들은 좀 더 적극적이고 능동적으로 선거에 참여하고 있다.

그렇지만 중국의 모든 선거는 공산당 일당제 아래 진행되고 있다는 근본적인 한계가 있다. 성급 지방의회 의원과 전국인대 대표 선거는 여전히 간접선거로 실시되고 있다. 하급 지방의회 의원들이 상급 의회 의원을 선출하는 것이다. 더욱 중요하게는 중앙정부(국무원)는 말할 것도 없고 지방정부 책임자가 의회에서 간접선거로 선출된다는 문제도 있다. 다시 말해, 중국 국민은 국가 주석, 국무원 총리, 성장, 시장, 현장 등 정부 지도부, 전국인대 위원장(의장)과 지방인대 주임(의장) 등 의회 지도부의 선출과 관련하여 아무런 권한이 없으며, 실제로 이들의 선출 과정에서 아무런 역할도 하지 못한다.

물론 1990년대에 들어 향장(鄕長)(한국의 면장에 해당) 및 진장(鎭長)(한국의 읍장에 해당)의 직접선거가 쓰촨성(四川省)과 광둥성(廣東省) 선전시(深圳市) 등 약 300개 지역에서 시험 실시되었다. 이런 실험은 이후 보다 민주적인 정치 개혁이 추진될 수 있다는 가능성을 보여 준다. 그러나 현재까지 직접선거의 실험은 일부 지역(전체에 약 3만 5000개의 기층 행정 단위 중 1퍼센트 정도)에서만 실시되고 있기 때문에 이후의 변화에 대해서는 좀 더 지켜보아야 한다. 종합적으로 평가할 때, 선거를 통한 국민의 정치 참여 확대도 전보다 나아지기는 했지만 여전히 많은 한계를 갖고 있다고 말할 수 있다.

중국의 정치 발전 전략, 무엇이 문제인가?

중국이 지난 30여 년 동안 추진한 정치 제도화 우선의 정치 발전 전략은 일정한 성과를 거두었다. 그렇다면 향후에도 정치 제도화만으로 현재 중국이 당면하고 있는 정치 문제를 해결할 수 있을까? 그렇지 않을 것이다. 정치 제도화 전략은 아무리 성공해도 두 가지 심각한 정치 문제를 해결할 수 없기 때문이다. 따라서 만약 중국이 계속 정치 민주화를 외면하고 정치 제도화만을 고집한다면 현재 당면하고 있는 정치 문제를 해결할 수 없을 것이다.

먼저 정치 제도화만으로는 공산당의 권력 집중 문제를 해결할 수 없다. 중국은 과거에 권력 집중 문제가 어떤 정치적, 사회적 혼란을 초래할 수 있는가를 절실히 경험했다. 문혁의 대혼란이 바로 그것이다. 문혁은 마오쩌둥의 개인숭배와 독재, 문혁 '4인방'의 권력 독점으로 인해 가능했던 것이다. 그래서 공산당은 개혁기에 들어 다양한 해결 방안을 내놓았고, 1987년 13차 당대회에서는 '당정분리(黨政分開)'(공산당과 국가기관 간의 기능 분리)를 새로운 정치 개혁 방침으로 공식 결정했다. 그러나 1989년 톈안먼 사건과 1991년 소련의 붕괴 이후 이 방침은 폐기되고, 그 대신 '당정결합

(黨政不分)'(공산당과 국가기관의 결합) 원칙이 다시 등장했다. 당정분리 방침을 계속 추진할 경우 공산당의 권력 독점이 약화되고, 이렇게 되면 중국도 소련처럼 붕괴할지도 모른다는 우려 때문이었다. 이후 당정결합은 정치 개혁의 확고부동한 원칙이 되었다.

한편 21세기에 들어 공산당은 권력 집중 문제를 해결하기 위해 당서기 직선제나 당위원회의 민주적 운영 등 당내 민주(黨內民主) 확대를 지속적으로 추진했다. 특히 2002년 16차 당대회에서는 의법집정(依法執政)'(법률에 의거한 권력 장악과 운영)과 함께 당내 민주의 확대를 핵심 정책으로 결정했다. "당내 민주의 확대를 통해 인민 민주를 견인한다."는 방침은 이를 잘 보여 준다. 그러나 현재까지 당내 민주가 그렇게 성공적이지는 않다. 당정간부의 부정부패가 지속적으로 발생하고, 이로 인해 국민의 불만이 고조되고 있는 상황은 이를 잘 보여 준다. 2012년에 발생한 '보시라이(薄熙來) 사건'(권력 남용과 거액의 뇌물 수수, 개인의 정치적 출세를 위한 국가 정책의 활용, 독선적이고 권위적인 정책 결정과 집행 등)은 대표적인 사례이다. 이처럼 권력 집중은 부정부패의 만연, 소수에 의한 권력 남용과 대중 저항의 확대, 자의적인 정책 결정과 그에 따른 막대한 예산 낭비 등의 문제를 낳고 있다.

또한 정치 제도화만으로는 국민의 증가하는 정치 참여 요구를 수용할 수 없다. 정치 제도화는 기본적으로 국가가 정한 현행 법률 제도와 정치 제도를 통해 국민이 요구를 제기하고 불만을 해결할 것을 요구한다. 그런데 개혁·개방 정책이 심화되고 사회 계층화와 이익 분화가 확대되면서, 이런 방식으로 해결할 수 없는 문제가 급증하고 있다. 예를 들어, 무분별한 개발에 의한 환경 파괴와 피해의 확대, 폭력적이고 약탈적인 지역 개발 전략의 추진 등은 현행 법률 제도나 정치 제도를 통해서는 제대로 제기될 수도 없고 해결될 수도 없다. 이런 것들은 지방 당정간부의 이익과 밀접히 연관되고, 따라서 국가권력을 장악하고 있는 이들이 기존 제도를 통한 문제 제기를 봉쇄하거나 제기된 요구를 묵살하기 때문이다. 이런 이유로 2000년대에 들어 기존 제도를 벗어난 노동자, 농민의 대중 저항이 급증하고 있다. 매년 10만 건 이상 발생하는 것으로 추정되는 '집단소요사건'들이 이를 잘 보여 준다.

따라서 정치 제도화 우선의 정치 발전 전략이 향후에도 목적을 달성하기 위해서는 좀 더 종합적이고 적극적인 개혁이 뒷받침되어야 한다. 이중에는 국민의 정치적, 시민적 권리의 보장, 직접선거를 통한 국민의 정치 참여 확대, 언론과 시민사회의 자율성 확대 등의 정치 민주화 개혁이 반드시 포함되어야 한다. 이것만이 정치 제도화가 해결하지 못한 두 가지 과제, 즉 권력 집중의 문제와 국민의 정치 참여 수용의 문제를 해결할 수 있기 때문이다. 2012년 18차 당대회에서 등장할 '5세대' 지도부는 이런 과제를 해결해야 하는데, 이것이 실현될 수 있을지는 두고 보아야 할 것이다.

중국의 민주화는 가능할까?

앞에서는 지난 30여 년 동안 중국 정치가 어떻게 발전했는가를 살펴보았다. 여기서는 중국 정치가 미래에 어떻게 변화할 것인가를 살펴보려고 한다. 이를 위해서는 중국 국내에서 진행된 정치 개혁의 논의를 살펴보는 것이 필요하다. 제3세계의 민주화와 이전 사회주의권의 정치 이행에 대한 연구가 보여 주듯이, 한국가의 민주화는 통치 엘리트(집권 세력과 반대 세력 모두 포함)의 생각과 활동에 의해 좌우되는 경우가 많다. 그래서 중국 정치의 미래를 전망할 때에는 정치 개혁에 대한 논의를 검토하는 것이 좋은 방법이다. 이와 함께 중국에서 실시될 가능성이 있는 민주적인 정치 개혁에 대해서도 간략하게 살펴보자.

중국은 민주 제도를 도입할 수 있을까?

먼저, 최근의 공산당과 정부의 공식 입장을 살펴보자. 2005년 10월에 국무원(중앙정부)이 발간한 『중국의 민주정치 건설(백서)』은 "중국적 사회주의 민주정치의 특징"으로 다음 네 가지를 제시한다. 첫째, 중국의 민주는 공산당 영도의 인민민주다. 둘째, 중국의 민주는 가장 광범위한 인민이 정치의 주인이 되는(當家作主) 민주다. 셋째, 중국의 민주는 인민 민주 독재에 근거하고 또한 이를 보장하는 민주다. 넷째, 중국의 민주는 민주집중제(民主集中制, Democratic centralism)[32]를 근본적인 조직 원칙과 활동 방식으로 삼는 민주다. 이처럼 중국이 말하는 민주주의는 한국의 민주주의와 많이 다르다. 한마디로 '중국의' 민주주의는 '중국만의' 민주주의라고 할 수 있다.

이어서 이 백서는 중국 민주 정치의 특징이 중국의 기본적인 정치 제도를 통해 실현된다고 주장한다. 여기서 말하는 기본적인 정치 제도는 첫째, 인민대표대회 제도, 둘째, 공산당 영도의 다당 합작 및 정치 협상 제도, 셋째, 민족구역 자치 제도, 넷째, 도시와 농촌의 기층민주 제도, 다섯째, 인권 존중과 보장을 가리킨다.[33] 여기서 다섯째는 2000년대에 들어 추가된 내용이다. 이런 주장은 공산당 17차 당대회에서 행한 후진타오 총서기의 정치 보고에도 그대로 반복된다. 여기서 알 수 있듯이, 중국의 기본적인 정치 제도도 우리의 것과는 많이 다르다.

한편 2007년 11월 중국 정부가 발표한 『중국의 정당 제도(백서)』는 "중국 사회주의 민주의 특징"으로 이런 추상적인 원칙에서 더 나아가 구체적인 민주주의 형태(종류)를 제시한다. 즉 "선거 민주와 협상(協商) 민주의 결합이 중국 사회주의 민주의 제일 큰 특징"이라는 것이다. 이 같은 주장은 중국의 현실을 일부 반영한 것이다. 현재 중국에서는 촌민위원회 등 기층 단위에서 자유선거는 아니지만 경쟁 선거가 실시되고 있다. 중국은 이를 '선거 민주'라고 보고 있다. 또한 현재 공산당과 민주당파 간에도 정치 협상 제도가 운영되고 있다. 중국은 이를 '협상 민주'라고 보고 있다. 이처럼 이 백서는 현재 중국에서 운영되고 있는 여러 가지 정치 제도 중에서 일부를 선택하여 그것을 '중국의 민주주의'라고 주장한다.

이상에서 보듯이, 최근에도 공산당과 정부는 지난 30여 년 동안 고수해 온 사회주의 정치 원칙과 정치 제도를 여전히 강조하고 있다. 근래에 들어 중국에서 실시되는 몇 가지 민주적인 제도를 추가한 일종의 혼합형 정치 제도가 바람직한 중국의 민주 모델로 제시되고 있다. 하지만 이는 '장식품'일 뿐 중국이 말하는 기본적인 정치 제도, 즉 공산당 일당제 하의 다양한 사회주의 정치 제도를 대체하는 것은 결코 아니다. 이런 면에서 국가 차원에서 중국은 선거 민주주의나 자유민주주의와 관련된 민주 제도를 도입할 의사가 없음을 알 수 있다.

중국 학자들은 무슨 생각을 하고 있는가?

다음으로, 중국의 정치 개혁에 대한 중국 학자들의 논의를 살펴보자. 1990년대에 들어 중국에서는 정치 발전과 관련하여 다양한 구상들이 제시되었다. 이중에서 두 가지가 가장 중요하다. 하나는 '사회주의적 민주' 구상이다. 다른 하나는 동아시아 발전국가의 경험을 참고하여 제기된 '점진적 민주 발전' 구상이다.

사회주의적 민주 구상은 우선 마르크스-레닌주의와 중국의 혁명적 경험에 입각하여 자유민주주의와 동아시아 발전국가를 모두 비판한다. 동시에 이 구상은 정치권력의 과도한 집중이라는 현행 중국 정치 체제의 문제점을 극복하고 사회주의적 민주를 발전시켜야 한다고 주장한다. 여기서 말하는 사회주의적 민주는 앞에서 살펴본 기본적인 정치 제도와 크게 다르지 않다. 즉 공산당의 당내 민주, 인민대표대회와 정치 협상 제도의 민주, 공산당 영도 하의 다당 합작 민주, 기층민주가 여기에 포함된다. 여기서 알수 있듯이 사회주의적 민주는 앞에서 살펴본 공식 입장과 크게 다르지 않다. 다만 공산당의 권력 독점 해소와 사회주의 정신에 입각한 권력 분산과 합리적 권력 행사를 강조한다는 점에서 특징이 있다.

점진적 민주 발전 구상은 우선, 정치 발전 단계론과 점진주의를 주장한다. 이에 따르면, 한 국가의 민주화는 ① 전체주의→② 권위주의→ ③ 민주주의의 3단계로 진행된다. 이 과정에서 1단계에서 3단계로의 비약은 바람직하지 않다. 왜냐하면 민주주의 실현에는 시장경제의 발전, 국민 소질의 향상, 시민사회의 형성 등 몇 가지 조건이 갖추어져야 하는데, 이를 무시하고 도약할 경우 정치적 혼란과 사회적 불안을 초래할 수 있기 때문이다. 또한, 중국과 같이 계획경제에서 시장경제로 이행하는 국가나 후발 자본주의 국가에서는 경제 발전과 사회 개혁을 위해 정치 안정과 강력한 지도력이 필요하다. 그래서 권위주의 정치 체제는 필수적이다.

그런데 최근 들어 이런 정치 개혁조차 미루자는 주장이 제기되고 있다. 일부 중국 학자들에 따르면, 중국은 ① 경제 개혁→② 사회 개혁→ ③ 정치 개혁 순으로 개혁을 추진해야 한다. 현재 중국은 시장 제도의 전면 도입, 개인적 소유 제도의 수립, 무역과 투자의 개방 등 경제 개혁을 기본적으로 완료했다. 그래서 다음 단계인 사회 개혁에 매진해야 한다. 사회 개혁은 중국이 당면하고 있는 여러 가지 문제, 즉 빈부격차, 지역격차, 도농격차, 환경 파괴, 인구 노령화 등을 해결하기 위한 것이다. 이중에서도 '3대 민생' 현안인 주택, 교육, 의료 문제의 해결이 급선무다. 이런 사회 문제가 어느 정도 해결된 이후에 정치 개혁으로 가야 한다. 이것이 최근에 등장한 새로운 개혁론이다.

그런데 이 같은 '영역별 단계적인 개혁론'은 매우 보수적이고 위험하다. 이것이 보수적인 이유는, 이에 따를 경우 정치 개혁은 끝없이 미루어질 것이기 때문이다. 많은 학자들이 주장하듯이, 중국의 사회 문제는 매우 심각하기 때문에 단기간 내에는 해결될 수 없다. 그래서 사회 개혁을 먼저 하고 그것이 완성되는 시점에서 정치 개혁을 추진하자고 하는 것은 사실상 정치 개혁을 포기하자는 이야기다. 이렇게 되면 사회 기득권 세력(주로 고위 당정간부와 이들과 결탁한 자본가 집단)의 특권과 지위는 계속될 것이다.

또한 이 주장이 위험한 이유는, 사회 문제는 사회 개혁만으로는 해결될 수 없기 때문이다. 예를 들어, 빈부격차의 일부는 정치적 부정부패나 부당이익 추구(rent seeking) 등 정치 개혁이 제대로 추진되지 않아서 생기는 문제에서 기인한다. 이 문제를 해결하기 위해서는 정치 개혁이 반드시 선행하거나 동행되어야 한다. 구체적으로 국민에 대한 정부와 공직자의 책임성을 강화하기 위해 직접선거를 좀 더 광범위하게 도입해야 한다. 언론 자유를 확대하고 시민사회의 발전을 보장해서 이들이 국가와 공직 사회를 감독하게 해야 한다. 사법 독립이 좀 더 철저하게 보장되어야 법치가 실현될 수 있다. 이런 조치들이 추진되어야 사회가 좀 더 공정해지고, 부정부패나 부당이득 추구와 같은 불공정 행위가 축소될 수 있다.

이상에서 살펴본 중국 학자들의 논의를 통해서도 우리는 중국이 단기간 내에 민주적인 정치 개혁을 추진할 가능성이 별로 없다는 사실을 알 수 있다. 다시 말해, 중국 학자들이 상정하는 민주적인 정치 개혁은 지금까지 공산당이 추진한 사회주의적 민주이거나, 현행 권위주의 정치 체제를 좀 더 발전시키는 개혁 이상은 결코 아니다.

물론 공산당이나 정부가 반대하고 지식인이 거부해도 국민 대다수가 민주화를 요구하면 중국은 어떤 방식으로든 민주적인 정치 개혁을 추진해야 할 것이다. 그런데 앞에서 검토했듯이 현재 국민은 민주화를 요구하지 않는다. 오히려 공산당이 제시한 논리를 지지하고 공산당이 달성한 성과를 칭찬한다. 이 점에서도 중국이 단기간 내에 민주화 개혁을 추진할 가능성은 높지 않다.

중국 정치의 네 가지 시나리오

그렇다면 중국 정치는 미래에 어떻게 변화할 것인가? 우리는 이를 단기(10년 이내)와 중장기(20-30년)로 나누어 살펴볼 수 있다. 지난 30여 년 동안 중국은 급속하게 변화했다. 불과 10년 전만 해도 대부분의 사람들은 중국이 세계 강대국으로 이렇게 빠르게 부상하리라고는 상상도 하지 못했다. 미래에도 중국의 급속한 변화는 지속될 것이다. 따라서 중국 정치의 변화를 전망하는 일은 매우 위험천만하다. 이런 위험을 무릅쓰고 지금까지 우리가 살펴본 내용을 종합하여 중국 정치의 변화 가능성을 전망해 보려고 한다.

2020년 중국 정치의 모습

먼저, 2020년까지 급격한 민주적인 정치 개혁은 없을 것이다. 중국은 지난 30여 년 동안 그랬던 것처럼 정치 제도화를 목표로 한 정치 개혁을 계속 추진할 것이다. 이런 정치 제도화를 위한 정치 개혁에서는 다음 두 가지가 핵심 내용이 될 것이다. 하나는 국가 통치 행위의 합리화를 목표로 추진되는 의법치국(법치)이다. 다른 하나는 공산당의 통치 능력을 높이기 위해 추진되는 당내 민주의 확대, 집권 능력의 향상, 부패 척결 정책이다.

반면 정치적 민주화를 위한 정치 개혁은 특정한 목표를 달성하기 위해 제한된 범위 내에서만 점진적인 방식으로 추진될 것이다. 먼저, 중앙 및 지방정부와 관료들의 국민에 대한 책임성을 강화하기 위한 개혁이 있다. 또한 국민의 불만을 체제 내로 흡수하기 위한 개혁도 추진될 수 있다. 이런 두 가지 성격의 민주적인 정치 개혁은 구체적으로 다음과 같은 네 가지의 세부 정책을 통해 추진될 것이다.

첫째는 촌민위원회의 민주적 선거와 운영이 강화될 것이다. 동시에 도시 지역의 거민위원회에서도 유사한 개혁이 추진될 것이다. 이를 통해 기층에서 국민에 대한 당정간부의 책임성을 강화하려고 할 것이다. 둘째는 중앙 및 지방에서 다양한 협상 또는 협의 제도가 활성화될 것이다. 여덟 개 민주당파와 노동조합, 여성 조직, 청년 조직, 기업가 조직 등의 인민 단체는 정부의 정책 결정 과정에 좀 더 광범위하게 참여하게 될 것이다. 셋째, 의회의 정부 감독과 법원의 공정성 및 효율성 제고를 위한 개혁이 추진될 것이다. 이를 통해 정부 행위에 대한 감독을 강화하고 국민의 권익을 보호하려고 시도할 것이다. 넷째는 가능성이 그렇게 크진 않지만 향, 진 정부 등 기층정부의 행정 수장에 대한 직접선거가 전국적으로 확대 실시될 수도 있다.

네 가지 기로에 선 중국 정치의 미래

앞에서 말했듯이, 향후 20-30년 이후 중국 정치가 어떻게 발전할 것인가에 대해 전망하는 것은 쉽지 않다. 국내외적으로 복잡한 요소들이 너무 많기 때문이다. 만약 대략적인 그림을 그린다면 다음과 같은 네 가지 시나리오를 생각해 볼 수 있다. 가능성이 가장 낮은 것에서 가장 높은 것의 순서로 정리하면 다음과 같다.

첫째는 정치적 붕괴의 길이다. 이는 중국이 소련처럼 정치 체제의 붕괴와 소수민족 지역의 분열 및 독립을 경험하는 시나리오다. 우리는 이를 '소련의 길(Soviet road)'이라고 부를 수 있다. 이는 지금까지 중국이 이룩한 높은 수준의 경제 발전과 정치 제도화의 성과에도 불구하고, 국내외 돌발 사태로 정치 체제가 급격히 붕괴하여 대혼란에 빠지는 경우다. 이는 몇 가지 조건이 충족할 때 발생할 수도 있지만, 그 가능성은 극히 낮다.

예를 들면 이런 식이다. 먼저, 누적된 사회적 모순이 갑자기 폭발하여 국민이 전국적으로 대규모 시위를 전개한다. 위기에 직면한 공산당 지도부는 분열되어 지도력을 제대로 발휘하지 못하고, 공산당과 정부는 우왕좌왕한다. 군의 분열로 무력 동원을 통한 문제 해결도 불가능하다. 결국 정치 체제는 마비되고 다른 많은 제3세계 국가가 경험했듯이 국민의 대규모 시위와 정치 세력의 이합집산이 반복되는 정치적 혼란에 빠진다. 그런데 중국의 국가 통치 능력, 공산당의 군대 장악 능력, 혼란에 대한 국민의 강한 두려움 등을 고려할 때, 중국이 이 길을 갈 가능성은 매우 낮다.

둘째는 정치 민주화의 길이다. 이는 중국이 한국이나 대만처럼 점진적으로 민주적인 정치 개혁을 추진하여 최종적으로는 자유민주주의 국가로 발전하는 것이다. 우리는 이를 '동아시아의 길(East Asian road)'이라고 부를 수 있다. 이를 위해서는 국민의 정치적 기본권 보장, 자유 경쟁 선거의 도입, 다당제 도입, 법치의 철저한 실시, 법원과 의회의 역할 강화, 시민사회의 발전 보장과 같은 개혁 조치가 필요하다. 중국이 이 길을 따라 자유민주주의 국가가 된다면, 미국 등 기존 강대국과 아시아 국가는 중국을 세계 강대국으로 인정할 가능성이 높다. 이렇게 되면 중국은 평화적 방식으로 세계 강대국이 될 수 있을 것이다.

그런데 문제는 중국이 정치 민주화를 적극적으로 추진할 것인가이다. 왜냐하면 이는 공산당이 권력 독점을 포기하는 것을 의미하고, 이전 민주화의 경험을 놓고 볼 때, 권위주의 세력이 자발적으로 권력을 포기한 경우는 거의 없기 때문이다. 따라서 국민이 민주화를 강력히 요구하거나, 외국과의 전쟁 패배 또는 급격한 경제 침체로 인해 공산당이 심각한 정통성 위기에 직면하는 등 특별한 상황이 발생하지 않는 한 중국은 이 길을 가지 않을 것이다.

셋째는 둘째의 변종으로 연성 권위주의(soft authoritarianism)의 길이다. 이는 중국이 과거처럼 정치 제도화를 중심으로 개혁을 추진하고, 정치 민주화는 아주 소극적으로만 추진하는 경우다. 이것의 이상적인 형태는 싱가포르다. 그래서 우리는 이를 '싱가포르의 길(Singaporean road)'이라고 부를 수 있다. 중국이 이 길을 가려면, 정치 제도화만으로 빈부격차, 지역격차, 도농격차, 부정부패, 환경오염, 인권 침해, 대중의 정치 참여 요구 증가 등의 문제를 어느 정도 해결할 수 있어야 한다. 또한 이를 바탕으로 공산당 일당제가 국민으로부터 지지를 얻을 수 있어야 한다.

이는 결코 쉽지 않다. 현재 중국은 어떤 형태로든지 간에 국민의 정치적 요구를 수렴하고 불만을 해소할 수 있는 정치 제도를 마련하지 않으면 중장기적으로 정치, 사회적 안정에 문제가 생길 수 있다. 따라서 이 길이 성공하려면 싱가포르처럼 중국도 다당제와 경쟁 선거의 도입 등 최소한의, 또는 형식적인 정치 민주화라도 추진해야 한다. 이럴 경우 공산당은 국민의 정치 참여를 확대하면서 동시에 국민의 정치 참여 요구를 통제해야 하는 상호 모순적인 상황에 직면할 것이다. 다시 말하지만 이는 결코 쉽지 않은 길이다.

넷째는 정치적 권위주의와 사회, 정치적 불안정이 고착화되는 길이다. 우리는 이를 '라틴아메리카의 길(Latin American road)'이라고 부를 수 있다. 이는 중국이 정치 민주화를 시도하지 않으면서 여러 가지 심각한 사회, 정치적 문제가 구조화되고 고착화되는 경우다. 또한 이로 인해 기존에 이룩한 엘리트 정치의 안정화와 국가 체제의 합리화도 심각하게 훼손되어 정치적 불안정이 장기화되는 경우다. 예를 들어, 국민의 정치 참여는 여전히 이루어지지 않는다. 국민의 시민적, 정치적 권리의 보장도 마찬가지다. 그래서 국민은 자신의 정치적 요구를 표현하기 위해 현재처럼 시위와 폭동 등 각종 민중 저항에 빈번하게 참여한다. 반면 당정간부의 부정부패는 제대로 해결되지 않는다. 각종 사회 문제, 즉 빈부격차, 지역격차, 도농격차, 민족격차, 환경 문제도 지속된다.

현재 상황에서 보면 중국이 이 길을 갈 가능성이 가장 높다. 무엇보다 지난 60여 년 동안 정치권력을 독점하고 특권을 누려 온 공산당 간부들(특히 지방 간부들)이 권력을 쉽게 포기하지 않을 것이다. 향후 단기간 내에 공산당에 도전할 수 있는 정치 조직이나 사회단체가 형성될 가능성도 높지 않다. 더욱 중요하게는 지난 개혁에서 오는 피로감 속에서 기득권 세력의 강력한 저항을 무릅쓰고 정치 민주화를 과감하게 추진할 수 있는 정치 지도력이 현재 중국에는 없고 향후에도 새롭게 등장할 가능성이 높지 않다.

정리하면, 현재 상황에서 보면 중국은 정치적 권위주의와 사회, 정치적 불안정이 고착화되는 길을 갈 가능성이 가장 높다. 중국과 이웃하고 있는 한국으로서는 중국이 자유, 인권, 민주, 법치를 정치 이념으로 하는 자유민주주의 국가로 발전하기를 간절하게 바란다. 그런데 유감스럽게도 중국이 이 길을 갈 가능성은 높지 않아 보인다. 따라서 우리는 불완전하면서도 비민주적인 거대한 이웃, 우리와 생각이 달라 불편하면서도 조금은 두려운 이웃과 어떻게 하면 더불어 잘살 수 있는가를 진지하게 고민해야 한다.

11

중국공산당의 성공 비결

중국공산당은 1949년 집권 이후 지금까지 어떻게 정권을 유지할 수 있었을까? 중국에서 어린이들이 소학교에 들어가면 꼭 배우는 노래가 있다. 「공산당이 없으면 신중국도 없다(沒有共産黨沒有新中國)」라는 노래다. 이 노래의 제목처럼, 정말 공산당이 없었으면 사회주의 중국은 없었을지도 모른다. 더 나아가서 공산당이 없었으면 개혁·개방도 없고, 세계 강대국화도 없었을지도 모른다. 이는 결코 과장이 아니다. 따라서 우리가 중국의 부상을 검토할 때에는 반드시 공산당을 살펴보아야 한다.

물론 공산당의 통치 능력에 대해 의문을 제기하는 학자들이 존재한다. 예를 들어, 어떤 학자는 지방의 공산당과 당정간부가 심각한 권력 남용과 부정부패에 빠져 있다고 주장한다. 그래서 지방정부는 이전에 경제 발전을 주도했던 '발전국가'에서 아프리카의 독재 국가처럼 '약탈국가'로 변질되었다고 주장한다. 만약 중국이 이런 '이행의 덫(transition trap)'에서 헤어나지 못하면 중국은 붕괴할지도 모른다고 경고한다. 다른 한 교수도 이와 비슷한 분석을 한다. 즉 1990년대 이후 지방의 공산당과 정부는 부패와 무능으로 '통치(governance) 결핍'의 상태에 빠졌다는 것이다.

그러나 나는 이런 견해에 동의하지 않는다. 지방의 일부 공산당과 당정간부가 부정부패에 빠진 것은 사실이고, 공산당의 통치 능력이 부족한 것도 사실이다. 그러나 전체적으로 보면 공산당은 변신에 성공했다. 지난 30여 년 동안 꾸준한 개혁을 통해 '혁명당'에서 '집권당'으로 변화했고, 이것이 중국이 개혁·개방을 성공적으로 추진하는 데 매우 중요한 역할을 담당했다.

이와 관련하여 나는 세 가지 요소를 강조하고 싶다. 이 세 가지 요소로 인해 공산당이 지난 30여 년 동안 일당제를 유지할 수 있었다는 것이 나의 판단이다. 또한 만약 공산당이 향후에도 이를 계속 추진한다면 일당 통치는 당분간 유지될 것이다.

첫째는 유능한 통치 엘리트 혹은 당정간부의 충원이다. 공산당이 개혁·개방 정책을 성공적으로 추진하려면 유능한 통치 엘리트가 있어야 한다. 혁명이나 개혁이나 모두 결국은 사람이 하는 일이다. 그래서 유능한 통치 엘리트의 충원 여부는 공산당의 생사를 결정하는 중요한 요소다.

둘째는 공산당 운영의 정상화와 제도화다. 마오쩌둥 시기, 특히 문화대혁명(1966-1976년) 10년 동안에는 국가뿐만 아니라 공산당 조직도 거의 괴멸 상태에 빠졌었다. 공산당이 개혁·개방 정책을 성공적으로 추진하는 집권당으로 다시 태어나기 위해서는 무엇보다 조직과 제도를 복원하고 운영을 정상화해야 한다.

셋째는 공산당의 당내 민주 확대다. 문혁은 마오쩌둥에 의해 시작되었고 마오쩌둥에 의해 종결되었다. 만약 공산당이 1인 독재나 소규모 집단의 권력 독점을 막지 못하면 제2의, 제3의 문혁은 언제든지 발생할 수 있다. 설사 이런 정치적 대혼란이 없을지라도 소규모 집단의 권력 독점은 잘못된 정책 결정과 권력 남용으로 이어질 수 있다. 공산당이 개혁·개방 정책을 성공적으로 추진하려면 당내 민주의 확대는 필수적이다.

이제 이 세 가지 요소를 하나하나 살펴보자.

유능한 통치 엘리트

만약 공산당이 개혁·개방 정책을 성공적으로 추진할 수 있었던 첫 번째 요인을 꼽으라고 한다면, 나는 주저 없이 유능한 당정간부의 발굴과 육성을 꼽고 싶다. 1989년 톈안먼 사건과 1991년 소련의 붕괴에도 불구하고 중국이 개혁·개방 정책을 지속할 수 있었던 것은 덩샤오핑이라는 걸출한 지도자와 함께 이를 추진할 수 있는 유능한 통치 엘리트들이 있었기 때문이다. 이를 북한에 적용하면, 북한이 중국처럼 개혁·개방 정책을 성공적으로 추진하려면 최고지도자와 함께 이를 지지하고 추진하는 유능한 통치 엘리트가 두텁게 형성되어야 한다. 중국에서는 이것이 가능했기 때문에 개혁·개방을 성공적으로 추진할 수 있었다.

'혁명간부'에서 '기술관료'로

개혁기에는 고학력의 젊고 유능한 '기술관료(technocrats)'가 기존의 노동자, 농민 출신의 '혁명간부(revolutionary cadres)'를 대체하여 새로운 통치 엘리트로 등장했다.

표 4-2 **중국 통치 엘리트의 대학 학력 보유자의 변화(1978-1998년)**

(단위: 퍼센트)

직위 /연도	1978	1982	1988	1992	1998
정치국	23	32	67	86	92
중앙위원회	26	55	73	84	92
국무원(부장)	n/a	38	82	88	95
군대	n/a	4	58	78	n/a
성(省)급	n/a	20	59	96	95
시(市)·현(縣)급	2	31	78	91	n/a

출처: Cheng Li, *China's Leaders: The New Generation*(Lanham: Rowman & Littlefield, 2001), 38쪽.

표 4-2를 보면, 1978년 중국이 개혁·개방 정책을 시작할 당시 통치 엘리트 중에서 대학 학력 보유자는 소수에 불과했다. 예를 들어 공산당 중앙정치국원 중에는 단지 23퍼센트, 중앙위원

중에는 단지 26퍼센트만이 대학 학력 보유자였다. 그런데 20년이 지난 1998년에는 상황이 완전히 변했다. 정치국원과 중앙위원 중 92퍼센트가 대졸 학력자였고, 국무원 부장(部長)(한국의 장관) 중에는 95퍼센트가 대졸 학력자였다. 이처럼 1990년대 후반에 들어 중국의 통치 엘리트는 대부분 대졸 학력자로 충원되었다.

표 4-3 **중국 통치 엘리트의 기술관료 출신 비율**(1982-1997년)

연도	국무원 부장		성 당서기		성급 정부 수장		중앙위원회 위원	
	수	퍼센트	수	퍼센트	수	퍼센트	수	퍼센트
1982	1	2	0	0	0	0	4	2
1987	17	45	7	25	8	33	34	26
1997	28	70	23	74	24	77	98	51

출처: Cheng Li, *China's Leaders: The New Generation*(Lanham: Rowman & Littlefield, 2001), 41쪽.

그런데 **표 4-3**을 보면 매우 재미있는 현상이 있다. 통치 엘리트 중에서 기술관료 출신이 절대 다수를 차지한다는 점이 그것이다. 여기서 기술관료는 ① 대학교에서 이공계를 전공하고, ② 일정 기간 동안 엔지니어로서 전문적인 업무에 종사한 후, ③ 최고 관리자 혹은 지도자로 승진한 당정 고위 간부를 지칭한다. 예를 들어, 1982년에는 국무원 부장(장관) 중에서 기술관료는 2퍼센트에 불과했는데, 1997년에는 70퍼센트로 증가했다. 성 당서기나 성장(省長) 중에서는 1982년에 기술관료가 하나도 없었는데, 1997년에는 각각 74퍼센트와 77퍼센트가 되었다. 한마디로 1990년대 중반 무렵 중국은 '기술관료의 국가'가 되었다.

기술관료가 통치 엘리트로 등장한 것은 결코 우연이 아니었다. 공산당이 경제 발전을 추진하기 위해 간부 교체 정책을 추진했기 때문에 기술관료들이 대규모로 신속하게 등장할 수 있었다. 1980년부터 1986년까지 덩샤오핑의 적극적인 지지 아래 후야오방(胡耀邦, 1915-1989년)이 추진한 '3세대 간부 충원 프로젝트(第三梯隊)'는 대표적인 예다. 이 기간 동안 공산당은 연소화(年輕化)(50대 이하의 연령), 지식화(知識化)(대졸 이상 학력), 전문화(專業化)(과학기술 전문 직종), 혁명화(革命化)(정치적 신뢰성)라는 네 가지 기준에 근거하여 전국적으로 현급(縣級)(한국의 시·군 단위에 해당) 이상의 고위직에 약 46만 9000명의 새로운 엘리트를 충원했다. 이와 동시에 약 137만 명에 달하는 기존의 고위 간부를 퇴임시켰다. 그 결과 중앙 및 지방의 통치 엘리트의 평균 연령은 크게 떨어졌고 교육 수준은 급격히 높아졌다.

그런데 새롭게 충원된 통치 엘리트의 대다수가 바로 기술관료였다. 앞에서 말했듯이 국무원 부장(장관)이나 성장 등 장관급 통치 엘리트 중에서 기술관료가 차지하는 비율이 70퍼센트 이상이다. 이러한 추세는 4세대 지도자에도 해당된다. 예를 들어, 2002년 11월 16차 당대회 이후 등장한 아홉 명의 공산당 중앙정치국 상무위원은 전원이 기술관료 출신이다. 스물다섯 명의 정치국원 중에서 교육 배경과 활동 경력이 분명한 스무 명 중 열일곱 명(85퍼센트)이 기술관료 출신이다. 국무원의 경우, 스물여덟 개

부서 책임자(부장과 주임) 중에서 최종 학력과 경력이 분명한 스물다섯 명 중 기술관료 출신은 열네 명으로 전체의 56퍼센트를 차지한다.

기술관료는 기존의 혁명간부와는 여러 가지 점에서 다르다. 이들은 개혁·개방 노선의 최대 수혜자로서 개혁 정책을 적극 지지한다. 또한 이들은 빠른 경제성장과 대규모 기술 프로젝트 추진에 강한 의욕을 보이고 있다. 그뿐 아니라 기술관료들은 이전 혁명간부들에 비해 나이가 적고 경제 발전 정책을 추진하는 데 필요한 전문 지식(기술)과 실무 능력을 갖추고 있다. 마지막으로 기술관료들은 정책 결정 과정에서 특정 이념보다는 전문 지식과 실용성을 강조한다. 이런 특징으로 인해 기술관료는, 중국이 개혁·개방 정책을 중단 없이 추진하도록 만든 핵심 지지 세력의 역할, 중국이 급속한 경제 발전을 성공적으로 추진할 수 있도록 만든 핵심 추진 세력으로서의 역할을 수행할 수 있었다.

사회 관리형 지도자의 등장

그런데 21세기에 들어 통치 엘리트의 출신 배경에 커다란 변화가 발생하고 있다. 한마디로 중앙 및 지방의 고위 당정간부가 기술관료에서 인문·사회 계열 출신의 '사회 관리형' 엘리트로 급속히 변화하고 있다. 앞에서 보았듯이, 장쩌민 시대와 후진타오 시대는 기술관료의 시대였다. 그런데 2007년 공산당 17차 당대회를 기점으로 한 통치 엘리트의 교체에서는 이와는 다른 현상이 나타났다.

2007년 상반기에 완료된 전체 서른한 개 성급 행정 단위 수장,
즉 당서기와 성장 등 총 예순두 명의 인선에서는 인문·사회 분야
의 교육 배경을 가진 사회 관리형 통치 엘리트가 전체의 75퍼센트
이상을 차지했다. 또한, 17차 당대회의 공산당 최고 지도부 인선에
서도 이런 현상이 나타났다. 모두 열 명의 신임 정치국원(정치국 후
보위원에서 정치국원으로 승진한 한 명 포함) 중에서 인문·사회 계열
출신이 일곱 명이었다. 즉, 70퍼센트가 사회 관리형 지도자다. 또
한 두 명의 신임 정치국 상무위원, 즉 시진핑(習近平)과 리커창(李
克强)은 모두 인문·사회 계열 출신이다. 참고로 시진핑은 칭화 대
학교 법학박사, 리커창은 베이징 대학교 경제학 박사다.

이런 추세는 2008년 2월 완료된 서른한 개 성급 행정 단위(성,
직할시, 자치구)의 270명의 정부 수장(성장급 서른한 명과 부(副)성장급
239명)의 인선에서 더욱 강화되었다. 중국 언론 보도에 따르면 총
270명 중에서 기술관료 출신은 쉰 명으로 전체의 18.5퍼센트인 반
면, 인문·사회 계열 출신은 81.5퍼센트에 달했다. 이는 10년 전
같은 직위의 지도자 중에서 기술관료가 75퍼센트 정도를 차지했
던 것과 비교하면 매우 큰 변화다. 그래서 이를 보도한 중국 신문
은 중국의 통치 엘리트가 "혁명가→노동자·농민(勞農) 간부→기
술관료→사회 관리인"으로 그 성격이 변화해 왔다고 주장했다.

이와 함께 통치 엘리트의 출신 대학에도 변화가 발생하고 있
다. 기술관료의 시대에는 최고 엘리트 중에 칭화 대학교 출신이

많았는데, 최근에는 베이징 대학교 출신이 급증하는 현상이 나타나고 있는 것이다. 예를 들어, 장관급 고위 관료 중에서 2007년 5월 말에 베이징 대학교 출신으로 확인된 인물이 총 쉰일곱 명이나 되어 중국에서 화제가 되었다. 이는 최고 통치 엘리트가 기술 관료에서 인문·사회 계열 출신자로 바뀌면서 나타나는 자연스러운 현상이다. 잘 알려져 있듯이, 칭화 대학교는 '중국의 MIT'로 불리는 이공계열의 명문대다. 반면 베이징 대학교는 인문·사회 계열의 명문대다.

최고 정치 지도자는 어떻게 되는가?

마지막으로 중국의 최고 정치 지도자들은 어떻게 육성되는지 살펴보자. 우리가 알다시피 중국에는 국가 지도자를 선발하는 선거와 같은 민주적인 제도가 없다. 이런 점에서 중국은 한국이나 미국 등 자유민주주의 국가와는 다른 인사 체제를 갖고 있다. 그런데 지난 30여 년을 보면 중국은 매우 유능하고 지도력 있는 최고 정치 지도자를 잘 선발하여 왔다. 또한 1990년대에 들어서는 한 세대에서 다른 세대로의 권력 승계가 매우 평화롭고 안정적으로 이루어지고 있다. 이렇게 되면서 중국 정치는 안정될 수 있었다. 이것이 어떻게 가능할 수 있었는가?

중국에서 정치 엘리트가 육성되는 과정을 먼저 개략적으로 살펴보자. 일반적으로 당정간부가 되는 길은 크게 세 가지다. 첫째는 대학을 졸업하고 공무원 시험에 합격한 다음에 정해진 단계

를 밟아 승진하는 방법이다. 둘째는 국유기업, 연구소, 대학, (노동
조합(工會), 부녀연합회(婦聯), 공산주의 청년단(共靑團), 공상업연합회(工
商聯) 같은) 군중단체 등 다른 기관에서 일을 하다가 당정기관에
전입 혹은 특채되는 방법이다. 예를 들어, 대학 교수를 하다가 정
부의 특채 선발에 지원하여 고위 공무원이 되는 경우가 있다. 혹
은 성 당서기나 성장이 특별히 발탁하여 고위 당정간부가 되는
교수나 국유기업 경영자도 있다. 셋째는 당정 고위 간부의 개인
비서(秘書)가 되는 방법이다. 이는 주로 고위 당정간부의 자제들
(소위 '태자당')이 많이 사용하는 방법이다.

　일반적으로 중국의 최고위급 정치 지도자는 공산당 중앙정치
국 구성원, 즉 정치국원을 가리킨다. 공산당 17차 당대회 기간에
는 모두 스물다섯 명의 정치국원이 선출되었다. 이중에서 후진타
오, 원자바오를 포함한 아홉 명이 정치국 상무위원으로 선출되어
집단적으로 최고지도자 역할을 담당하고 있다. 개혁기에는 특정
인물이 중간급 간부에서 갑자기 최고위급 정치 지도자로 선발되
는 경우가 없다. 참고로 마오쩌둥 시기, 특히 문혁 기간에는 간혹
이런 경우가 있었다. 문혁을 주도했던 소위 '문혁 4인방'이 여기
에 해당한다. 그러나 개혁기에 들어서는 이것이 더 이상 가능하
지 않다. 그래서 최고위급 정치 지도가 되기 위해서는 밑에서
부터, 아니면 최소한 중간 단계부터 차근차근 밟아 올라와야 한
다. 대개 한 사람이 최고위급 정치 지도자가 되기 위해서는 세 번
의 단계를 거쳐야 한다.

먼저, 일반간부에서 '영도간부(領導幹部)'가 되는 1단계다. 중국에서 공식적인 행정직급(行政級別)에서는 명시적으로 규정하지 않지만, 일반적으로 영도간부는 '현처급(縣處級)'(지방의 현장, 중앙 부서의 처장) 이상의 고위 간부를 지칭한다. 이를 한국에 적용하면 중앙정부의 과장급, 지방정부의 시장, 구청장, 군수 급에 해당한다. 일반간부에서 영도간부가 되려면 5-10년은 걸린다. 중국에서 한 직급의 임기가 대개 5년이기 때문에, 5-10년은 한 직급 혹은 두 직급의 기간에 해당한다. 이 기간 동안 주로 발로 뛰는 일을 하면서 실무 경험을 쌓고 해당 분야의 전문 지식도 습득한다. 만약 4년제 대학을 졸업하고 공무원 시험을 보았다면 빠르면 30대 초반에, 대개는 30대 중후반에 영도간부가 된다.

다음으로 영도간부에서 청국급(廳局級) 혹은 사청급(司廳級) '고급간부(高級幹部)'가 되는 2단계다. (중국에서 그냥 '고급간부'라고 하면 차관급 이상의 고위 당정간부만을 가리킨다.) 여기서 청(廳), 국(局), 사(司)는 모두 부서 직급(예를 들어, 외교부 아주사(亞洲司), 허베이성 교통청)을 의미한다. 이를 한국에 적용하면 중앙정부 및 도급 지방정부의 국장급에 해당한다. 따라서 우리는 이를 '국장급' 고급간부로 부를 수 있다. 영도간부에서 능력을 인정받아 국장급 고급간부로 승진하기 위해서는 5-10년이 필요하다. 따라서 빠르면 30대 중반에, 대개는 30대 후반이나 40대 초반에 국장급 고급간부가 된다.

마지막은 국장급 고급간부에서 '성부급(省部級)'(성장과 국무원 부장) 고급간부에 도달하는 과정인 3단계다. 이를 한국에 적용하면 중앙부서 장관과 광역자치 단체장(도지사, 직할시장, 광역시장)에 해당한다. 따라서 우리는 이를 '장관급' 고급간부로 부를 수 있다. 국장급 고급간부에서 장관급 고급간부가 되는 데는 다시 5-10년이 걸린다. 그래서 빠르면 30대 후반에, 대개는 40대 초중반에 장관급 고급간부가 된다. 정치국원과 같은 최고위급 정치 지도자(중국의 행정 직급에서는 이를 '국가급' 고급간부라고 부른다.)는 이런 장관급 고급간부 중에서 선발된다.

이것이 대략적인 당정간부의 승진 과정이다. 물론 여기서 언급한 나이나 직급 연도는 제대로 승진한 사람의 경우만을 가리킨다. 한국처럼 중국에서도 대부분의 당정간부들은 이처럼 제 나이에 혹은 제 직급의 연도에 맞추어 승진하지 못하고 퇴임한다. 이런 고위직은 매우 제한적이기 때문이다.

이를 '5세대' 최고위급 정치 지도자인 시진핑(習近平, 1953년생)과 리커창(李克強, 1955년생)을 사례로 살펴보자. 시진핑은 전 국무원 부총리와 전국인민대표대회(전국인대) 상무위원회 부위원장(한국의 국회 부의장에 해당)을 역임한 시중쉰(習仲勛)의 장남(전처 소생의 아들을 포함하면 차남)으로 태어났다. 문혁 기간에 아버지가 '반당집단(反黨集團)'으로 몰려 숙청을 당하면서, 1969년 열다섯의 나이에 산시성(陝西省) 농촌 마을에 보내졌다. 1975년 칭화 대학교 화학공정과에 입학할 때까지 그는 그곳에서 농민들과 똑같이 먹고 생활하면서 농사일을 했다. 이런 농촌 생활에서 시진핑은 마을 사람들과 기층간부들로부터 칭찬과 존경을 받았다고 한다.

시진핑은 1979년 대학을 졸업한 후에 국무원 판공청(辦公廳)(한국의 총무부와 유사한 중앙부서)과 중앙군사위원회 판공청에 배치를 받아 현역 군인이 되었다. 당시 정치국원이며 국무원 부총리이자 중앙군사위원회 비서장이었던 경비아오(耿飈)의 개인 비서가 된 것이다. 아마 아버지의 주선으로 그렇게 되었을 것이다. 약 3년 동안 근무한 이후 1982년 그는 허베이성(河北省) 정딩현(正定縣)의 공산당 부서기로 부임했고, 1년 후에는 현 당서기가 되었다. 시진핑은 1979년 대학을 졸업한 이후 5년 만에 30세의 나이에 현 처급 영도간부가 된 것이다. 당시에는 문혁이 끝난 이후였기 때문에 시진핑처럼 명문대학을 졸업한 인재가 부족한 상황이라 빠르게 승진할 수 있었다. 물론 그가 이렇게 빠르게 승진한 데에는 아버지의 후광도 있었을 것이다.

1985년 시진핑은 푸젠성(福建省) 샤먼시(廈門)로 자리를 옮겨 부시장이 되었다. 이후 그는 푸젠성에서 17년을 근무했다. 그 과정에서 1988년에 닝더지구(寧德地區) 당서기가 되면서 35세에 국장급 고급간부가 되었다. 1990년에 푸저우시(福州市) 공산당 부서기가 된 후 1993년에는 당서기로 승진하여 차관급 고급간부가 되었다. 한편 그는 1998년부터 2002년까지 칭화 대학교 인문사회대학원에 겸직학생으로 입학하여 법학박사 학위를 받았다. 1996년에는 푸젠성 부서기, 1999년에는 푸젠성 성장(省長)이 되었다. 1999년이면 시진핑의 나이 46세이며, 그는 국장급 고급간부가 된 지 11년 만에 장관급 고급간부가 된 셈이다. 이후 2002~2007년에 저장성

(浙江省) 성장과 당서기를 역임하고, 2007년에 상하이시 당서기가 되었다. 그리고 2007년 공산당 17차 당대회에서 정치국 상무위원이 되면서 국가급 고급간부가 되었다. 이처럼 시진핑은 정치국 상무위원이 되기 전에 이미 장관급 직위를 네 차례(푸젠성 성장, 저장성 성장과 당서기, 상하이시 당서기)나 역임했다.

리커창도 다른 방식이었지만 비슷한 경로를 거쳐 최고위급 정치 지도자가 되었다. 그는 안후이성(安徽省) 평양현(鳳陽縣) 당서기와 중급법원 법원장을 역임한 아버지 밑에서 차남으로 자랐다. 문혁이 진행되던 1974년 열아홉의 나이에 안후이성의 한 농촌에 하방(下放)되어 농민들과 함께 생활했다. 대학 입시 제도가 부활되면서 1978년에 시험에 응시하여 우수한 성적으로 22세의 나이에 베이징 대학교 법학과에 입학했다. 그는 원래 졸업 후 미국 하버드 대학교로 유학을 갈 예정이었다고 한다. 그런데 공산당 조직부 간부의 권유로 학교에 남아 1982년 공청단 서기가 되면서 정치에 입문했다. 이후 1985년부터 1993년까지 8년 동안 공청단 중앙서기처 서기로 일했다. 공청단 중앙서기는 직급상으로는 차관급으로, 리커창은 30세의 나이에 차관급 고급간부로 승진한 것이다. 이때 공청단 중앙 제1서기로 일하던 후진타오를 만나 인연을 맺게 되었다.

이후 그는 다시 승진하여 1993년부터 1998년까지 5년 동안 공청단 중앙 제1서기로 근무했다. 공청단 중앙 제1서기는 장관급으로 그는 38세에 장관급 고급간부가 된 것이다. 한편 리커창은 1988년에 베이징 대학교 경제학과 대학원에 겸직학생으로 입학하여 1994년에 경제학 박사학위를 취득했다. 이후 리커창은 지방에 보내졌다. 1998년에 43세의 나이에 허난성(河南省) 성장이 되었고, 2002년에는 허난성 당서기가 되었다. 이후 그는 2004년부터 2007년까지 3년 동안 랴오닝성(遼寧省) 당서기로 근무했다. 2007년 공산당 17차 당대회에서 시진핑과 함께 정치국 상무위원에 선출되어 국가급 고급간부가 되었다. 다음 해에는 국무원 부총리에 선임되었다. 이처럼 리커창도 정치국 상무위원이 되기 전에 장관급 직위를 네 차례(공청당 중앙 제1서기, 허난성 성장과 당서기, 랴오닝성 당서기)나 역임했다.

한편 현재 '6세대' 지도자의 선두주자로 알려진 네 명의 정치 지도자를 살펴보자. 이 네 명 중에서는 6세대 지도자 '3인방'으로 불리는 저우창(周強, 1960년생), 후춘화(胡春華, 1963년생), 순정차이(孫政才, 1963년생)가 있다. 또한 이 3인방의 뒤를 바싹 좇고 있는 루하오(陸昊, 1967년생)도 있다. 이들도 현재까지 앞에서 살펴본 5세대의 최고위급 정치 지도자와 비슷한 경로를 밟아 왔다.

저우창은 중앙 부서에서 공직 생활을 시작한 이후 지방에 내려가 정치 지도자의 경력을 쌓고 있는 차세대 지도자다. 그는 1985년 시난정법대학(西南政法學院) 대학원 법학과에서 석사학위를 받은 이후 국무원 사법부의 공무원이 되었다. 이후 1991년 31세에 사법부 법률법규처 처장(處長)이 되어 영도간부가 되었고, 1995년 35세에 사법부 법제사(法制司) 사장(司長)이 되어 국장급 고급간부가 되었다. 이후 그는 업무를 변경하여 공청당 중앙간부가 되었다. 즉 1995년에 공청단 중앙서기(차관급), 1998년 38세에 공청단 중앙 제1서기(장관급)가 된 것이다. 이후 저우창은 지방에 보내졌다. 2006년에 후난성(湖南省) 성장이 되었고, 2010년에는 후난성 당서기가 되어 현재까지 근무하고 있다.

후춘화는 후진타오처럼 지방 오지에서 공직 생활을 시작하여 중앙에 진출하고, 다시 지방에서 지도자 경력을 쌓고 있는 사례다. 1983년 베이징 대학교 중문학과를 졸업한 후춘화는 자원해서 티베트(西藏)에 내려갔다. 거기서 조직부 간부, 《티베트 청년보(西藏青年報)》 간부, 티베트호텔(西藏飯店) 지배인을 역임했다. 이후 1987년 24세에 공청단 티베트위원회 부서기(부현장급)가 되었고, 1990년에는 부국장급으로 승진했다. 다시 1992년에는 공청단 티베트위원회 서기(국장급)가 되었다. 한편 1988-1992년 기간에 후진타오가 티베트 당서기를 맡으면서 인연을 맺게 되었다. 이후 후진타오는 지금까지 후춘화의 든든한 후원자 역할을 하고 있다. 이후 그는 중앙에 올라와 1997년 34세에 공청단 중앙서기(차관급), 2006년 43세에 제1서기(장관급)가 된다. 이처럼 10년 동안 중앙 무대에서 활동한 이후 지방으로 다시 내려가 2008년 45세에 허베이성 성장이 되었다. 1년 후인 2009년에는 네이멍구(內蒙古) 당서기에 선임되어 지금까지 근무하고 있다.

순정차이는 박사급 연구자로 시작하여 고위 공직자가 되는 방식으로 육성된 정치 지도자의 사례다. 그는 1987년 24세에 베이징시 농업대학(農業學院)에서 농업 박사학위를 받은 후, 연구원으로 시작하여 작물재배연구소 소장과 농업대학 부학장으로 승진했다. 이후 정부로 자리로 옮겨 베이징시 순이현(順義縣) 부현장과 현장을 거쳐 2002년 39세에 순이구(順義區) 당서기, 베이징 공산당위원회 비서장(秘書長)으로 승진했다. 박사학위를 받고 업무를 시작한 이후 5년 만에 현처급 영도간부가 된 것이다. 이후 다시 승진하여 2006년 43세에 국무원 농업부(農業部) 부장(장관)이 되었다. 마지막으로 2009년 46세에 지린성(吉林省) 당서기로 임명되어 현재까지 근무하고 있다.

마지막으로 루하오를 간단히 살펴보자. 그는 1990년 23세에 베이징 대학교 경제학 대학원 석사를 졸업한 이후 베이징시 소유의 국유기업에 취직했다. 약 10년 동안 기업에서 실무 경험을 쌓은 후, 1999년 32세에 베이징시 중관춘(中關村) 과학기술지역(科技園區) 관리위원회 부주임(副主任)(부현장급)이 되었다. 정부 관료로서의 경력이 시작된 것이다. 이후 2003년 36세에 베이징시 부시장으로 승진하여 중관춘을 관리하는 최고 책임자가 되었다. 그는 현처급 영도간부가 된 지 4년 만에 차관급 고급간부로 초고속 승진한 것이다. 이후 2008년 41세에 공청단 중앙서기처 제1서기(장관급)에 선임되어 지금까지 이 직책을 맡고 있다. 별 일이 없으면 2012년 가을 공산당 18차 당대회 이후 그는 중앙의 다른 장관급 부서나 지방의 성장 혹은 당서기로 자리를 옮겨 경력을 계속 쌓을 것이다.

이처럼 시진핑과 리커창 같은 5세대 지도부 사례나 저우창, 후춘화, 순정차이, 루하오 같은 6세대 지도부 사례에서 알 수 있듯이, 공산당은 매우 체계적으로 최고위급 정치 지도자를 육성하고 있다. 이들은 명문대학을 졸업한 이후 다양한 영역에서 약 10년 정도 실무 경력을 쌓는다. 이런 과정에서 실력을 인정받은 이후 점점 승진에 승진을 거듭하여 40대 혹은 그 전에 장관급 고급간부의 지위에 오른다. 장관급 고급간부의 지위에 오른 후에도 다른 영역에서 3회 (예를 들어, 국무원 장관 1회와 지방 성장 1회, 지방 당서기 1회) 정도의 경력을 쌓은 이후에 정치국원이나 정치국 상무위원에 선임된다.

그래서 정치국원 혹은 정치국 상무위원이 된 지도자들은 단독으로 국가 경영을 맡아도 큰 무리가 없을 정도의 전문 지식과 실무 능력을 겸비하고 있다고 말할 수 있다. 특히 시진핑과 리커창은 세 번 이상의 지방 최고지도자 직무를 완수한 이후에 정치국 상무위원에 선임되었다. 상무위원이 된 후 여기서 다시 5년 동안 국가 경영을 위한 훈련을 받았다. 시진핑은 국가 부주석과 중앙군사위원회 부주석으로서 당, 군사, 외교 업무의 경험을 쌓았다. 리커창은 국무원 부총리로서 원자바오 총리를 보좌하면서 경제와 사회 전반에 대한 업무 경험을 쌓았다. 따라서 이들은 이미 최고 국가 지도자가 될 준비가 충분히 된 상태라고 말할 수 있다.

이처럼 중국은 자유민주주의 국가와는 다르지만 자신만의 독특한 정치 지도자 육성 체제를 갖추고 있다. 이는 1980년대 중반에 공산당 중앙이 '3세대 간부 충원 프로젝트'를 수행하면서 형성되기 시작하여 1990년대에는 중앙과 지방 모두에서 자리를 잡았다. 여기에 더해 1990년대 중반 이후 엘리트 정치에서 집단지도 체제가 형성되고 엘리트 민주주의가 확대되면서, 이들은 안정적으로 국가 통치에 참여할 수 있게 되었다. 이런 지도자 육성 체제를 운영하기 때문에 중국은 유능한 당정간부를 배출할 수 있었고, 이들이 능숙하게 국정을 운영함으로써 세계 강대국으로 발전할 수 있었다.

안정적인 권력 교체, 어떻게 가능한가?

두 번째로 공산당의 제도 정비를 살펴보자. 1980년대 초부터 공산당은 당 조직의 복원과 정비, 당 운영의 제도화를 위해 다양한 개혁을 추진했다. 당정간부의 종신제가 폐지되고 그 대신 각 직급별 연령제와 임기제가 도입된 것은 하나의 사례다. 예를 들어, 국무원 부장(장관)이나 성장은 5년 임기를 두 번 역임한 이후에는 반드시 퇴임하거나, 아니면 다른 기관이나 지역으로 전출되어 가야 한다. 다른 국가 기관의 직책도 마찬가지다.

그 결과 중국 정치는 상대적으로 안정되었고, 권력 교체와 같이 매우 민감한 결정도 큰 분란 없이 처리될 수 있었다. 이를 보여 주는 대표적인 사례가 바로 장쩌민을 중심으로 한 3세대 지도부에서 후진타오를 중심으로 한 4세대 지도부로의 안정적인 권력 교체다.

여기서는 이와 같은 공산당의 개혁 내용을 검토할 것이다. 이후에 공산당 중앙과 지방 조직의 구성과 운영, 기층 당 조직과 당원에 대해서도 간략하게 살펴볼 것이다. 대개 공산당 조직과 당원은 밖으로 잘 드러나지 않게 구성되고 은밀하게 움직인다. 우리는 이들이 실제로 어떻게 조직되고 활동하는가를 알고 싶지만 실제로 알 수 있는 방법이 많지 않다. 이를 소개하는 책도 거의 없다. 필자가 강의할 때마다 많은 분들이 공산당과 관련된 질문을 하시는 것은 당연하다. 그래서 이를 간략하게 소개하려고 한다.

공산당 운영의 정상화

공산당 운영의 정상화는 1980년대에 주로 이루어졌다. 당시 공산당이 직면한 일차적인 과제는 문혁 시기에 파괴된 당 조직을 복원하고 당 운영을 정상화하는 것이다. 실제로 이 기간에 여러 가지 당 조직이 재건되거나 신설되었다. 그리하여 조직부, 선전부, 통일전선부, 정법위원회(政法委員會) 등 공산당의 중앙 부서와 조직이 재건되었다. 마오쩌둥의 개인숭배로 이어진 공산당 주석제(主席制)는 폐지되고, 대신 총서기제가 도입되었다. 총서기는 공산당을 대표하는 직위이지만 그 권위는 당 주석과 크게 다르다. 한마디로 총서기는 공산당의 일상 업무를 관리하는 실무 부서인 중앙 서기처(書記處)의 총괄 책임자에 불과하다.

그 밖에 공산당 고위 간부를 전문적으로 감독하는 기율검사위원회가 새롭게 설치되었다. 이는 1950년대에 설치되었다가 문혁 때 폐지된 당 기구다. 또한 당내 활동을 규정하는 「당내 정치 생활 규칙」도 최초로 제정되었다. 이때 집단지도 체제와 함께 민주집중제, 특히 '당내 민주'의 확대가 개인숭배와 소수의 권력 독점을 막는 중요한 정책으로 제시되고 추진되기 시작했다. 이는 문혁 이전의 공산당 전통을 회복하는 것이다.

이와 같은 공산당의 정비와 당내 민주의 확대는 1982년에 열린 공산당 12차 당대회에서 공식화되었다. 이 당대회에서는 문혁 시기에 나타났던 개인숭배와 "당내 생활의 비정상적인 상황"을 개선하고 "당내 정치 생활을 더욱 정상화"하기 위해 "민주집중제의 완벽화"를 결정했다. 또한, 민주집중제의 완벽화를 위해 "당기율의 강화"를 강조했다. 한편 12차 당대회 이후 공산당은 1983년부터 1987년까지 전체 당원을 대상으로 사상, 태도(作風), 조직 면에서의 잘못을 바로잡는 "전면적인 정돈(全面整頓) 운동"을 전개했다. 민주집중제는 방종한 가부장제(家父長制)(당서기나 간부가 아버지처럼 행세하는 것을 지칭), 파벌주의, 무정부주의, 자유주의를 반대하는 당 규율의 강화 차원에서 다시 한 번 강조되었다.

1987년에 개최된 공산당 13차 당대회에서도 당내 민주의 확대를 주요 내용으로 하는 당 정비가 계속되었다. 예를 들어 "당내 민주로 인민 민주를 추동(推動)하는 것은 사회주의 민주정치를 발전시키는 실행 가능하고 효과적인 경로"라는 방침이 제시되었다. 또한, 당내 민주를 확대하기 위한 구체적인 정책이 제시되고 실행되었다. 정치국 상무위원회의 정치국에 대한 업무 보고와 정치국의 중앙위원회에 대한 업무 보고 제도의 수립, 중앙위원회 개최 회수의 증가, 중앙 기관의 업무 규칙 제정과 집단지도 체제의 제도화, 선거 제도의 개혁과 중앙위원회 선거에서 차액선거 제도의 도입, 당원 권리의 보장 강화 등이 대표적인 사례이다. 이런 노력을 통해 공산당의 운영은 정상화될 수 있었다.

공산당 운영의 제도화

공산당 운영의 제도화는 1990년대에 집중적으로 이루어졌다. 1989년 톈안먼 사건과 1991년 소련 및 사회주의권의 붕괴를 경험하면서 공산당은 심각한 위기의식을 느꼈다. 이에 따라 1987년 13차 당대회에서 제기했던 공산당과 국가 기관 간의 직능 분리, 즉 당정분리(黨政分開)와 같은 급진적인 정치개혁은 취소되었다. 만약 당정분리가 이루어지면 국가 기관에 대한 공산당의 통제가 약화되고, 이렇게 되면 소련처럼 공산당이 권력을 잃고 정치 체제가 붕괴할지도 모른다는 판단 때문이다.

당시의 이런 상황을 잘 보여 주는 것이 바로 1992년에 개최된 공산당 14차 당대회이다. 이 대회에서는 '사회주의 시장경제론'을 중심으로 하는 경제 개혁이 중점적으로 논의되었다. 반면 정치 개혁은 중점 논의 대상에서 제외되었다. 또한 간략하게 논의된 정치 개혁도 '중국 특색의 사회주의 민주정치의 건설'과 '서유럽식 다당제와 의회제의 절대 반대' 등 보수적인 내용 일색이었다. 이렇게 되면서 정치 개혁의 지체 현상이 나타났다.

한편 공산당은 급진적인 정치 개혁을 대신하여 법률과 당규(黨規)를 이용하여 공산당 운영을 더욱 제도화하는 방향으로 정책을 추진했다. 이는 각종 당규가 체계적으로 제정된 사실을 통해 확인할 수 있다. 대표적인 것이 「공산당 당원 권리 보장 조례」(1994년), 「공산당 지방조직 선거 업무 조례」(1994년), 「공산당 지방위원회 업무 조례」(1996년)의 제정이다. 그 밖에도 많은 당규가 제정 및 수정되었다. 표 4-4에 따르면, 1979년부터 2007년까지 지난 30여 년 동안 제정되거나 수정된 369개의 당규 중에서 약 50퍼센트(177개)가 1990년대에 제정되었다.

표 4-4 공산당 당헌(黨章) · 당규(黨規)의 제정 및 수정 상황

연도		건수(퍼센트)	소계(퍼센트)
1970년대	1979~1980	9(2.4)	9(2.4)
1980년대	1981~1985	26(7.1)	74(20.1)
1980년대	1986~1990	48(13)	74(20.1)
1990년대	1991~1995	53(14.4)	177(48.0)
1990년대	1996~2000	124(33.6)	177(48.0)
2000년대	2001~2005	79(21.4)	109(29.5)
2000년대	2006~2007	30(8.1)	109(29.5)
총계			369(100)

※ 이 통계는 공개된 유효 규정을 대상으로 작성된 것으로, 공산당의 모든 규정을 포괄하는 것은 아니다. 즉 비공개 규정과 폐기된 규정은 제외되었다.
출처: 中共中央辦公廳法規室 編, 『中國共產黨內法規選編』(1978-1996), (1996-2000), (2001-2007)(北京: 法律出版社, 1996, 2001, 2009)

이와 같은 정치 제도화의 방침은 1997년에 개최된 공산당 15차 당대회로 이어졌다. 15차 당대회에서는 '의법치국(依法治國)'과 '사회주의 법치국가 건설' 방침이 공식 결정되었다. 이는 1987년 공산당 13차 당대회에서 결정된 당정분리 방침이 1990년대 초에 폐기된 이후 약 10년의 공백을 거쳐 새로운 정치 개혁 방침이 등장했음을 의미한다. 이렇게 되면서 경제 분야의 '사회주의 시장경제론'과 정치 분야의 '사회주의 법치국가론'이라는 양대 개혁 방침이 확립될 수 있었다. 또한 이에 맞추어 공산당의 운영을 더욱 법제화하는 '의법집정(依法執政)' 방침이 2002년에 공식 결정되었다.

정리하면, 공산당이 개혁·개방 노선을 결정하고 추진하기 시작할 무렵인 1970년대 말과 1980년대 초에는 조직과 제도가 아직 제대로 갖추어지지 않았다. 특히 문혁 10년 동안에 중앙과 지방 모두에서 공산당 조직과 제도는 심각하게 파괴되었다. 그래서 공산당은 한편에서는 당을 복원하거나 정비하고, 다른 한편에서는 개혁·개방 정책을 추진하는 방침을 채택했다. 위에서 간략하게 살펴본 당 운영의 정상화와 제도화가 비교적 성공적으로 이루어짐으로써 공산당은 혁명당에서 집권당으로 변신할 수 있었다.

공산당 중앙 조직은 어떻게 움직이는가?

여기서 잠깐 공산당의 중앙 조직과 지방 조직이 어떻게 구성되고 운영되는가를 살펴보자. 또한 공산당원은 어떤 절차에 따라 어떻게 입당하고 무슨 활동을 전개하는지도 간략하게 살펴보자.

그림 4-1은 공산당 중앙의 조직도다. 우선, 공산당의 최고 권력기관은 전국대표대회(당대회)다. 그런데 당대회는 5년에 1회 개최되기 때문에, 실제로는 중앙위원회 위원의 선출, 「당헌」의 수정 등 매우 중요한 안건만 처리한다. 당대회 아래에는 중앙위원회가 있다. 중앙위원회는 당대회에서 선출된 정위원과 후보위원으로 구성된다. 참고로 공산당 17기(2007-2012년) 중앙위원회에는 정위원 204명과 후보위원 167명 등 모두 371명이 있다. 중앙위원회의 회의는 보통 1년에 1회 가을에 개최된다.

매년 개최되는 중앙위원회는 특정한 안건을 처리한다. 예를 들어, 당대회 직후에 개최되는 1차 중앙위원회 회의에서는 정치국원, 정치국 상무위원, 총서기를 선출한다. 다음 해에 열리는 2차 중앙위원회 회의에서는 공산당 조직이나 선전과 관련된 중요한 방침이나 정책이 결정된다. 3차나 4차 중앙위원회 회의에서는 경제나 사회와 관련된 중요한 정책이 결정된다. 이처럼 공산당의 중요한 정책은 중앙위원회 회의에서 결정되기 때문에, 당대회가 아니라 중앙위원회가 사실상 공산당의 최고 정책 결정 기관이라고 할 수 있다.

공산당의 실제적인 최고 지도부는 정치국이다. 정치국원은 중앙위원회에서 선출되는 정위원과 후보위원으로 구성된다. 참고로 17차 당대회 시기(2007-2012년)에는 모두 스물다섯 명의 정치국원이 있다. 중국에서 최고위급 정치 지도자는 바로 이들 정치국원을 가리킨다. 정치국원은 공산당 주요 부서 책임자(조직부장,

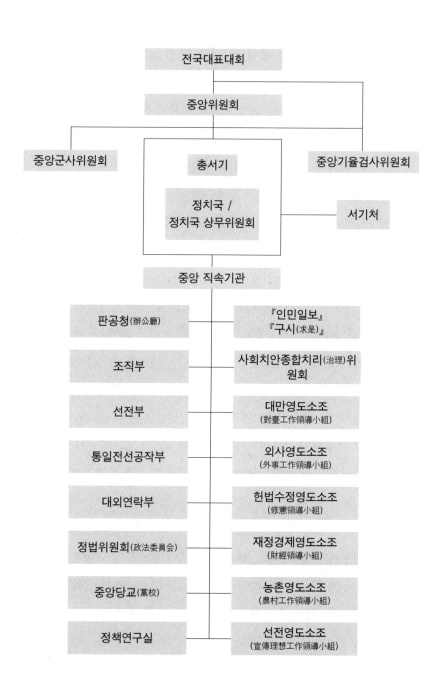

그림 4-1 중국공산당 중앙 조직도

출처: *China Directory 2004*(『中國組織別人名簿』)(神奈川: Radiopress, 2003), 1쪽

선전부장 등), 국무원의 주요 지도자(총리, 부총리, 국무위원), 의회 지도자, 군 지도자, 소수의 지방 지도자(베이징시, 상하이시, 광둥성 등의 당 서기)로 구성된다. 대체로 정치국은 매월 1회 개최되는 것으로 알려져 있으나, 정해진 개최 시기는 없다. 정치국 회의에서는 중요한 당 정책(인사 문제 포함)이 논의되고 결정된다. 회의 안건은 가급적이면 만장일치 방식으로 처리하려고 노력한다. 그런데 만약 중요한 안건인데 의견이 좁혀지지 않으면 표결로 처리하는 것으로 알려져 있다. 중국의 WTO 가입 여부에 대한 표결 처리는 대표적인 사례다.

정치국 상무위원회는 정치국원 중에서 선출된 상무위원으로 구성된다. 16차 당대회 시기(2002-2007년) 이후 상무위원은 모두 아홉 명이다. 그 전에는 일곱 명인 적도 있고 다섯 명인 적도 있었다. 앞에서 말했듯이, 현재 공산당은 집단지도 체제로 운영되기 때문에 아홉 명의 상무위원이 집단적으로 중국을 대표하는 최고 지도자라고 할 수 있다. 상무위원회는 대개 매주 1회 개최되는 것으로 알려져 있으나 역시 정해진 개최 시기는 없다. 인원이 적기 때문에 중요한 안건이 있을 때에는 수시로 소집된다. 상무위원회는 정치국에서 결정된 사항의 집행을 감독하고, 정치국에 제안할 안건을 사전에 심의하는 등의 기능을 수행한다. 상무위원회 회의에서도 중대 사안인데 의견이 좁혀지지 않으면 표결로 처리한다고 한다.

한편 9인의 상무위원은 역할 분담에 따라 각자 고유한 임무를 수행한다. 이와 같은 역할은 비교적 고정적이 것으로, 상무위원의 수가 7인으로 축소되어도 변함이 없다. 예를 들어, 후진타오는 당 총서기, 국가주석, 중앙군사위원회 주석으로서 당 전체의 업무를 총괄하지만 그중에서도 외교와 군사에 대해서는 특별한 권한을 행사한다. 반면 우방궈(吳邦國)는 전국인민대표대회 상무위원회 위원장으로서 입법과 감독, 원자바오는 국무원 총리로서 행정과 경제 및 사회 분야의 업무를 담당한다. **표 4-5**는 이런 역할 분담을 정리한 것이다.

표 4-5 중국공산당 정치국 상무위원회의 역할 분담

직무	인원	직책	현직
당무(黨務), 국방, 외교(대만 포함)	2	총서기, 국가주석, 중앙군사위 주석	후진타오(胡錦濤)
		국가부주석, 중앙군사위 부주석	시진핑(習近平)
의회(입법, 감독)	1	전국인민대표대회 위원장	우방궈(吳邦國)
행정, 경제, 사회	2	국무원 총리	원자바오(溫家寶)
		국무원 부총리	리커창(李克强)
통일전선	1	인민정치협상회의 전국위원회 주석	자칭린(賈慶林)
이념, 선전	1		리창춘(李長春)
규율(紀律, 반부패)	1	중앙기율검사위원회 서기	허궈창(賀國强)
정법(政法, 치안)	1	중앙정법위원회 서기	저우융캉(周永康)

그림 4-1의 왼쪽에 있는 기구가 공산당 중앙의 직속 기구다. 현급(縣級)(한국의 시·군 단위에 해당) 이상의 공산당 조직은 기본적으로 이와 같은 직속 기구를 갖추고 있다. 여기서 판공청은 일종

의 총무부와 같은 기구로서, 당서기를 보좌하여 종합적이면서도 일상적인 업무(회의 소집이나 문서 수발)를 처리한다. 어떤 면에서 보면 판공청은 당서기의 업무 비서라고 할 수 있다. 직속 기구 중에서 정법위원회는 법원, 검찰, 경찰, 교도소 등의 업무를 총괄하는 기관으로, 대개 공안부장(한국의 경찰청장에 해당)이 책임(서기)을 맡는다. 이런 여러 기구 중에서 인사를 담당하는 조직부가 가장 막강한 권한을 갖고 있다. 그래서 총서기는 자신의 심복을 조직부장에 앉힌다. 현재 중앙 조직부장은 저장성 당서기 출신의 리위안차오(李源潮)로 후진타오의 핵심 측근이다. 장쩌민의 핵심 측근이었던 쩡칭홍(曾慶紅)도 조직부장을 역임했다.

그림 4-1의 오른쪽에 있는 각종 '영도소조(領導小組)'는 공식 조직도에는 잘 나타나지 않지만 실제로는 매우 중요한 역할을 수행하는 당, 정, 군을 망라하는 종합적인 지도기구다. 또한 **그림 4-1**에는 없지만 실제로 운영되고 있는 다른 영도소조가 더 있는 것으로 알려져 있다. 그래서 공산당 중앙에는 모두 10여 개의 영도소조가 있다. 다만 그 구체적인 규모와 구성에 대해서는 정확히 알려져 있지 않다. 공산당 지방 조직에도 이보다는 적은 규모지만 영도소조가 있다. 참고로 중앙정부인 국무원에도 여러 개의 '장관급' 영도소조(장관이 조장을 맡는 영도소조)가 있다.

공산당 중앙 영도소조의 기능은 크게 두 가지다. 하나는 공산당, 정부, 의회, 군의 각 부서가 당 중앙이 결정한 중요한 정책을 제대로 집행하는가를 점검하고 감독하는 기능이다. 다른 하나는 공산당 정치국이나 정치국 상무위원회에서 결정할 사항을 사전에 심의하고 준비하는 기능이다. 이런 영도소조와 비슷한 기구로서, 한국과 미국에는 대통령이 주재하고 외교 및 안보 관련 장관들과 군 수뇌부가 참여하는 국가안전보장회의(NSC: National Security Council)가 있다.

예를 들어, 중국의 외교 정책은 외사영도소조가 심의한다. 대만해협 문제는 대만영도소조가 심의한다. 심의된 내용은 정치국 혹은 정치국 상무위원회에 보고되어 공식 결정된다. 그런데 정치국과 정치국 상무위원회는 대개 영도소조가 심의한 결과를 따르기 때문에 영도소조의 심의는 사실상 결정이라고 할 수 있다. 또한 외사영도소조와 대만영도소조는 별도의 독립적인 행정기구를 갖고 있지 않다. 대신 정부에 있는 외사판공실과 대만판공실이 각 영도소조의 사무 기능을 담당한다.

현재 외사영도소조와 대만영도소조의 조장(組長)은 모두 후진타오이고, 부조장은 각각 시진핑과 자칭린(賈慶林)(정치국 상무위원이며 전국정협 주석)이다. 참고로 현재 외사영도소조에는 공산당 대외연락부장, 외교부장, 국방부장, 공안부장, 국가안전부장, 상무부장, 대만판공실 주임, 신문판공실(新聞辦公室)(대변인실에 해당) 주임, 인민해방군 총참모장 등 당, 정, 군의 외교 및 안보 담당 책임자가 모두 조원으로 참여하는 것으로 알려져 있다. 여기서 알 수 있듯이, 중국에서 외교부장은 외사영도소조의 결정 사항을 정부 차원에서 추진하는 집행부서의 책임자에 불과하다. 다시 말해 외교부장은 중요 문제에 대한 결정권이 없다.

중국에서 인민해방군과 인민무장경찰부대는 '국가의 군대'가 아니라 '당의 군대'다. 형식적으로는 전국인대 산하에 중앙군사위원회(중앙군위)가 있지만, 이는 공산당 산하의 중앙군위와 완전히 같은 조직이다. 중국에서는 이를 '하나의 조직 두 개의 문패(一套人馬 兩個牌子)'라고 부른다. 다시 말해 중앙군위는 외국과 교류할 때에만 국가 기구로 행세하며 실제로는 당 기구다. 현재 중앙군위는 모두 열두 명으로 구성되어 있다. 주석은 후진타오이고 부주석은 시진핑을 포함한 세 명이며, 그 밖에 여덟 명의 위원이 있다.

중앙군위는 주석 책임제로 운영되기 때문에 최종 권한은 주석이 행사하고 책임진다. 다시 말해 중앙군위는 공산당 정치국이나 정치국 상무위원회가 집단지도 체제로 운영되는 것과는 다르게 '수장 책임제'로 운영된다. 참고로 국무원도 총리 책임제로 운영된다. 그래서 엄밀히 말하면 정치국원이나 정치국 상무위원도 중앙군위 구성원이 아니면 군에 대해 아무런 권한도 행사할 수 없다. 마지막으로 중앙군위는 중앙정부인 국무원과 직급이 같다. 그래서 총리조차도 중앙군위에 직접 지시할 수 없다. 이는 한국의 군대가 국방부 장관을 거쳐 대통령의 지휘를 받는 국방부의 하부 기구인 것과 크게 다르다. 이처럼 중국에서 군의 정치적 지위는 매우 높다.

중앙기율검사위원회(중앙기위)는 당 기율을 감독하는 최고 기관이다. 중앙기위 위원은 당대회에서 선출되며, 이런 면에서 중앙기위는 중앙위원회와 동급이다. 이는 당내 감독기관을 매우 중시하여 당 조직과 간부의 부정부패를 엄중히 단속하겠다는 의지의 표현이다. 중앙기위나 지방기위는 일반 당원이 아니라 당 간부의 기율 위반을 감독한다. 특히 현처급 이상의 영도간부가 중점 감독 대상이다. 만약 영도간부의 범법 사실이 제보되면 기율검사위원회가 조사를 실시하여 당규 처분(당원 자격 정지나 출당 등)을 내린다. 이후 관련자를 검찰이나 경찰에 넘긴다.

마지막으로 중앙 서기처는 정치국과 정치국 상무위원회의 지도 아래 당의 일상 업무를 처리하는 기구다. 총서기는 바로 이 서기처의 책임자다. 어떤 면에서 보면 서기처는 총서기를 보좌하는 비서 기구의 성격도 갖고 있다. 서기처의 서기는 정치국원처럼 중앙위원회 전체 회의에서 선출된다. 17기(2007-2012년) 중앙 서기처 서기는 모두 여섯 명으로 시진핑(국가부주석 겸 정치국 상무위원), 리위안차오(李源潮)(조직부장 겸 정치국원), 류윈산(劉雲山)(선전부장 겸 정치국원), 허융(何勇)(기율검사위원회 부서기), 링지화(令計劃)(판공실 주임), 왕후닝(王滬寧)(정책연구실 주임)이 구성원이다. 여기서 알 수 있듯이, 서기처는 공산당 중앙 부서의 핵심 인물이 참여하고 있는 권위 있는 기구다.

공산당 지방 조직은 어떻게 돌아가는가

다음으로 공산당 지방 조직을 간략하게 살펴보자. 여기서 공산당의 지방 조직은 성급(省級), 지급(地級)(한국의 수원이나 천안처럼

표 4-6 중국공산당 상하이시 위원회(中共上海市委): 12인 (2010년 12월)

		직위	역할
서기(1)			시 전체 업무 총괄
부서기(2)		상무 부서기	당 업무 총괄
		시장(市長)	시정부 행정 업무 총괄
위원 (9)	공산당 (6)	정법위원회 서기	법원, 검찰, 경찰, 교도소 등 업무 총괄
		기율검사위원회 서기	당 기율 감독
		조직부장	당, 정, 단체의 인사 업무
		선전부장	당, 정, 단체의 선전, 교육, 이념, 언론 업무
		통일전선부장	민주당파, 종교·지식인, 사영기업가와 외자기업가, 화교 등 업무
		비서장 겸 판공청 주임	공산당의 일상 업무 총괄
	정부(2)	부(副)시장	시정부 행정 업무 분담
	지역(1)	황푸구(黃埔新區) 당서기	해당 구(區) 업무 총괄

출처: 조영남·안치영·구자선, 『중국의 민주주의: 공산당의 당내 민주 연구』(나남, 2011), 145쪽.

시 내에 구(區)가 있는 비교적 큰 도시), 현급(縣級) 공산당위원회를 가리킨다. 정부의 지방 조직도 이와 같다. 공산당 지방 조직의 전체적인 구조는 앞에서 살펴본 중앙 조직과 크게 다르지 않다. 다만 지방 조직에는 영도소조가 중앙보다는 적다는 특징이 있다.

먼저, 전국대표대회에 해당하는 지방 당대표대회(당대회)가 있다. 지방 당대회는 5년에 1회 전국대표대회가 개최되기 전에 개최되며, 지도부 구성, 중대한 문제 결정 등의 권한을 행사한다. 다음으로, 중앙위원회에 해당하는 공산당위원회, 즉 '전체위원회'가 있다. 전체위원회는 줄여서 '전위회(全委會)'라고 부른다. 전체위원회는 정위원과 후보위원으로 구성되며, 1년에 2회 소집된다. 중앙위원회가 1년에 1회 소집되는 것에 비해 1회 정도 더 소집된다. 전체위원회는 당대회 폐회 기간에 최고결정기구로서, 당대회의 결정 사항을 집행하고 당장 처리해야 하는 중요한 사항을 결정한다.

세 번째로 중앙정치국 상무위원회에 해당하는 공산당 '상무위원회'가 있다. 상무위원회는 줄여서 '상위회(常委會)'라고 부른다. 상무위원회는 서기(1인), 부서기(대개 2인), 위원(대개 10인 전후)으로 구성되며, 사실상의 최고 지도부 역할을 담당한다. 정치국 상무위원처럼 지방의 상무위원도 각각 정해진 업무를 담당한다. 그 구체적인 역할 분담 내역은 **표 4-6**과 **표 4-7**을 참고할 수 있다. 또한 상무위원회는 정기 혹은 부정기적으로 모여 일상적인 중요한 문제를 처리한다. 마지막으로 공산당 지방위원회에는 판공청, 조직부, 선전부, 통전부, 정법위원회, 당교, 정책연구실 등의 직속 기구가 있다.

표 4-6와 **표 4-7**은 지방의 사례를 보기 위해 상하이시와 광둥성 선전시(深圳市)의 공산당 상무위원회의 구성 상황을 정리한 것이다. '중국공산당 상하이시 위원회(中共上海市委)'는 서기 한 명, 부서기 두 명, 위원 아홉 명 등 모두 열두 명으로 구성되어 있다. 부서기 두 명 중 한 명은 상무 부서기로서 당 업무를 총괄하고, 한 명은 시장(市長)이다. 아홉 명의 위원 중에서 여섯 명은 공산당

표 4-7 중국공산당 선전시 위원회(中共深圳市委): 13인 (2010년 12월)

		직위	역할
서기(1)			시 전체 업무 총괄
부서기(1)		시장(市長)	시정부 행정업무 총괄
위원 (11)	공산당 (4)	조직부장	당·정·단체의 인사업무
		선전부장	당·정·단체의 선전·교육·이념·언론 업무
		통일전선부장	민주당파, 종교·지식인, 사영기업가와 외자기업가, 화교 등 업무
		비서장 겸 판공청 주임	공산당의 일상 업무 총괄
	정부(4)	부(副)시장(3)	시정부 행정 업무 분담
		부시장 겸 공안부장 (정법위원회 서기 겸직)	법원, 검찰, 경찰, 교도소 등 업무 총괄
	지역(2)	바오안구(寶安區) 당서기	해당 구(區) 업무 총괄
		룽강구(龍崗區) 당서기	해당 구(區) 업무 총괄
	군(1)	선전시 경비구 정치위원	군 정치 업무 총괄

출처: 조영남, 안치영, 구자선, 『중국의 민주주의: 공산당의 당내 민주 연구』(나남, 2011), 146쪽

주요 부서의 책임자, 두 명은 정부 지도자(부시장), 한 명은 지역 대표다. '중국공산당 선전시 위원회(中共深圳市委)'의 구성도 크게 다르지 않다. 다만 부서기가 한 명이고 군 대표 한 명이 들어 있다는 특징이 있다.

공산당 기층 조직과 당원

마지막으로 공산당의 기층 조직과 당원을 살펴보자. 기층 조직은 크게 세 종류가 있다. 첫째는 농촌의 향(鄉)·진(鎭)(한국의 면·읍

단위에 해당)과 도시의 가도(街道)(한국의 동 단위에 해당)에 있는 공산당 기층위원회(基層委員會)다. 기층위원회는 대개 당원이 100인 이상인 경우에 상부의 허가를 받아 조직된다. 둘째는 공산당 총지부(總支部) 위원회다. 총지부는 당원이 50-100인인 학교, 기업, 단체, 연구소, 농촌 마을 등에 상부의 허가를 받아 조직된다. 셋째는 공산당 지부(支部) 위원회다. 지부는 당원이 3-50인인 지역과 기관에 상부의 허가를 받아 조직된다. 지부 산하에는 세 명 이상의 당원으로 구성된 당소조(黨小組;party cell)가 있다.

참고로, 2011년 말 공산당의 기층 조직은 모두 389만 개다. 이 중에서 기층위원회는 18만 7000개, 총지부위원회는 24만 2000개, 지부위원회는 346만 3000개다. 이들 기층 조직은 정부, 의회, 법원, 군, 경찰 등 국가 기관뿐만 아니라 기업, 학교, 대중단체, 연구소, 병원 등 사회 전 조직에 포진해 있다. 또한 이들은 도시뿐만 아니라 농촌, 어촌, 유목민 지역에도, 한족 지역뿐만 아니라 소수민족 지역에도 조직되어 있다.

한편 기층위원회와 총지부/지부위원회는 지도 조직으로 당위원회가 구성되고, 조직, 선전, 기율 검사 등을 담당하는 일정한 부서를 설치한다. 당위원회의 규모가 작을 경우에는 부서를 두지 않고 대신 담당자를 배정한다. 기층위원회의 당위원회는 보통 10인 이내, 총지부/지부위원회는 보통 3-7인의 간부로 구성된다. 한편 일반 당원은 당소조에 소속된다. 이와 같은 기층 조직은 당 방침과 정책의 선전, 각종 이론과 정책의 학습, 당원의 교육과 관리 등의 임무를 수행한다.

「당헌」에 따르면, 공산당원이 될 수 있는 자격 조건은 크게 세 가지다. 첫째, 연령은 18세 이상이어야 한다. 둘째, 중국 국적을 갖고 있어야 한다. 셋째, 노동자, 농민, 군인, 지식인 및 기타 사회 계층의 '선진분자(先進分子)'여야 한다. 당원은 몇 가지 의무를 이행해야 한다. 여기에는 학습(마르크스-레닌주의와 덩샤오핑 이론), 당 방침과 정책의 집행, 당과 인민을 위한 희생 정신의 발휘, 당 규율과 기밀 엄수, 비판과 자기비판, 사회주의 도덕의 함양 등이 포함된다. 반면 당원은 각종 권리도 행사한다. 여기에는 당 자료와 문건의 구독, 당 토론에 참여, 각종 건의 제출, 선거권과 피선거권의 행사가 포함된다.

모든 당원은 반드시 당 조직의 활동에 참여해야 한다. 당원은 '세 가지 모임(三會)'에 참여하여 당 방침이나 정책과 관련된 '학습(一課)'을 해야 하기 때문에 '세 가지 모임과 하나의 학습(三會一課)'을 당원의 기본 활동이라고 한다. 여기서 '세 가지 모임'은 매 분기마다 1회 개최되는 당원대회, 매월 1회 개최되는 지부위원회 회의, 매월 1-2회 개최되는 당소조 모임을 가리킨다. 당 간부는 이것 이외에도 매월 1회 개최되는 '민주생활회(民主生活會)'에 참석해야 한다. 민주생활회는 각 당조직의 중대 사안을 토론하고 각자의 활동을 점검하는 일종의 간부 모임이다. 그런데 실제로는 민주생활회를 제외하고는 당 조직 활동이 제대로 이루어지지 않는다고 한다. 마지막으로 당원은 매월 임금의 0.5-3퍼센트에 해당하는 당비를 납부해야 한다. 퇴직자나 생계보조자 등은 당비가 면제되거나 소액만 상징적으로 납부한다.

마지막으로 당원의 입당 절차를 살펴보자. 우선 당원이 되기 위해서는 정식 당원 두 명의 추천을 받아 '입당신청서'(예비입당원서)를 제출해야 한다. 입당신청서를 제출한 사람을 '적극분자(積極分子)'라고 한다. 반면 적극분자를 추천한 정식 당원은 이들을 훈련시키는 '배양인(培養人)'이라고 한다. 입당신청서를 제출한 이후에 적극분자는 1-2년 동안의 '검증' 기간을 거친다. 이때 공산당이 실시하는 각종 교육과 훈련에 참여한다. 또한 공산당이 전개하는 다양한 활동에 참여한다. 이런 과정을 통해 적극분자의 사상, 품행, 태도 등이 평가된다.

검증을 통과한 적극분자는 상급 당위원회의 허가(비준)를 받아 정식으로 '입당지원서'(입당원서)를 제출한다. 입당지원서를 제출한 적극분자는 이제 '예비당원'이 된다. 입당지원서가 제출되면 지부위원회는 당원대회를 개최한다. 여기서 예비당원의 입당 발언, 당지부의 검토 보고, 당원의 표결 등의 절차를 거쳐 입당이 임시로 허가된다. 이후 상급 당위원회는 사람을 파견하여 현지 조사를 거친 후에 입당을 최종 허가한다. 마지막으로 예비당원은 지부위원회에서 입당 선서를 한 후에 공식 입당한다. 이로써 기나긴 입당 과정이 완료된다.

참고로 2011년 말 공산당원은 모두 8027만 명이다. 이는 13억 4000만 명인 전체 중국 인구의 6퍼센트에 해당한다. 한마디로 말해, 중국에서 정치, 경제, 사회, 문화 등 전 분야의 엘리트는 대개 공산당원이라고 보면 크게 틀리지 않는다. 이 말을 뒤집으면, 중국에서 공산당원은 매우 많기 때문에 별것 아니라는 뜻이 된다. 이보다는 오히려 한국에서 일반 직장인이 특정 정당에 가입하여 활동하는 경우가 더 특이한 사례라고 할 수 있다.

공산당의 당내 민주화

이제 세 번째로 공산당의 당내 민주 확대 정책을 살펴보자. 공산당은 당 운영의 정상화 이외에도 2000년대에 들어서는 당내 민주의 확대를 적극적으로 추진하고 있다. 당내 민주는 문혁 시기에 나타났던 개인 독재와 소수집단의 권력 남용을 방지하여 공산당을 안정적으로 운영하기 위한 정책이다. 또한 이를 통해 공산당은 국민의 지지를 받아 권력을 지속적으로 독점하기를 원한다. 결국 당내 민주는 공산당이 '소수의 정당'에서 '다수의 정당'으로 변신하기 위한 정책이라고 평가할 수 있다. 어쨌건 공산당은 이런 노력을 통해 현재 비교적 안정적으로 중국을 통치하고 있다. 이 때문에 우리가 당내 민주의 확대 정책을 살펴보는 것이다.

당내 민주, 무엇을 의미하는가?

공산당의 주장에 의하면, 당내 민주는 당원의 권리를 보장하고 확대하는 것을 의미한다. 즉 당내 민주는 전체 당원이 당의 주체로서 평등한 자격으로 당내 모든 중대한 결정에 직간접으로 참여하는 권리를 의미한다. 따라서 당내 민주의 확대는 당원의 각종 권리를 보장하기 위해 추진되는 정책을 말한다.

구체적으로 당원의 선거권을 보장하기 위해 당 지도부에 대한 각종 선거 제도가 개혁되어야 한다. 특히 일반 당원이 공산당 지도부의 구성에 참여할 수 있도록 보장하기 위해 일정한 경쟁선거를 도입할 필요가 있다. 또한 당원의 알 권리를 보장하기 위해 당 업무가 공개되어야 한다. 게다가 정책 결정 과정에 당원이 참여할 권리를 보장하기 위해 다양한 의견 표현 제도가 수립되어야 한다. 마지막으로 당원의 감독권을 보장하기 위해 당내 감독 제도가 강화되어야 한다. 이는 당 간부의 부패를 막기 위한 것이다.

한편 당내 민주는 크게 보면 네 가지 목적을 달성하기 위해 추진되었다. 궁극적인 목적은 공산당 일당제를 오랫동안 안정적으로 유지하는 것이다. 첫째, 당내 민주는 공산당의 간부 선발과 정책 결정의 과정을 합리적으로 만들기 위해 추진된다. 과거 간부 인사와 정책 결정은 당서기를 중심으로 한 소수의 고위 간부가 독점했는데 이것을 개혁하겠다는 것이다. 둘째, 당내 민주는 권력 분산과 집단지도(集體領導 ; collective leadership) 체제를 발전시켜 고위 간부의 권력 남용을 억제하고 부패를 방지하기 위해 추진된다. 셋째, 공산당의 중요한 정책 결정 과정에 일반 당원과 지역 주민의 참여를 일부 허용함으로써 공산당의 통치 기반을 확대하는 것도 당내 민주를 추진하는 중요한 목표다. 넷째, 유능한 기층 간부의 충원과 공산당-지역 주민 간의 갈등 완화도 당내 민주를 추진하는 목표 중의 하나다.

당내 민주의 내용과 평가

당내 민주의 핵심 내용은 다섯 가지다. 먼저,「당헌」과 당규가 규정한 당원의 권리를 보장하는 것은 당내 민주의 가장 기본적인 내용이다. 당내 민주는 무엇보다 당원의 권리 보장을 의미하기 때문이다. 이를 위해 공산당 중앙은 1994년「공산당 당원 권리 보장 조례」를 제정했다. 이에 따라 중앙과 지방의 각종 당 조직은 당 운영 과정에서「당원 조례」의 규정에 따라 당원의 권리를 보장해야 한다. 이는 특정한 시기와 상황에서 실시하는 정책이라기보다는 공산당의 일상 활동에서 준수해야 하는 기본 원칙이다.

현재 지방에서 실시되고 있는 당내 민주의 두 번째 정책은 당대회의 연례화(年例化)와 당원대표 활동의 일상화다. 이 제도는 일부 지역에서 시험 실시되고 있다. 이는 현재 5년에 한 번 개최되는 당대회를 매년 개최하는 것이다. 이를 통해 당내 정책과 기타 중요 사항을 당 위원회나 상무위원회가 아니라 당대회가 심의하여 결정하도록 하는 것이다. 당대회는 당원대표가 모여 구성하는 것이기 때문에, 당대회의 연례화가 실현되면 정책 결정 과정에서 당원의 참여가 더욱 확대되며, 이를 통해 당원의 권리가 더욱 잘 보장될 수 있다.

당원대표가 일상적으로 활동을 전개하는 것도 마찬가지다. 지금까지 당원대표는 5년에 1회 당대회에 참여하는 것이 활동의 거의 전부였다. 이렇게 되면서 당서기나 주요 고위 간부가 거의 독점적으로 당의 정책을 결정하고 집행하는 현상이 나타났다. 이 문제를 해결하기 위해 당원대표를 지방의회 의원처럼 일상적으로 활동하게 하는 것이 바로 당원대표 활동의 일상화다. 예를 들어 당원대표들은 각자의 직업이나 전문 지식에 따라 몇 개의 소모임을 구성하여 각종 활동을 전개한다. 공산당과 국가기관에 대한 시찰이나 민의 청취 등이 대표적인 활동이다. 이런 활동을 통해 수집한 내용을 공산당에 전달한다. 또한 당위원회 회의에 참석하여 발언하기도 한다. 이렇게 하면서 당원대표가 당서기나 고위 간부를 감독한다.

　　세 번째는 당위원회(전체위원회)의 권한 강화와 민주적인 운영이다. 이중에서 인사 문제를 결정할 때 표결제(票決制)를 도입하는 것이 매우 중요하다. 최근까지 중요한 인사나 정책은 당서기와 상무위원만이 참석하는 상무위원회가 결정했다. 실제로 많은 경우에는 당서기 1인이 거의 독점적으로 결정권을 행사했다. 그 과정에서 뇌물수수 등 부패 문제가 발생했다. 당위원회의 권한 강화와 민주적 운영은 이와 같은 소수의 권력 독점과 부패의 폐단을 막기 위한 정책이다. 즉 상무위원회가 아니라 당위원회가 이런 중요한 문제를 결정하고, 동시에 결정은 표결로 이루어지도록 개선한 것이다. 현재 이에 대한 「조례」가 제정되어 전국적으로 실시되고 있다.

넷째, 당 고위 간부 선발 임용 제도의 개혁이다. 여기서 가장 중요한 것이 바로 '공개추천 직접투표'의 도입이다. 이 제도는 1990년대 후반부터 일부 지방의 기층 단위, 즉 향(鄕)·진(鎭)에서 실시되었다. 이후 2002년 이후에는 그 범위가 더욱 확대되었다. 한 조사에 의하면, 2005년 10월까지 전국적으로 모두 열세 개성(省)의 217개 향·진에서 공개추전 직접선거 제도가 실시되었다. 전국적으로 향·진이 약 3만 5000개인 점을 고려하면, 최근까지 공개추천 직접선거 제도는 약 1퍼센트 정도의 향·진에서만 실시되고 있다고 할 수 있다.

그동안 향·진의 당서기와 고위 간부는 상급의 당 조직, 즉 현(縣)·시(市)의 당위원회가 임명했다. 공개추천 직접투표는 당 간부에 대한 추천권을 일반 당원과 지역 주민에게 이양('공개추천')하는 것이다. 또한 최종 인선도 당원대회나 주요 간부 전체회의에서 투표를 통해 결정하는 제도('직접투표')다. 다시 말해 이 제도는 인사권의 하향 분산과 부분적인 경쟁선거의 도입을 의미한다. 세부 절차와 방식은 지역마다 조금씩 다르다. 하지만 핵심 내용, 즉 간부 추천권과 선출권의 개방은 모두 동일하다. 이에 따라 일반 당원과 지역 주민이 당 지도부 선출 과정에서 매우 중요한 역할을 담당하게 되었다.

마지막으로 당내 감독의 강화 정책이 있다. 이를 위해 공산당은 2003년 「공산당 당내 감독 조례」를 제정했다. 이를 통해 당내 감독의 대상, 내용, 방법 등에 대해 명확하게 규정함으로써 당내 감독을 제도화했다. 또한 지방의 고위 당정간부를 감독하기 위해 공산당 중앙과 성급(省級) 당위원회에서 감독조(監督組)를 파견하여 감독하는 감독 순시 제도도 상설화했다. 이 제도는 1990년대 중반에 비정기적으로 시작된 것인데, 후진타오 시대에 들어 전국적으로 실시되면서 공산당 제도로 확정되었다. 고위 간부의 부패 중에서 약 70퍼센트 이상은 감독조에 의해 적발되는 것으로 알려져 있다.

이상에서 보았듯이, 공산당은 다양한 당내 민주 정책을 적극적으로 추진하고 있다. 이런 정책은 시험 실시 단계에 있기 때문에 아직 평가하기에는 이르다. 다만 이런 정책이 실시된 지역에서는 많은 성과를 거둔 것으로 보고된다. 그래서 공산당은 향후에도 당내 민주의 확대 정책을 지속적으로 추진할 것이다. 이것이 공산당의 안정적인 집권에 도움이 되기 때문이다.

다만 당내 민주는 분명한 한계를 갖고 있다는 사실도 지적해야 한다. 단적으로 공산당은 간부 직선제를 전면적으로 도입할 수 없다. 이렇게 하면 공산당이 국가와 사회를 통제하는 가장 강력한 수단인 인사권을 일부 상실하기 때문이다. 게다가 아무리 당내 민주를 도입해도 소수의 고위 간부가 당을 운영하는 현재의 상황을 개선할 수 없다. 공산당은 민주집중제, 즉 소수는 다수에, 하급은 상급에, 전 당원과 조직은 중앙에 복종한다는 원칙에 따라 운영되기 때문이다. 다만 앞에서 말했듯이 당내 민주는 안정

적이고 장기적인 공산당의 집권에 도움이 되기 때문에 향후에도
계속 추진될 것이다.

5부

바람직한 중국 정책 '3중주'

이제 이 책의 마지막인 5부에서는 한국의 바람직한 중국 정책을 제시하겠다. 부상하는 중국에 대해 우리는 어떤 정책을 실시해야 하는가가 여기서 논의할 내용이다. 하나하나 살펴보자.

한중 관계는 1992년에 국교를 수립한 이후 '눈부신 발전'을 이루었다. 외교통상부가 발간한 『2012 중국개황』(이하 통계도 동일)에 의하면, 한중 간의 무역액은 1992년 약 64억 달러에서 2011년 약 2206억 달러로 34.6배(중국 통계로는 50억 달러에서 2456억 달러로 48.8배) 증가했다. 그 결과 2004년 이후 중국은 한국의 최대 통상국이 되었다. 양국 간의 방문객 수도 급증했다. 1992년 13만 명에서 2011년 641만 명(방중 419만 명, 방한 222만 명)으로 49.3배나 증가했다. 양국 간의 정기 비행편 수도 2011년 12월 말 현재 열아홉 개 항공사의 여든네 개 노선에서 매주 793회, 매일 113회나 된다. (한일 간에는 매주 538회, 한미 간에는 매주 365회 운항한다.)

그런데 군사 및 안보 분야를 보면 한중 관계가 순탄하게 발전한 것만은 아니다. 이는 2008년 이명박 정부가 들어서면서 두드러졌다. 특히 2010년은 한중 간에 심각한 '전략적 불신'이 나타났던 한 해로 평가된다. 2010년 3월의 천안함 폭침 사건과 같은 해 11월의 연평도 포격 사건을 둘러싼 양국의 대응은 이를 잘 보여 준다. 천안함 사건에서 중국은 북한 소행이라는 국제사회의 조사 결과를 믿지 않았고, UN안보리에서도 북한을 옹호했다. 연평도 포격 사건에서도 마찬가지였다. 즉, 중국은 한국 국민의 사망에 대해서는 유감을 표명하면서도 북한의 도발에 대해서는 함구하고 남북한 모두의 자제와 평화적 문제 해결만을 촉구했다. 동시에 중국은 서해와 남해에서 진행된 한미 군사 훈련을 단순한 대북 억제력 행사가 아니라 중국 포위 전략으로 간주하여 강력하게 반발했다. 이렇게 되면서 한중 간에 경제 관계는 발전하지만 정치, 안보 관계는 후퇴하는 '경열정냉(經熱政冷)' 현상이 출현했다.

그렇다면 한국은 중국에 대해 어떤 정책을 추진해야 하는가? 또한 한중 관계는 미래에도 지속적으로 악화될 것인가? 2부에서 자세히 검토했듯이 중국은 현재 지역 강대국에서 세계 강대국으로 급부상하고 있다. 이런 상황에서 한중 간에 전략적 불신이 향후에도 계속된다면 이는 한국에 결코 이익이 되지 않는다. 이를 방지하기 위해서는 올바른 중국 정책을 수립하여 일관되게 추진해야 한다.

구체적으로 세 가지 사항을 살펴보려고 한다. 첫째는 한중 관계의 추세와 장래 과제다. 1992년 수교 후 20년 동안 한중 관계가 보인 몇 가지 추세를 찾아내고, 이를 통해 한국이 짊어져야 할 과제가 무엇인지를 논의하려고 한다. 둘째는 한중 관계의 주요 쟁점이다. 여기서는 군사 및 안보 면에서 양국의 핵심 현안인 북한 문제와 한미동맹을 중점적으로 분석할 것이다. 사회 및 문화 영역에서 제기되고 있는 양국 간의 규범 및 가치관의 충돌 문제도 언급할 필요가 있다. 셋째는 한국의 바람직한 중국 정책이다. 이 것은 부상하는 중국에 대한, 또한 지난 20년간의 한중 관계에 대한 성찰에서 얻은 내 대응책이다.

그런데 우리가 한중 관계를 살펴볼 때에는 세 가지 사항에 주의해야 한다. 첫째는 중국의 부상과 국제 환경의 변화다. 향후 세계 질서와 아시아 지역 질서는 지역 강대국에서 세계 강대국으로 부상하는 중국에 의해 큰 변화를 겪을 것이다. 한중 관계의 장래에도 마찬가지로 큰 변화가 예상된다. 따라서 중국의 부상에 대한 정확한 이해는 한중 관계의 장래를 분석하는 데 관건적이다. 이에 대해서는 이미 2부에서 자세히 살펴보았다. 이 점에서 5부는 2부를 토대로 한 것이며, 동시에 두 논의는 밀접히 연관되어 있다.

둘째는 경험적 사실이다. 한중 관계의 미래는 과거 및 현재의 양국 관계와 연결된다. 그래서 한중 관계의 장래를 분석할 때 가장 중요한 참고 자료는 수교 이후의 양국 관계다. 이론적 측면에서 양국 관계를 접근하는 것도 좋고, 다른 국가 간의 경험을 참고하여 한중 관계를 검토할 수도 있다. 그러나 가장 중요한 것은 우리의 경험이다. 과거에 전개된 양국 관계를 차분히 검토함으로써 우리는 현재 한중 관계의 상황을 정확히 평가하고 올바른 정책을 이끌어낼 수 있다.

셋째는 한국의 관점이다. 한중 관계의 장래를 분석하는 것은, 양국 관계가 한국의 국익 증진과 아시아 지역의 평화와 발전에 기여하는 방향으로 전개될 수 있도록 올바른 중국 정책을 도출하고 실천하기 위해서다. 이를 위해서는 한국의 관점에서 한중 관계를 분석할 필요가 있다. 그동안 우리 사회에는 미국의 관점에서 주로 미국의 국익을 위해 제시된 분석 내용과 정책을 마치 우리의 것인 양 받아들이는 경향이 있었다. 이제는 이런 경향을 진지하게 반성해 보아야 한다.

이러한 주의 사항을 기억하면서 세부 내용을 살펴보자.

12

한중 관계의 특징

먼저 1992년 수교 이후 현재까지 진행된 한중 관계를 들여다보아야 한다. 지난 20년간의 한중 관계를 세밀히 검토하면 크게 네 가지 추세를 발견할 수 있다. 첫째는 한중 관계의 영역 및 주체가 급속히 확대되면서 양국 관계가 복잡해졌다. 둘째는 주요 영역 간의 불균등한 발전이 심화되고 있다. 셋째는 한중 관계의 공식 규정과 실제 관계 사이에 불일치가 커지고 있다. 넷째는 한중 간에 국력의 차이가 커지면서 비대칭성(asymmetry)이 확대된 점이다.

교류의 주체와 영역의 급속한 확대

지난 20년간의 한중 관계를 뒤돌아보았을 때, 가장 먼저 눈에 띄는 현상은 양국 간에 교류 주체가 다원화되고 관계 영역이 확대되었다는 점이다. 이 같은 양국 관계의 발전은 다른 국가 간의 관계에서는 찾아볼 수 없을 정도로 매우 빠른 것이 특징이다. 이는 지리적으로 가깝고, 경제적으로 상호 보완적이며, 역사적으로도 친근한 점이 있다는 배경이 큰 원인이다. 그 결과 한중 관계는 수교 초기에 경제, 안보 영역에서 양국 정부와 기업이 주도하는 단순한 관계에서, 현재는 전 영역에서 다양한 주체가 참여하는 중층적이고 복합적인 관계로 발전했다.

먼저 한중 관계의 교류 주체가 급속히 다원화되었다. 1992년 수교 초기에 한중 관계는 정부와 기업이 주도했다. 그런데 2000년대를 넘어서면서 여기에 더해 개인과 다양한 사회 조직이 중요한 주체로 등장했다. 이는 상호 방문객과 유학생 수가 급속히 증가한 것을 보면 잘 알 수 있다.

또한 한중 관계의 교류 영역과 내용이 급속히 확대되었다. 수교 초기에는 경제(무역 및 투자)와 북한 문제가 양국 관계의 중심이었다. 한국은 북한 문제에서 중국의 협조와 중국의 잠재적 시장 가치에 주목했다. 반면 중국은 한국과의 교류를 통해 톈안먼 사건 이후의 고립에서 벗어나 개혁 정책을 지속적으로 추진할 수 있기를 기대했다. 이에 비해, 현재는 정치, 경제, 사회, 문화 등 전 분야에서 활발한 교류가 이루어지고 있다.

그런데 양국 관계에서 주체의 다원화와 영역의 확대는 부정적 요소를 증가시켰다. 양국 간에 오히려 갈등과 충돌의 가능성이 더 커졌는데, 이는 양국의 위기관리 체제가 이런 발전의 속도를 따라잡지 못해서 발생하는 현상이다. 즉 다양한 영역에서 동시 다발적으로 발생하는 문제에 한국과 중국 모두 신속하고 적절하게 대응하지 못하고, 그 결과 양국 관계는 악화와 개선이 반복되는 상황에 빠질 가능성이 높아졌다. 따라서 현안을 세밀히 파악하고 이런 문제가 한중 관계의 발전을 가로막는 갈등으로 치닫지 않도록 사전에 대비해야 한다.

영역별 불균등한 발전의 심화

두 번째로, 지난 20년의 한중 관계는 영역별로 매우 불균등하게 발전했다는 특징이 있다. 한마디로, 양국 관계는 경제〉사회〉정치〉안보 순으로 발전 정도가 크게 차이가 났다. 이와 같은 불균등 발전은 중국과 교류하고 있는 대부분의 국가에서 나타나는 현상이기도 하다. 중미 관계와 중일 관계가 대표적이다. 이들 국가들 간의 경제, 사회 교류는 국교 정상화 이후 지속적으로 확대되었지만, 군사 관계는 발전과 후퇴를 반복하면서 현재까지도 근본적인 관계 개선이 이루어지지 않고 있다. 한중 관계도 예외는 아니다. 특히 이명박 정부 들어 북한 문제와 한미동맹을 둘러싸고 양국 간에 전략적 불신이 가중되면서 이런 불균형 현상이 깊어지고 있다.

경제: 무역과 투자

한국과 중국의 경제 관계는 급속하게 발전했다. 이중에서 무역은 규모와 비중 모두 빠르게 증가했다. 구체적으로 **그림 5-1**에 따르면, 1992년 한중 무역은 64억 달러로 전체 한국 무역의 4퍼센트에 불과했다. 그런데 2010년에는 1884억 달러(2011년은 2206억 달러)로 한국 무역의 21.1퍼센트를 차지했다. 반대로 한미 및 한일 무역은 규모와 비중 면에서 중요성이 감소했다. 1992년 한미 무

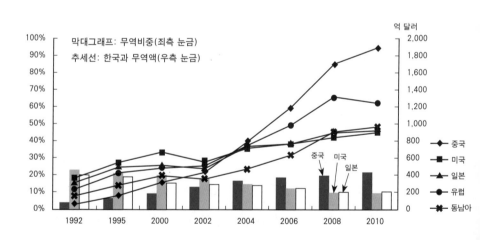

그림 5-1 한국과 주요 국가 간의 무역 추세(한국 통계 기준)
출처: 한국무역협회(KITA)

역은 364억 달러로 한국 무역에서 23퍼센트를 차지했지만, 2010년
에는 902억 달러로 그 비중이 10.7퍼센트로 떨어졌다. 한일 무역
도 비슷하여 1992년 311억 달러로 한국 무역에서 19.6퍼센트를
차지했지만, 2010년에는 925억 달러로 그 비중이 10.4퍼센트에
불과했다.

한편 한국의 중국 직접투자(FDI)는 무역처럼 일직선상으로
증가하지 않았다. **그림 5-2**에 의하면, 한국의 중국 투자는 2004년
을 정점(한국 해외 투자의 41.5퍼센트)에 도달한 이후 계속 하락하여
2010년에는 비중이 10.4퍼센트로 축소되었다. 반면 2010년 한국
의 미국 투자 비중은 14.3퍼센트, 유럽 투자 비중은 27.9퍼센트,
아세안 투자 비중은 12.5퍼센트였다. 그런데 왜 한국의 중국 직접

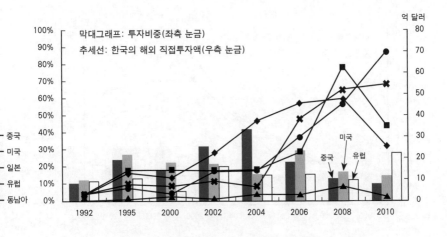

그림 5-2 한국의 해외직접투자(FDI) 추세(한국 통계 신고 기준)
출처: 한국수출입은행과 지식경제부

투자가 이렇게 변동이 심한가에 대해서는 아직 정설이 없다. 이에 대해서는 좀 더 깊은 연구가 필요하다.

사회: 방문객과 유학생

한중 관계의 급속한 발전은 사회, 인적 교류에서도 확인할 수 있다. 양국 관계는 국가와 기업 중심의 발전에서 한 발 더 나아가 각종 사회조직과 단체, 개인까지 포괄하는 전면적인 발전으로 확대되었다. 구체적으로 **그림 5-3.1**에 의하면, 상호 방문객 수는 1995년 40만 명에서 2010년 596만 명으로 급증했다. 특히 한국인의 중국 방문은 빠르게 증가해서, 2002년 이후 중국은 한국인이 가장 많이 방문하는 국가가 되었다. 반면 **그림 5-3.2**에 의하면,

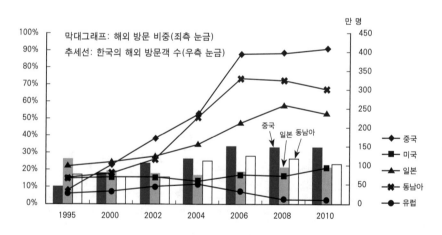

그림 5-3.1 한국인의 해외 방문 추세
출처: 한국관광공사(주요국 한국인 출입 통계)

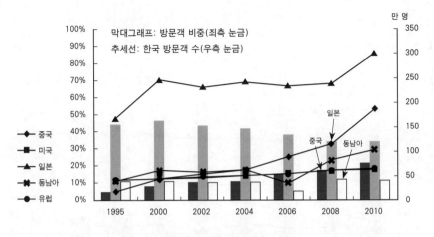

막대그래프: 방문객 비중(좌측 눈금)
추세선: 한국 방문객 수(우측 눈금)

중국
미국
일본
동남아
유럽

그림 5-3.2 외국인의 한국 방문 추세
출처: 한국관광공사

한국을 방문하는 외국인 중에서는 여전히 일본인이 다수를 차지한다. 2010년의 경우, 한국을 방문한 일본인은 302만 명으로 전체의 34.4퍼센트를 차지했고, 중국인은 188만 명으로 전체의 21.3퍼센트를 차지했다.

유학생의 교류도 급증했다. **그림 5-4.1**에 의하면, 2001년 재중 한국 유학생은 약 1만 6000명으로 전체 재외 한국 유학생의 10.9퍼센트였는데, 2009년에는 약 6만 7000명으로 한국 유학생의 27.5퍼센트로 높아졌다. 물론 한국인이 가장 많이 유학을 가는 국가는 미국이다. 2010년 재미 한국 유학생은 약 6만 9000명으로 전체 해외 한국 유학생의 28.4퍼센트를 차지했다. 반면 **그림 5-4.2**에 의하면, 재한 외국 유학생 중에서는 중국 학생이 압도적으로 다수를 차지한다. 2010년에 총 약 7만 6000명의 재한 외국 유학생 중 중국 유학생은 5만 5000명으로 전체의 72.5퍼센트를 차지했다.

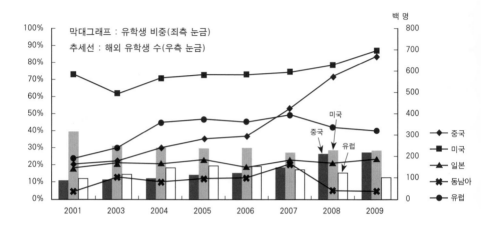

그림 5-4.1 한국인의 외국 유학 추세

출처: 교육과학기술부

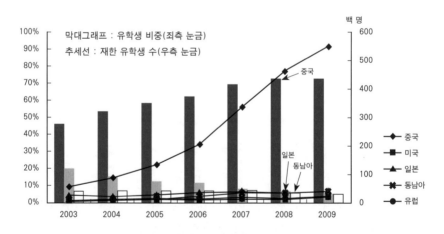

그림 5-4.2 외국인의 한국 유학 추세

출처: 교육과학기술부

정치·군사 관계

한국과 중국의 정치 관계도 지속적으로 발전했다. 1993년부터 2007년까지 14년 동안 양국은 모두 19회의 정상회담을 가졌다. 매년 평균 1.4회의 정상회담을 가진 것이다. 이 외에도 같은 기간 동안 모두 57회(매년 평균 4회)의 의회 교류와 71회(매년 평균 5회)의 외교장관 회담이 개최되었다. 한국과 중국은 주요 현안을 놓고 빈번하게 접촉하고 있는 것이다. 또한 한중 간 조약 체결 현황도 양국 정치 관계의 급속한 발전을 보여 준다. 1992년 수교 이후 2008년까지 모두 53건의 조약을 체결했다. 이는 1991년 수교한 러시아와 한국이 같은 기간에 체결한 28건의 조약 수보다 약 두 배가 많은 것이다.

이에 비해 한국과 중국의 군사 및 안보 관계는 다른 영역의 발전이나 중국과 타국 간의 관계 발전과 비교하면 매우 미흡한 수준이다. 통상적으로 군사 외교는 군사 교류(exchange)와 군사 협력(cooperation)의 두 단계로 구분한다. 군사 교류는 타국과 인원, 무기, 장비, 정보, 지식 등을 단순히 교환하는 활동이다. 군사 협력은 타국과 군사 활동을 정책적인 차원에서 협조하는 것을 말한다. 한국과 중국의 군사 관계는 이 두 단계 중에서 가장 초보적인 군사 교류 단계에 머물고 있을 뿐이다. 여기에는 양국 국방장관과 군 참모총장 등 군 수뇌부의 상호 방문, 양국 함정과 군용항공기의 상호 방문, 국방대학 및 사관학교 학생들의 상호 방문 등이 포함된다.

군사 및 안보 관계가 이처럼 더디게 발전한 주된 이유는 크게 두 가지다. 하나는 중국 군의 특수성이나 중국 내 관료적, 행정적 요인 등과 같은 내부 요인이다. 다른 하나는 북중 관계와 한미 관계라는 외부 요인이다. 한국은 한반도에서 전쟁을 억제하고 평화통일을 위한 기반을 조성하는 데 중국의 협조를 얻기 위해 군사 교류에 매우 적극적이다. 이에 비해 중국은 북한에 대한 고려와 한미 관계에 대한 불만으로 인해 군사 교류에 소극적이다. 또한 중국은 한국이 대만과의 군사 교류를 지속하고 있다는 사실을 근거로 양국 장교의 장기 위탁 교육과 같은 인적 교류조차도 반대했다.

한중 관계의 불균등 발전은 두 가지 측면에서 양국 관계에 부정적 영향을 미칠 수 있다. 먼저, 한중 관계의 버팀목인 경제 관계도 다른 관계의 발전이 뒷받침되지 않으면 후퇴할 수 있기 때문이다. 이런 사례는 2001년 고이즈미 준이치로 일본 수상이 집권하면서 중일 간에 군사 및 안보 관계뿐만 아니라 사회 관계도 악화되고, 이것이 다시 경제 관계에 부정적 영향을 미친 것을 보면 알 수 있다. 당시 일본은 중국의 부상에 대한 군사적 대응으로 군 현대화와 군사력 증강, 미일 군사동맹 강화와 역내 민주국가와의 연대 강화를 추진했다. 또한 야스쿠니 신사 참배와 역사 교과서 개편 등을 추진하면서 국민 상호 간의 호감도도 급속히 하락했다. 이런 현상이 지속되면서 중일 간 경제 교류도 위축될 조짐이 보였다. 이에 대응하기 위해 2006년에 등장한 아베 신조 정부는 중국과의 관계 개선을 적극 모색하지 않을 수 없었다.

또한 군사 · 안보 분야에서의 전략적 신뢰를 동반하지 않는 한중 관계는 언제든지 악화될 수 있다는 취약성이 있다. 2009년과 2010년에 한국과 중국 간에 군사 · 안보 분야에서 갈등이 생기면서 서로에 대한 양국 국민의 비호감도가 증가한 사례가 대표적이다. 북한 문제는 향후 단기간 내에 해결되지 않을 것이고, 이 문제를 둘러싸고 한국과 중국 간에는 이견과 대립이 반복될 것이다. 미국과 중국 간의 군사 · 안보 대립과 갈등도 단기간 내에 해소될 수 없다. 한미동맹의 강화나 한 · 미 · 일 안보 협력의 확대를 둘러싸고도 한국과 중국 간에 갈등은 지속될 것이다. 이처럼 한중 간에 군사 · 안보 갈등이 지속된다면 한중 관계는 일정 수준 이상으로 발전하기 힘들다. 그뿐만 아니라 이로 인해 기존에 쌓은 성과마저도 위협받을 수 있다.

따라서 양국 관계의 균형 있는 발전을 위해서는 단기적, 중장기적 계획을 수립하고 일관되게 집행해야 한다. 기본적으로는 경제 관계와 사회 관계를 더욱 발전시켜 상호 보완적이고 모두에게 이익이 되는(win-win) 경제 관계와, 상호 우호적인 사회 관계가 정착되도록 하는 것이다. 또한 이를 토대로 정치 및 안보 영역에서도 신뢰를 구축할 수 있도록 지속적으로 노력하는 것이다. 여기서는 특히 북한 문제에 대한 상호 이해의 증진과 공감대의 형성이 중요하다.

공식 규정과 실제 관계의 괴리

이제 세 번째 특징을 살펴보자. 한중 관계에 대한 공식 규정은 네 번의 변화를 겪었다. 1992년 수교 당시 한중 관계는 '우호협력관계(友好合作關係)'로 규정되었다. 이것이 1998년 김대중 대통령의 중국 방문을 계기로 '21세기를 향한 협력 동반자관계(面向21世紀合作伙伴關係)'로 격상되었다. 2003년 노무현 대통령의 중국 방문에서는 '전면적 협력 동반자관계(全面合作伙伴關係)'로 다시 격상되었다. 마지막으로 2008년 이명박 대통령의 중국 방문에서는 '전략적 협력 동반자관계(戰略合作伙伴關係)'가 합의되었다.

한중 관계의 격상은 두 가지 중요한 변화를 포함한다. 하나는 1998년에 한중 관계가 '동반자관계(partnership)'로 규정된 점이다. 이는 양국 관계를 기존의 경제 협력 위주에서 정치 및 안보 분야를 포괄하는 보다 다양한 영역으로 발전시키자는 의지를 표현한 것이다. 다른 하나는 2008년에 한중 관계가 '전략적 관계(strategic relationship)'로 규정된 점이다. 이는 협력의 범위를 양자 문제에서 지역과 세계 차원으로 확대하고, 협력 분야도 정치, 경제, 사회, 안보 등 전 분야로 확대하면서 양국 관계를 강화하자는 의지의 표현이다. 실제로 2007년 4월 원자바오(溫家寶) 총리의 방한을 계기로 중국 내에서는 한중 관계를 전략적 협력 동반자관계로 격상하는 문제가 논의되었다고 한다. 이는 양자 간, 그리고 아시아 지역 내의 다양한 과제를 해결하기 위해서는 한국과 중국 간에도 전략적인 협력이 필요하다는 중국의 판단을 보여 주는 것이다. 한국이 이런 판단에 동의함으로써 2008년에 전략적 협력 동반자관계가 설정되었다.

이처럼 한중 관계에 대한 공식적인 규정이 몇 차례에 걸쳐 격상된 것은 양국의 정치 관계가 발전해 왔음을 보여 주는 사례다. 이런 면에서 공식 관계의 격상은 문제될 것이 없다. 그런데 이런 공식 규정이 실제 관계를 반영한 것이 아니라 특정 정권의 외교 업적을 위한 수사(修辭)일 수 있다는 데 문제가 있다. 실제로 한중 관계의 공식 규정이 5년이라는 한국 대통령의 임기에 맞추어 주기적으로 격상된 사실은 그 가능성을 시사한다. 다시 말해, 한국 정부가 5년마다 정권 차원에서 공식 관계의 격상을 추진했고, 중국도 이를 지지함으로써 한중 관계가 '말로만' 격상되었다는 것이다. 참고로, 중국은 1990년대 중반부터 주요 국가나 지역을 대상으로 전략적 동반자관계를 체결해 왔다. (현재까지 20여 개 국가 및 지역과 체결하였다.)

더욱 큰 문제는, 이런 공식 규정이 실제 관계와 괴리되고, 이로 인해 관계의 발전이 저해될 수 있다는 점이다. 전략적 동반자관계를 체결한 이후, 서로에 대한 양국의 '전략적 기대'는 상승했다. 반면 양국의 실제 관계는 이런 기대를 충족시켜 주지 못하기 때문에 오히려 양국 간에 '전략적 불신'이 증가할 수 있기 때문이다. 이는 2009년과 2010년에 현실화되었다. 실제로 2008년 전략적 동반자관계를 체결한 이후에 오히려 전략적 불신이 더욱 고조되는 역설이 발생한 것이다. 2010년 3월 천안함 폭침 사건, 같은 해 11월 연평도 포격 사건, 한미 군사 훈련과 한·미·일 안보 협력의 강화 등을 둘러싸고 한국과 중국 간에 서로에 대한 불만과 비난이 증가했었다.

따라서 앞으로 바람직한 한중 관계의 발전을 위해서는, 실제 내용을 수반하지 않는 수사적 차원의 관계 격상은 신중하게 접근할 필요가 있다. 특히 수사적인 관계 격상을 실제 관계의 발전으로 확대 해석하고 이를 토대로 중국 정책을 수립하거나, 혹은 정권의 외교 업적으로 이를 홍보하는 행위는 경계해야 한다. 대신 양국 관계의 현재 상황을 정확히 진단하고 이를 토대로 실제 관계의 발전을 도모할 수 있는 장기적이고 체계적인 준비와 실천이 필요하다. 초정권적이고 초당파적으로 중국 정책을 수립하고 집행하는 것은 이를 위한 가장 기본적이고 시급한 조치다.

국력 격차와 비대칭성 확대

한중 관계 발전의 네 번째 특징인 국력 차이와 인식 차이의 확대를 살펴보자. 중국의 부상과 함께 경제력과 군사력 등 물리력에서 국력의 격차는 점점 확대되어 왔다. 앞으로 이런 추세는 더욱 강화될 것이다. 문제는 이렇게 국력의 차이가 확대되면서 양국 국민 간의 '인식 격차'도 확대될 가능성이 크다는 점이다.

한마디로 중국에 대한 한국의 경계심이 높아질 것이고, 한국에 대한 중국의 무시와 불만도 커질 것이다. 양국이 국력 격차에 이은 인식 격차의 확대에 제대로 대응하지 못하면, 양국 관계는 어려움에 처할 것이다.

중국에 대한 경계심

한국에서는 경제와 안보 영역 모두에서 세계 강대국으로 부상하는 중국을 경계하는 심리가 커지고 있다. 중국이 세계 강대국으로 부상하면 조선 시대의 조공체제(朝貢體制)가 다시 부활할지도 모른다는 우려가 한국 사회에 존재한다. 이 때문에 한국은 중국 주도의 아시아 질서 형성을 경계하는 경향이 있다. 또한 중국이 주변 국가를 배려하지 못하거나 영토 및 영해 문제로 공세적 외교 행태를 보이면서, 한국에서는 이를 '중화주의'의 발로로 해석하는 경향이 증가하고 있다. 2004년과 2006년 동북공정(東北工程)과 고구려사 왜곡에 대해 한국이 보인 반응은 이를 잘 보여준다.

이에 따라 한국에서는 중국 정책과 관련하여 현실주의적이고 보수적인 주장이 더욱 커다란 힘을 얻게 될 것이다. 한미동맹과 한·미·일 안보 협력을 강화하여 군사, 안보적 측면에서 중국의 부상을 대비해야 한다는 주장이 대표적인 예다. 중국 시장에 대한 한국의 지나친 의존을 경계하면서 '통상의 다각화'를 위해 미국이나 유럽의 선진국 시장과, 라틴아메리카와 아프리카의 개발도상국 시장을 최대한 개발해야 한다는 주장도 있다. 이는 한국과 미국, 한국과 유럽 간의 경제 협력을 확대하기 위해 이들 국가 및 지역과 우선적으로 FTA를 체결해야 한다는 통상 정책으로 구체화되었고, 실제로 이렇게 추진되었다. (참고로 2011년에 한·유럽FTA와 한미FTA가 공식 비준되었고, 2012년에 한중FTA의 협상이 시작되었다.)

빠링호우의 반한 감정

한편 중국에서는 한미동맹 강화와 한·미·일 안보 협력의 강화를 자국에 대한 포위 정책으로 간주하여 한국의 현실주의적이고 보수적인 중국 정책을 경계하고 비판하는 목소리가 증가하고 있다. 또한 중국의 국력 증진과 국제적 지위의 제고에 따라 중국인의 자부심이 강화되고, 이는 한류(韓流) 등 한국 문화의 중국 내 영향력 증가와 한국의 '반(反)중국 정서' 확대에 대한 거부감으로 표출되는 경향이 있다. 이런 경향은 1980년대 이후에 출생한 신세대 중국인(소위 '빠링호우(八零後)')에게서 특히 강하게 나타난다. 2005년 이후 중국에서 본격적으로 등장한 한류에 대한 대규모 비판 흐름인 '항(抗)한류'와, 2008년 베이징 올림픽 이후 확산되기 시작한 '반한(反韓) 감정'은 이를 잘 보여 준다.

물론 한국은 세계 10위권의 경제력과 군사력을 가진 중견 국가(middle power)다. 게다가 한국은 전쟁의 폐허를 딛고 기적적으로 경제성장과 사회 발전에 성공한 제3세계의 모범국가다. 특히 1980년대 이후에는 정치 민주화에도 성공하면서 개발도상국으로서 경제 발전, 사회 발전, 정치 발전을 모두 달성한 매우 드문 국가가 되었다. 그래서 한국은 아시아의 지역공동체 설립이나 지역제도의 창출에서 일정한 능력을 발휘하면서 국제적 영향력을 확대할 수 있다. 실제로 각 대륙의 중요한 중견 국가들은 지역 통합 등에서 다양한 활동을 전개하며 외교적 영향력을 확대하고 있다. 이런 면에서 한국은 부상하는 중국에 대응할 수 있는 능력을 갖추고 있다.

그런데 몇 가지 특수성으로 인해 한국은 이런 능력을 충분히 발휘할 수 없다. 분단국가로서 한국은 상당한 정도의 국력을 북한 문제의 해결에 사용할 수밖에 없다. 그래서 다른 국가처럼 국제사회에서의 활동에만 전념할 수 없다. 또한 한반도의 평화와 남북한의 통일을 위해서는 중국의 협조와 지지가 필수적이다. 반면 중국이 한국의 협조를 필요로 하는 영역은 그렇게 많지 않다. 결국 국력의 열세 외에도 분단으로 인해 한국은 중국과의 관계에서 수세적 위치에 있고, 이것이 양국 관계에서 한국을 제약하는 요소가 된다.

13

한중 관계의 세 가지 주요 쟁점

현재와 미래의 한중 관계는 양국 간에 존재하는 수많은 문제를 얼마나 잘 해결하는가에 달려 있다. 국가 간에 문제가 없을 수 없다. 특히 한국이나 중국처럼 오랜 역사와 밀접한 관계를 맺어 온 경우에는 더욱 그렇다. 다만 우리는 양국 간에 존재하는 문제를 직시하고 그것을 해결하기 위해 올바른 정책을 수립하여 추진해야 한다.

현재 한중 간에는 다양한 현안이 있다. 이중에서 한중 관계의 장래에 영향을 미칠 수 있는 사안은 크게 세 가지다. 첫째는 북중동맹과 남북관계다. 이는 한국의 우려 사항이다. 둘째는 한미동맹과 중국의 부상에 대한 한국과 미국의 대응이다. 이는 중국의 우려 사항이다. 셋째는 사회, 문화 영역에서의 규범 및 가치관이 충돌할 가능성이다. 이는 순전히 한국과 중국 간의 문제다.

북한과 중국의 관계

한국이 가장 우려하는 사안은 무엇일까? 단기적으로 보면, 한중 관계에 가장 커다란 영향을 미칠 수 있는 사안은 북중동맹과 남북관계다.

중국의 북한 정책

중국의 한반도 정책은 상위의 외교 목표, 즉 국내 경제 발전에 전념할 수 있는 평화롭고 안정적인 국제 환경 조성과 중국의 국제적 영향력 확대라는 양대 목표에 의해 결정된다. 이에 따라 중국은 한반도의 안정과 평화 유지를 최우선 목표로, 북한 정권의 유지와 한국과의 관계 강화를 부수적 목표로 추진해 왔다. 이를 위해 중국은 남북한 모두에 영향력을 유지하는 균형 외교 정책을 추진했고, 북핵 문제 등의 주요 현안에도 적극 개입했다. 이런 중국의 한반도 정책은 단기간 내에는, 좀 더 구체적으로 표현하면 2020년 이전에는 변하지 않을 것이다.

중국은 한반도 외교 목표를 달성하기 위해 북중동맹을 계속 유지하고 북한에 대한 정치, 경제적 지원을 지속할 것이다. 중국은 주로 안보 이익을 위해, 부수적으로 외교 이익을 위해 북한을 지원한다. 안보 이익은 미국 주도의 한·미·일 안보 협력 강화에 대한 대응과, 미국과의 직접적인 군사 대치의 방지(소위 '완충지대론')다. 중국에게 북한의 안보적 중요성은 현재는 물론이고 앞으로도 아시아에서 미국 주도의 '반(反)중국 안보 협력'이 강화되면 될수록 더욱 커질 것이다. 외교 이익은 6자회담 등을 통해 국제사회에서 중국의 지위와 역할을 확대하고, 미국과 일본과의 관계에서 '북한 카드'를 중요한 협상 수단으로 사용하는 것이다.

이처럼 북중동맹이 지속되고 중국이 북한을 정치, 경제적으로 계속 지원한다면, 또한 만약 한국이 대북 봉쇄정책(containment policy)을 추진한다면, 한국과 중국 간에는 대북 정책을 둘러싼 갈등과 대립이 지속될 것이다. 반대로 만약 한국이 대북 관여정책을 추진한다면 중국과는 대북 정책을 둘러싼 갈등과 대립 대신에 협력과 공조가 가능하게 될 것이다. 앞의 예로는 이명박 정부 시기, 뒤의 예로는 김대중 정부 시기의 한중 관계를 들 수 있다. 정리하자면, 중국의 한반도 정책은 쉽게 변하지 않을 것이기 때문에, 한국이 어떤 대북 정책을 추진하는가에 따라 양국 간에는 갈등, 대립의 관계와 협력, 공조의 관계가 반복하여 출현할 것이다.

물론 우리의 대북 정책은 중국의 입장과는 상관없이 한반도의 평화 유지와 남북통일을 위해 어떤 것이 가장 타당할 것인가를 판단하여 결정해야 한다. 이것이 우선이고, 이에 대해서는 별도의 논의가 필요하다. 그러나 이와 함께 정책의 '실행 가능성'과

'효과성'이라는 측면도 함께 검토해야 한다. 만약 미국, 중국, 러시아, 일본 등 주변 강대국의 지지와 협조를 얻을 수 없는 정책이라면 실행 가능하지 않고 실제 효과도 크지 않을 것이다. 반대로 강대국의 지지와 협조를 얻을 수 있는 정책은 실행 가능할 뿐만 아니라 효과도 크다. 여기서는 일단 이 점만 지적하고 넘어가겠다.

대북 봉쇄정책, 무엇이 문제인가?

한편 중국의 국력이 증강되면서 북한의 중국 의존도는 더욱 높아질 것이다. 외교뿐만 아니라 경제 영역에서도 북한은 이미 중국에 깊이 의존하고 있다. 북한의 중국 무역의존도(북한의 전체 무역에서 북중무역이 차지하는 비중)를 보면, 2002년 24.9퍼센트에서 시작하여 2005년 52.7퍼센트로 처음으로 50퍼센트를 넘은 이후 지속적으로 높아져서 2009년에는 78.5퍼센트에 이르렀다. 2010년에도 양국간 무역액은 34억 달러에 달해 사상 최고를 기록했다. 북한의 전략물자 도입에서 중국이 차지하는 비중도 마찬가지다. 2005년 이후 북한은 원유의 100퍼센트, 식량의 40-80퍼센트를 중국에 의존하고 있다.

북한이 유치한 해외직접투자(FDI)에서 중국이 차지하는 비중도 지속적으로 높아졌다. 2003년 북한이 유치한 1억 5800만 달러 중에서 중국 투자액은 100만 달러로 그 비중은 0.7퍼센트에 불과했다. 이후 중국의 대북 투자는 지속적으로 증가하여 2008년에는 북한이 유치한 외자 총액(4400만 달러) 중에서 중국(4123만 달러)이 차지하는 비중이 93.7퍼센트가 되었다. 2008년 6월 시진핑 부주석의 방북과, 2009년 10월 원자바오 총리의 방북 이후 중국의 대북투자는 수십억 달러가 넘는 등 급증하고 있다.

이런 상황에서 만약 한국과 미국 및 일본이 대북 봉쇄정책을 지속한다면 북한의 중국 의존은 돌이킬 수 없을 정도가 될 것이다. 이것이 한반도 평화 정착과 통일을 위해 긍정적인 역할을 할 것인지, 아니면 부정적인 역할을 할 것인지는 좀 더 많은 검토가 필요하다. 그러나 북한의 중국 의존 심화가 한국의 대북 정책 전개에 제약 요소가 될 것은 분명하다. 즉, 한국은 경제 지원을 정책 수단(leverage)으로 사용할 수 있지만, 실제 효과는 북한의 중국 의존 심화와 함께 약화될 것이다.

이렇게 된다면 한국은 북한 문제의 해결을 위해 중국에 점점 더 많은 역할을 기대할 수밖에 없다. 만약 중국이 한국의 기대에 부응하지 못하면 우리는 크게 실망할 것이다. 반대로 중국 입장에서는 한국이 남북관계 개선을 위해 마땅히 해야 하는 자신의 역할은 하지 않으면서 중국만 비난한다고 생각할 것이다. 그 결과는 한중 관계의 악화다. 2010년 한중 갈등은 이것의 단초를 보여 주었다. 2012년 현재 북한 '탈북자'를 둘러싼 한중 갈등은 이것의 재판이다. 이런 상황은 미래에 더욱 많이 발생할 것이다.

이와 관련하여, 한국의 대북 봉쇄정책은 실효성이 점점 떨어지고 있다는 객관적인 사실에 주목해야 한다. 세 가지 이유 때문이다. 먼저 남북관계의 한 주체인 북한이 강력하게 반대한다. 게다가 현재 및 향후에 북한에 대해 강력한 영향력을 행사할 수 있는 중국이 반대한다. 비록 한국이 미국과 일본의 협조를 얻어 봉쇄정책을 지속하더라도 중국의 대북지원 확대로 기대하는 정책 결과를 얻을 수 없다. 이런 상황에서 미국도 지역 및 세계 문제 해결에서 중국의 협조를 얻기 위해 관여정책을 수용할 가능성이 있다. 일본도 마찬가지다. 즉 미국과 일본의 협력은 유동적이다.

정리하면, 한국의 대북 관여정책은 중국의 적극적인 지지와 최소한 미국과 일본의 소극적인 지지를 얻을 수 있는 정책이다. 반면 봉쇄정책은 중국의 적극적인 반대와 미국과 일본의 유동적인 지지만을 얻을 수 있는 정책이다. 결국, 시간이 가면 갈수록 관여정책만이 주변 국가와 북한의 지지를 얻는 정책이 될 것이다.

동북4성론, 중국은 북한을 점령할 속셈인가?

특강을 할 때 가장 많이 받는 질문 중의 하나는 중국의 한반도 정책, 특히 북한 정책이다. 이런 질문들은 대개 '중국은 북한 영토를 점령하려고 한다.'는 전제를 깔고 있다. 예를 들어 이런 식이다. "중국은 북한을 점령하여 한반도를 자기 수중에 넣으려고 하는데 어떻게 하면 좋겠습니까?" 이런 질문도 있다. "동북공정은 중국이 북한 점령을 역사적으로 정당화하기 위한 학문적인 시도인데, 우리는 이에 어떻게 대응해야 합니까?" 실제로 일본이 '임나일본부설(任那日本府說)'을 한반도 침략과 식민지화를 정당화하는 역사적 근거로 사용한 적이 있기 때문에 이런 질문은 매우 설득력 있게 들린다.

이런 질문에 대해 나의 대답은 간단하다. "중국이 북한 영토를 점령해서 얻는 것과 잃는 것이 무엇인가를 냉정하게 따져 보면 답은 저절로 나옵니다." 한반도는 중국에나 미국 및 일본에나 모두 중요한 전략적 요충지다. 만약 중국이 한반도를 장악하면 태평양 진출에 매우 유리하다. 미국과 일본이 한반도를 장악하면 대륙으로 진출하거나 대륙 세력의 남하를 막는 데 유리하다. 이 때문에 중국은 다른 강대국이 한반도를 점령하거나 한반도에 '반(反)중국' 세력이 등장하는 것을 용납할 수 없었다. 임진왜란 당시 명(明)이 조선에 출병한 것도 청(淸)이 조선을 침략한 것도 다 이 때문이었다. 중국이 한국전쟁에 즉각 참전한 것도 같은 이유에서였다. 그래서 우리는 중국이 한반도를 영토적으로 욕심을 낸다고 생각한다. 반면 미국은 한반도에 영토적인 욕심이 없기 때문에 믿을 수 있다고 생각한다. 과연 그런가?

결론적으로 말하면, 이런 생각은 타당성이 떨어진다. 현 단계에서, 또한 향후 단기간 내에 중국이 북한을 점령해서 얻을 수 있는 이익은 거의 없는 반면 손해는 매우 크기 때문이다. 이 때문에 중국은 북한을 군사력을 동원하여 점령하려고 하지 않을 것이다. 최소한 중국이 미국을 압도할 수 있는 국력을 축적하기 전에는, 다시 말해 중국이 미국의 견제를 충분히 막을 수 있을 정도의 세계 초강대국으로 성장하기 전에는 그럴 것이다. 이것이 나의 판단이다.

중국이 북한을 군사적으로 점령했을 때 발생하는 손해를 보자. 먼저, 중국은 미국 및 일본과 군사적으로 직접 대립해야 한다. 앞에서 말했듯이, 북한이 중국에게 중요한 이유는 '전략적 완충지대(strategic buffer)'의 역할을 하기 때문이다. 그런데 중국은 북한을 점령함으로써 주한미군, 주일미군, 한국군, 일본군과 직접 상대해야 한다. 중국에는 결코 달가울 것이 없는 상황이다. 중국은 이미 열네 개 국가와 육속국경, 다섯 개 국가와 해양을 맞대고 있다. 그리고 이들 국가와의 국경선을 평화적이고 안정적으로 관리하기조차 쉽지 않은 상황이다. 인도와의 국경선 분쟁과 남중국해 분쟁이 대표적인 사례다. 여기에 미국까지 군사적으로 직접 대면해야 한다면 중국으로서는 곤혹스러운 일이 아닐 수 없다.

게다가 만약 중국이 북한을 군사적으로 점령하면, 아시아 국가들 사이에 '중국위협론'이 급속하게 확산될 것이다. 지난 30여년 동안 중국은 아시아 지역에 중국위협론이 확산되고 이것이 정설처럼 굳어지는 것을 방지하기 위해 많은 외교적 노력을 기울여왔다. 중국위협론은 미국이 중국을 군사적으로나 정치적으로 포위하는 정책을 정당화하기 때문이다. 중국이 소련의 붕괴 직후인 1990년대 초부터 아세안(ASEAN)에 대해 유화 정책을 실시하고, 2001년에는 단기적으로는 손해를 볼 것이 분명한 FTA를 제안하고 체결을 서두른 것은 이 때문이다. 세계 강대국으로 빠르게 부상하고 있는 중국이 걱정하는 것도 다시 중국위협론이 유행하는 것이다. 이런 상황에서 북한 점령은 중국 외교에 치명타를 가할 수 있다.

그 밖에도 중국이 북한을 점령할 수는 있어도 쉽게 나올 수는 없는 문제, 즉 '출구 전략(exit strategy)'이 없다는 문제가 있다. 미국은 이라크나 아프가니스탄을 점령한 이후 일정한 기간이 지나면 철군할 수 있다. 선거를 통해 민주 정부를 구성하면 되기 때문이다. 미국은 늘 전 세계의 '민주주의 전도사' 역할을 맡아 왔기 때문에 점령지에 민주 정부를 수립하고 철수하는 것이 자랑스러울 수 있다. 그러나 중국은 다르다. 자국에서도 민주 정부를 구성하지 않는 중국이 북한에 민주 정부를 구성할 수 있을까? 만약 다른 방식으로 중국이 새로운 정부를 수립한다면 북한 주민과 국제사회가 받아들일 수 있을까? 아프가니스탄을 침공한 소련이 10년 동안 막대한 군사비를 사용하면서도 결국은 불명예스럽게 철군할 수밖에 없었던 사례는 중국에 커다란 교훈이 되고 있다.

그렇다면 중국이 북한을 점령했을 때 얻을 수 있는 이익은 무엇인가? 16세기 이후 많은 유럽 국가들이 아시아, 아프리카, 라틴아메리카에 식민지를 건설한 이유는 몇 가지 이득 때문이었다. 첫째는 자원 확보이고, 둘째는 노동력 착취이며, 셋째는 시장 확보다. 그 밖에 전략적 이유로 식민지를 점령하는 경우도 있다. 그렇다면 21세기에는 어떤가? 이런 이유라면 중국이 북한을 점령할 필요가 없다. 우선 3조 2000억 달러에 달하는 외환보유고를 자랑하는 중국으로서는 북한의 천연자원을 손쉽게 살 수 있고, 실제로 그렇게 하고 있다. 노동력 면에서도 중국은 부족함이 없다. 현재 중국에서는 매년 650만 명의 대학생이 졸업한다. 시장 확보도 마찬가지다. 현재 북한에 있는 2300만 명은 구매력이 없기 때문에 시장이 아니다. 오히려 북한을 점령했을 때 먹여 살려야 하는 부담이 더 크다.

이상에서 살펴보았듯이, 북한 영토를 점령함으로써 중국이 얻을 수 있는 이익은 거의 없다. 반면 손해는 자명하고도 막대하다. 이 때문에 중국은 북한을 점령하려고 하지 않는다. 이것이 이성적인 판단이다. 따라서 중국이 북한 영토의 점령을 역사적으로 정당화하기 위해 동북공정을 추진했다느니 하는 이야기는 근거가 없다. 또한 향후 북한의 영토를 점령하기 위해 중국이 북한을 경제적, 외교적으로 지원하고 있다는 견해도 타당하지 않다. 다시 말해 북한의 '동북4성설'은 설득력이 없다.

그렇다면 북한에 급변 사태가 발생하여 갑자기 붕괴한다면 어떻게 될 것인가? 중국은 이 경우에도 북한에 군사적으로 개입하지 않을 것인가? 나를 포함한 대부분의 중국 연구자들은 현재 이 질문에 답할 준비가 되어 있지 않다. 중국의 공식 입장이나 정책을 확인할 수 있는 방법이 없기 때문이다. 다만 중국도 한국과 미국처럼 북한의 급변 사태에 대한 대응책을 갖고 있을 것이라고 추측할 따름이다.

지금까지 중국이 추진한 외교 정책과 실제 행동을 볼 때, 북한에 급변 사태가 발생한다면 중국은 다음과 같은 세 가지 정책을 추진할 것으로 예상된다. 가능성이 가장 높은 순서로 배치하면 이렇다. 먼저, 유엔(UN)을 통한 문제 해결이다. 북한은 한국과 함께 유엔에 가입한 주권국가다. 따라서 유엔 회원국에 문제가 생겼을 때 유엔을 통해 문제를 해결하는 것이 타당하다. 게다가 중국은 유엔안전보장이사회(안보리)의 상임이사국이기 때문에 북한의 처리를 놓고 막강한 영향력을 행사할 수 있다. 비토권을 행사할 수 있기 때문이다. 그 밖에 유엔을 통한 문제 해결은 그동안 중국이 주장해 온 정책과도 맞는다. 내정간섭 반대와 유엔을 통한 평화적 문제 해결은 중국이 늘 주장하던 국제 분쟁의 해결책이다. 마지막으로 중국은 이렇게 함으로써 북한의 재건에 필요한 비용 제공 등의 부담에서 벗어날 수도 있다.

다음으로 생각할 수 있는 방안은 미국과 공동으로 북한에 개입하는 것이다. 아니면 미국, 러시아, 일본, 한국과 함께 개입할 수도 있다. 소위 '6자회담' 형식을 이용하는 것이다. 이렇게 했을 때 중국은 주변 국가의 경계심을 자극하지 않으면서 동시에 북한 문제의 처리에 드는 비용과 책임을 적당히 회피할 수 있다. 그러면서도 중국은 북한 문제의 처리 과정과 결과에 막강한 영향력을 행사할 수 있다. 중국은 근거리에서 북한을 지원할 수 있고, 필요하다면 평화유지군을 파병할 수도 있기 때문이다. 참고로 중국은 전 세계에 프랑스 다음으로 많은 평화유지군을 파견하고 있는 유엔안보리 국가다.

마지막 세 번째 방안은 중국이 독자적으로 북한에 개입하는 것이다. 이 경우 중국은 1961년 북한과 체결한 군사동맹 조약, 즉

「중조우호협력상호조약」을 법적 근거로 내세울 것이다. 우리가 알다시피 이 조약은 아직 유효하기 때문에 중국은 유사시에 이를 사용할 수 있다. 그러나 앞에서 살펴본 이유에서 중국은 자국만의 북한 개입은 위험이 너무 크고 부담이 막중하기 때문에 가급적 피하려고 할 것이다.

여기서 급변 사태 이후 북한의 장래가 어떻게 될지를 잠깐 생각해 보자. 많은 사람들은 북한이 붕괴하면 자동적으로 한국이 개입하여 통일하는 것으로 생각하는 경향이 있다. 이는 커다란 착각이다. 북한은 한국과 마찬가지로 유엔에 가입한 주권국가이다. 따라서 역사적으로나 감정적으로 보면 그렇지 않지만, 국제법상으로 보면 한국이 북한에 대해 어떤 우선권을 행사할 수 있는 권한이 없다. 이런 이유에서 중국은 대만을 국제법상 주권국가로 인정하지 않는다. 또한 타국과 수교할 때 필수조건으로 대만과의 단교와 함께 중국을 유일한 합법 정부로 인정할 것을 요구한다.

이런 상황에서 우리가 북한에 대해 우선권을 행사할 수 있는 경우는 두 가지 조건이 갖추어졌을 때뿐이다. 이는 서독이 통일 과정에서 동독에 대해 우선권을 행사했던 과정과 결과를 통해 알 수 있다. 가장 중요한 것은, 북한 주민들이 한국을 선택하는 것이다. 이런 점에서 북한 주민의 태도가 관건이다. 만약 북한 주민들이 한국의 개입을 우선적으로 요구하면, 국제법상의 규정이나 관례도 이를 막을 수 없다. 이는 동독 주민들이 서독과의 통일을 강력하게 요구해서 서독이 합법적으로 동독에 개입해서 서독 방식으로 통일을 빠르게 추진할 수 있었던 사실을 통해 확인할 수 있다. 다른 하나는 강대국의 지지와 협조다. 북한의 경우 중국과 미국이 관건이다. 서독은 고르바초프가 이끄는 소련을 설득해서 통일을 달성할 수 있었다. 한국은 중국을 설득할 수 있어야만 통일을 달성할 수 있다.

이런 점에서 한국의 통일 준비는 세 가지 측면에서 동시에 진행되어야 한다. '통일세'를 대규모로 마련해서 북한이 무너지기를 재촉하거나 혹은 인위적으로 붕괴시키려고 하는 것은 결코 실행 가능하고 타당한 통일 준비가 아니다.

먼저, 국내에서는 올바른 통일 방안에 대한 국민적 공감대(consensus)를 형성해야 한다. 핵심은 관여정책(포용정책)이냐 아니면 봉쇄정책이냐의 선택이다. 또한 북한에 대해서는 일반 주민들의 신뢰를 얻을 수 있으면서 동시에 한국도 이익을 볼 수 있는 호혜(win-win) 정책을 일관되게 추진해야 한다. 마지막으로, 국제적으로는 중국과 미국 모두의 지지와 협조를 얻을 수 있는 정책을 추진해야 한다. 경우에 따라서는 러시아와 일본의 지지와 협조도 필요하다. 이중에서 현재 우리가 특히 신경을 써야 하는 상대는 중국이다.

이와 관련하여, 중국과 북한 사이에 경제 교류가 증가하는 현상을 어떻게 볼 것인가? 만약 대북 봉쇄정책을 지지하는 사람이라면 북중 경제 교류의 증가를 좋지 않게 볼 것이다. 중국이 북한을 경제적으로 지원하기 때문에 북한이 붕괴하지 않는다고 보기 때문이다. 또한 중국 때문에 봉쇄정책이 효과가 없다고 보기 때문이다. 반면 대북 관여정책을 지지하는 사람이라면 북중 경제 교류의 증가를 긍정적으로 볼 것이다. 북중 경제 교류가 증가하면 북한도 중국처럼 개혁·개방 정책을 실행할 가능성이 증가하기 때문이다. 따라서 양국 간의 경제 교류의 증가를 반대할 것이 아니라 오히려 격려해야 한다. 동시에 남북 간의 경제 교류를 더욱 활성화시켜 '위와 아래에서' 동시에 북한의 개혁·개방을 지원하기 위해 노력해야 한다.

이 두 가지 판단 중에서 나는 뒤의 것이 타당하다고 생각한다. 다시 말해 북중 경제 교류의 증가는 단기적으로는 한반도의 평화 정착에 기여할 수 있고, 장기적으로는 평화 통일에 유리하게 작용할 수 있다는 것이다. 더 나아가 북중 경제 교류가 이런 역할을 더 잘할 수 있도록 한국도 더욱 적극적으로 대북 경제 교류와 협력을 추진해야 한다. 금강산 관광특구나 개성공단뿐만 아니라 다른 경제특구나 개발구도 더욱 많이 만들어야 한다.

한미동맹, 어떻게 발전시켜야 하나?

이제 중국이 우려하는 사안으로 넘어가자. 한미동맹의 성격과 역할 변화는 중장기적으로 한중 관계에 큰 영향을 미칠 수 있는 사안이다. 중국이 이를 매우 경계하기 때문이다. 탈냉전기 중국에게 가장 커다란 안보 위협은 아시아 지역에서 미국이 주도하는 동맹 및 안보 협력 체제가 강화되는 것이다. 한미동맹과 미일동맹도 여기에 포함된다. 중국의 입장에서 볼 때 더 위협적인 것은 미일동맹이다. 미국과 일본이 군사, 안보적 측면에서 중국의 부상을 억제할 수 있는 역량을 갖고 있기 때문이다. 미국이 '반중국 안보 협력'을 실제로 추진하고 있는가는 논란의 여지가 있다. 하지만 중국 지도부와 다수의 중국학자들은 그렇다고 믿고 있다.

지금까지 한미동맹은 주로 북한의 도발 억제와 한반도의 평화 유지에 중점을 두었다. 앞으로도 단기간 내에는 이런 방침이 바뀌지 않을 것이다. 그런데 2005년에 주한미군의 전략적 유연성(strategic flexibility)에 대한 합의가 이루어졌다. 이에 따라 주한미군의 역할이 한반도에서 아시아 및 세계 지역으로 확대되면서 한미동맹의 성격과 역할이 조정될 가능성도 높아졌다. 특히 중국의 군사력이 증강되면서, 미국은 이에 대응하기 위한 수단으로 한미동맹을 활용하려고 한다. 이렇게 되면 한미동맹은 미국의 반(反)중국 안보 연합의 일환으로 성격과 역할이 조정될 수도 있다.

한미동맹의 성격 변화와 역할 확대에 더해, 한일 안보 협력을 강화하자는 요구도 높아지고 있다. 무엇보다 미국이 이것을 강력히 요구한다. 2008년 세계 금융 위기 이후 경제력이 쇠퇴하면서 심각한 재정 위기에 직면한 미국은 국방비를 축소해야 한다. 이에 따라 미국이 동아시아 지역에서 군사력 유지에 사용할 수 있는 자원은 점점 감소하고 있다. 이라크 및 아프가니스탄 전쟁이 장기화되면서 미국인의 전쟁 피로와 고립주의 경향이 증가하고 있는 것도 큰 부담이다. 그래서 미국은 한국과 일본이 주도적으로 중국의 군사적 부상에 대응할 것을 요구하는 것이다.

일본은 이런 미국의 요구에 적극 호응한다. 일본은 역사 갈등과 해양 분쟁으로 중국의 군사력 증강을 매우 우려한다. 그래서 미일동맹을 강화하는 한편 한국, 호주, 인도 등 다른 민주 국가와의 안보 협력 강화를 추진해 왔다. 2010년 이후 중국과 일본 간에 영해 분쟁, 민족주의 갈등 등이 악화되면서 일본의 이와 같은 노력은 지속되고 있다. 만약 한국이 일본과 함께 중국의 부상을 공동으로 대응할 수 있다면 일본으로서는 좋은 일이다.

이명박 정부 들어 한국 내에서도 일본과 안보 협력을 강화하고 이를 통해 중국의 군사력 증강에 대비해야 한다는 목소리가 강화되고 있다. 최근에는 이것이 실제 정책으로 추진되고 있다. 2010년이 분수령이다. 우선 한미 군사 훈련과 미일 군사 훈련에 한국군 및 일본군 장교가 최초로 상호 참관했다. 또한 한·미·일 해군이 2010년 10월에 부산 지역에서 대량살상무기확산방지구상(PSI)의 합동 훈련을 최초로 실시했다. 게다가 2011년 1월에는 한일 국방장관 회의에서 군사 비밀 보호 협정과 상호 군수 지원 협정 체결이 논의되었다.

이처럼 한·미·일 안보 협력이 강화되면 중국은 경계심을 매우 높일 것이다. 더 나아가 3국 안보 협력이 대만해협 문제와 남중국해 및 동중국해의 해양 분쟁을 겨냥하여 전개될 경우, 중국은 강력하게 반발할 것이다. 중국은 미국이 동맹국 및 안보 협력국과 군사 협력을 강화하여 자국의 부상을 봉쇄하려 한다고 믿기 때문이다. 이런 상황에서 한·미·일 안보 협력이 강화되면 중국은 한국도 중국 봉쇄에 참여한 것으로 간주하여 경계할 것이다. 중국의 경계는 군사력 증강의 가속화, 북중동맹의 강화, 중러 안보 협력의 강화로 구체화될 것이다.

결국, 현재 추세가 지속된다면 동아시아에는 '해양 세력'(한·미·일)을 한편으로 하고, '대륙 세력'(북·중·러)을 다른 한편으로 하는 냉전시대의 양대 진영이 다시 형성될 수 있다. 전 세계 모든 지역에서 냉전 체제가 붕괴된 지 이미 20년이 지났다. 하지만 동북아시아 지역에는 여전히 강대국 간의 군사력 경쟁과 이와 관련된 역내 국가 간의 안보 갈등이 지속되고 있는 것이다. 이 경우 최대 피해자는 바로 한반도가 될 것이다. 남북간 분단의 영구화와 군사적 갈등의 지속, 이를 둘러싼 한중 갈등의 악화가 바로 그것이다. 다시 말하면, 만약 우리가 이에 능동적이고 적극적으로 대처하지 않으면 한반도는 이런 갈등의 진원지이면서 동시에 중심지가 될 가능성이 있다.

물론 중국이 한미동맹 그 자체를 반대하는 것은 아니다. 북한의 위협이 존재하고, 동아시아 지역 질서가 불안정한 상황에서 한국이 한미동맹을 결코 포기하지 않을 것이라는 사실을 중국도 잘 알고 있다. 중국이 우려하는 것은 한미동맹이 미일동맹처럼 성격과 역할이 변화되어 한국이 미국 주도의 반중국 안보 연합에 참여하는 것이다. 따라서 한미동맹의 존재 그 자체가 한중 관계의 발전을 저해하는 요소는 아니다. 같은 이치로 북중동맹 그 자체가 한중 관계의 발전을 가로막는 방해물도 아니다. 북중동맹이 북한의 도발을 억제하는 효과를 발휘할 수도 있기 때문이다. 이런 면에서 한국과 중국이 북중동맹과 한미동맹을 양국 관계의 발전을 위해 순기능적으로 작용하도록 운영할 수 있는 여지는 남아 있다.

가치관의 충돌

한국과 중국 간의 세 번째 현안을 살펴보자. 한중 관계의 발전에 영향을 미칠 수 있는 사회 현안으로는 규범 및 가치관의 대립이 있다. 1990년대에는 이것이 문제되지 않았다. 당시에는 경제와 북한 문제를 중심으로 정부와 기업이 양국 관계를 주도했기 때문이다. 그런데 한중 관계가 전 분야에 걸쳐 빠르게 발전하면서 규범 및 가치관의 갈등이 부각되기 시작했다. 예를 들어, 2004년과 2006년에 중국의 동북공정 추진과 고구려사 왜곡으로 양국은 예기치 못한 심각한 갈등을 겪었다. 많은 학자들은 이 사건으로 수교 이후 10여 년 동안 쌓았던 양국 간의 신뢰와 우호 관계가 크게 손상되었다고 평가한다.

이렇게 한국과 중국 간에 규범 및 가치관이 충돌할 수 있는 사안으로는 몇 가지가 있다. 정치, 외교 영역에서는 민주와 인권, 법치가 있다. 북한의 탈북자 문제도 기본적으로 이 범주에 속하는 문제다. 즉 한국은 탈북자를 '난민(refugee)'으로 간주하여 인권 보호 차원에서 이들을 처리해야 한다고 주장하지만, 중국은 이들을 '불법월경자(illegal escapee)'로 간주하여 국내법 및 국제법의 위반 문제로 본다는 것이다. 사회, 문화 영역에서는 역사 인식, 중화문명과 한류가 있다. 이중에서 민간 차원에서 문제가 되는 것은 주로 사회, 문화 영역에서 나타나는 규범 및 가치관의 갈등이다. 단오제(端午祭), 인쇄술, 신화(神話), 혼천의(渾天儀) 등을 둘러싼 각종 '원조 논쟁'이 양국 인터넷 매체를 통해 확대되면서 신세대 간의 갈등으로 비화되고 있는 것은 대표적인 사례다.

이에 따라 최근 양국 국민 간에 비호감도가 증가하고 있다. 2008년 'BBC · EAI 국제현안조사'에 따르면, 중국의 영향력을 긍정적으로 보는 한국인은 40퍼센트인 반면, 부정적으로 보는 한국인은 50퍼센트였다. (미국에 대한 평가에서는 긍정이 49퍼센트, 부정이 36퍼센트였다.) 이는 2004년 동북공정 사건 이전에 중국에 대한 호감도가 비호감도보다 높았던 것, 동시에 미국에 대한 호감도보다 더 높았던 것과는 큰 대조를 이룬다.

다른 조사에서도 비슷한 내용이 확인된다. 2010년 11월에 발표된 동북아역사재단의 한 · 중 · 일 역사 인식 여론조사의 결과에 따르면, 한국인의 한중 관계 전망은 '좋아질 것'이 2009년 60.3퍼센트에서 2010년 49.4퍼센트로 10.9퍼센트나 하락했다. 반면

'나빠질 것'은 2009년 11.5퍼센트에서 2010년 17.4퍼센트로 5.9 퍼센트가 증가했다. 같은 조사에 의하면, 중국인의 한중 관계 전망도 유사하다. 즉 '좋아질 것'이 2009년 61.0퍼센트에서 2010년 46.0퍼센트로 15퍼센트 하락했고, '나빠질 것'은 2009년 4.8퍼센트에서 2010년 17퍼센트로 12.2퍼센트가 증가했다.

중국의 호감도 조사에서도 유사한 경향이 나타난다. 중국의 한 유력 일간지의 조사에 의하면, 외국 중에서 한국을 가장 좋아한다고 선택한 중국인의 비율은 2009년 3.9퍼센트에서 2010년 1.4퍼센트로 크게 감소했다. 그뿐만 아니라 선호도 순위에서도 주요 10개국 중 2009년 6위에서 2010년 9위로 떨어졌다. 참고로 2010년 조사에서 각국 호감도 순위는 미국〉프랑스〉호주〉스웨덴〉캐나다〉영국〉일본〉싱가포르〉한국〉독일 순이다. 여기서 알 수 있듯이, 현재 중국인들은 역사 문제와 영해 갈등을 겪고 있는 일본보다 한국을 더 좋아하지 않는다.

더 큰 문제는 양국의 국내 상황을 고려할 때, 이것이 단기간 내에 해소될 가능성이 낮다는 점이다. 최근 들어 중국의 급속한 부상을 배경으로 한국 내에는 중화주의의 재등장을 우려하는 목소리가 커지고 있다. 중국 내에서도 애국주의를 넘어선 국수주의(ultra-nationalism)가 강화되는 양상이 나타나고 있다. 향후 중국의 부상이 지속되고, 이에 대한 한국의 경계심이 높아지면 이런 문제는 더욱 심각하게 대두될 것이다. 따라서 양국은 정부 및 민간 차원에서 이 문제에 적극 대응하고, 이를 통해 규범 및 가치관의 충돌이 양국 관계의 발전에 걸림돌이 되지 않도록 미리 방지하려는 노력이 필요하다.

한편, 양국은 경제 영역에서도 일정한 갈등과 대립이 발생할 가능성이 있다. 예를 들어, 무역 불균형 문제(한국의 흑자 확대), 중국의 경제 관련 법률 제도 미비와 한국 기업의 피해(2008년 한국 기업의 '야반도주' 문제), 한중FTA의 체결과 동아시아 경제 공동체의 형성을 둘러싼 경쟁 등이 있다. 그런데 이런 문제는 한중 양자 관계보다는 지역적, 세계적 차원의 다자 관계 속에서 발생하는 것이다. 이 때문에 이것이 양국 관계에 큰 영향을 미치는 주요 쟁점으로 부각되지는 않을 것이다. 한중 무역 불균형의 심화와 경쟁 강화도 마찬가지다. 이런 문제는 기본적으로 시장에 의해 결정되기 때문이다.

14

중국 정책, 어떻게 세워야 하나?

이제 우리가 지난 20년의 한중 관계의 발전을 살펴본 목적에 도달했다. 앞으로 바람직한 중국 정책을 수립하기 위해 지금까지 과거를 뒤돌아보았던 것이다. 민주주의 국가에서는 궁극적으로 국민이 국가의 정책을 결정한다. 국민이 올바른 관점에서 중국 문제를 바라보고 타당한 정책을 제시할 때 국가는 국민의 요구를 따를 수밖에 없다.

중국 정책의 출발점

한국의 중국 정책은 세 가지 관점에 입각해야 한다. 이 외에도 다른 관점이 있을 수 있겠지만, 나는 이 세 가지가 가장 중요하고, 그래서 중국 정책 수립의 기본 관점이 되어야 한다고 생각한다.

먼저, 한국의 국익 증대가 중국 정책의 전제이며 목표다. 타국처럼 한국도 주권과 영토 수호, 민주적 가치와 제도 유지, 경제 발전과 번영, 국제적 위상의 제고와 같은 '일반적인 국익'을 추구한다. 이와 함께 한국은 중국의 부상과 관련하여 세 가지 '특수한 국익'을 추구해야 한다.

첫째, 경제적인 면에서 우리는 중국의 경제적 부상을 한국의 번영과 발전을 위해 최대한 활용해야 한다. 앞에서 상세하게 보았듯이 중국은 머지않은 장래에 세계 최대의 경제 대국이면서 동시에 세계 최대의 시장이 될 것이다. 중국과 지리적으로 가까울 뿐만 아니라 수출 중심의 경제 구조를 갖고 있는 한국에는 좋은 기회가 아닐 수 없다. 이를 위해서는 양국 간에 정치, 안보 관계의 강화가 필요하다. 중일 관계의 역사가 보여 주듯이, 정치, 안보 관계의 발전 없이는 안정적이고 지속적인 경제 관계의 발전을 보장할 수 없다.

둘째, 군사 · 안보 면에서 우리는 중국의 부상이 가져올지도 모르는 불확실성(uncertainty)을 최소화해야 한다. 중국의 군사력은 크게 증강되었지만, 국방비 사용과 전략적 의도에서는 여전히 투명하지 않은 문제가 있다. 또한, 중국의 군사력 증강이 향후 동아시아 지역 질서에 어떤 영향을 미칠지 분명하지 않다. 만약 미국이 중국의 군사적 부상을 저지하기 위해 현재보다 좀 더 적극적으로 대응하면 동아시아에는 군사적 긴장이 높아질 가능성이 있다. 혹은 중국이 지금보다 더욱 적극적이고 공세적으로 군사력의 확장을 기도한다면 역시 이 지역에 군사적 긴장이 높아질 가능성이 있다. 따라서 중국의 군사적 부상이 한국의 안보에 부정적인 영향을 미치지 않도록 다양한 정책을 통해 충분히 대비하는 것이 필요하다.

셋째, 중국의 부상이 한반도의 평화 정착과 통일에 긍정적으로 기여할 수 있도록 유도해야 한다. 세계 강대국으로 부상한 중국이 한국의 대북 정책에 반대한다면, 우리는 한반도의 평화 정착과 통일에 큰 어려움을 겪을 것이다. 중국의 부상이 이런 방향으로 발전하지 않도록 대비하는 것이 필요하다. 최소한 중국이 한국의 대북 정책에 적대적인 입장을 취하지 않도록 만드는 것이 중요하다. 이럴 경우 우리의 대북 정책은 제대로 추진될 수 없기 때문이다.

또한 한국의 중국 정책은 동아시아의 경제 발전과 안보 증진에 기여해야 한다. 중국의 부상은 한국뿐만 아니라 동아시아 전 지역과 국가에 영향을 미친다. 그래서 역내 국가들은 중국의 부상에 대응하여 국가적 차원의 대응책을 마련하고 있다. 한국의 중국 정책은 이와 같은 동아시아 국가의 노력에 호응하고, 이를 통해 지역의 경제 발전과 안보 증진에 기여할 수 있어야 한다. 이 경우에만 한국의 정책은 역내 국가의 지지를 받을 수 있고, 정책 효과도 극대화할 수 있다. 이런 면에서 한국의 중국 정책은 아시아 지역의 관점에서 지역공동체의 형성과 발전에 기여하는 방향으로 마련되고 추진되어야 한다.

마지막으로, 한국의 중국 정책은 한국과 중국 간의 국력 격차에 대한 냉정한 평가에 기초해야 한다. 향후 한중 관계는 과거 및 현재의 한미 관계처럼 경제력, 군사력, 정치적 영향력 등 각 방면에서 비대칭성이 증가할 것이다. 즉 중국이 한국에 비해 월등한 우위에 설 것이다. 이는 객관적인 현실이고 한국의 중국 정책은 이런 현실 인식에 기초해야 한다. 또한, 이 점 때문에 미국과 일본의 중국 정책이 그대로 한국의 중국 정책이 될 수 없는 것이다. 중국의 부상과 관련하여 미국과 일본이 당면한 과제와 한국이 당면한 과제가 다르기 때문이다. 이를 위해서는 중국의 국익에 대한 고려와 대응, 가용한 기존 자원의 동원과 새로운 외교 자원의 개발, 현실성 있는 정책의 결정과 추진이 필요하다.

바람직한 중국 정책

그렇다면 한국은 부상하는 중국에 대해 어떤 정책을 추진해야 하는가? 나는 그 해답을 '정책 3중주'로 요약하려고 한다. 즉 한국은 중국에 대해 관여(engagement), 위험분산(hedging), 동아시아 다자주의(multilateralism), 이렇게 세 가지 정책을 추진해야 한다는 뜻이다. 먼저, 세 정책은 동시에 추진되어야 한다. 어느 하나만 추진해서는 그 효력을 제대로 발휘할 수 없다. 또한 세 정책은 전체적으로 조화와 균형을 이루어야 한다. 일시적으로 세 정책 중에서 어느 한 가지 정책이 중시될 수는 있다. 그렇지만 전체적으로는 세 가지 정책이 균형을 이루어야 한다. 한편 이와 같은 정책 3중주에서 보이지 않는 무게중심이 있는데, 그것이 바로 남북관계다. 남북관계는 세 정책과 밀접히 관련되어 있을 뿐만 아니라, 세 정책 모두에 영향을 미치는 중요한 요소이기 때문이다.

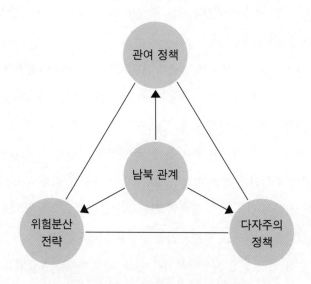

그림 5-5 한국의 바람직한 중국 정책: 정책 3중주

관여 정책

한국은 중국에 지속적이고 일관되게 관여 정책을 실시해야한다. 즉 관여 정책이 중국 정책의 기조가 되어야 한다. 사실 한국은 수교 전부터 중국에 대해 관여 정책을 추진했다고 말할 수 있다. 예를 들어, 1970년대에 박정희 정부는 북한 문제를 처리하기위해 중국에 수교 가능성을 타진했다. 1980년대에 들어 전두환정부와 노태우 정부는 중국과의 수교를 위해 더욱 적극적이고 구체적으로 노력했다. 이런 흐름의 연장선상에서 한국은 1992년 국교 수립 이후 현재까지 중국에 대해 관여 정책을 기본 정책으로추진해 왔다. 지난 20여 년 동안에 한중 관계가 여러 분야에서 급속하게 발전할 수 있었던 것은 이와 같은 관여 정책 때문이다. 우리는 이를 계승하여 향후에도 중국에 대한 관여 정책을 계속 실시해야 한다.

관여 정책의 목표는 한국과 중국 양자 관계의 안정화다. 즉, 관여 정책을 통해 한중 관계를 견실하게 발전시켜, 미중 관계와 같은 강대국 관계의 악화, 북한 문제 등 지역 현안의 돌출, 한중 신세대 간의 민족주의적인 충돌 등 양국 현안의 등장이 양국 관계 전체에 부정적인 영향을 미치지 않도록 방지하는 것이다. 가장 기본적인 정책 방향은 한중 관계의 견인차이며 버팀목 역할을 하는 경제 협력을 강화하고, 사회·인적 교류를 확대하는 것이다. 여기서는 특히 최근 민간 차원에서 심각한 문제로 제기되는 규범 및 가치관의 충돌을 완화하고 안정적으로 관리하는 것이 중요하다.

관여 정책에서는 또한 정치 · 안보 영역에서 전략적 신뢰를 구축하기 위한 정책이 중요하다. 앞에서 보았듯이, 지난 20년 동안 한중 관계는 급속히 발전하면서도 동시에 매우 불균등한 양상을 보여 주었다. 이는 군사 · 안보 분야의 교류와 협력이 지체되었기 때문이다. 특히 이명박 정부 때부터 북한 문제와 한미동맹을 중심으로 한국과 중국 간에 전략적 불신이 증가하는 경향이 있다. 그리고 이것이 양국 관계 전체에 부정적인 영향을 미쳤다. 따라서 이에 대한 적절한 단기적, 중장기적 대응이 필요하다.

이를 위해서는 북한 문제와 한미동맹과 관련된 한국의 입장을 합리적이고 타당하게 정립해야 한다. 그리고 이런 한국의 입장을 중국에 전달하고 양해를 구하려는 노력이 필요하다. 이런 노력에는 중국의 '핵심 국익'을 정확히 이해하고 고려하려는 것도 포함되어야 한다. 동시에 한국에 대한 중국의 부당한 요구에 대해서는 근거를 갖고 비판해야 한다. 이를 통해 중국에 기존 정책과 태도를 시정하도록 요구해야 한다.

위험분산 전략

또한 한국은 중국의 부상에 군사 · 안보적으로 대비하기 위해 위험분산 전략을 추진해야 한다. 앞에서 보았듯이, 여기에는 속박(binding)이나 통합(integrating) 등 다양한 정책이 포함될 수 있다. 이런 정책 중에서 가장 중요한 것이 바로 한미동맹이다. 경우에 따라서는 한 · 미 · 일 혹은 한일 간의 선택적인 안보 협력도 추진될 수 있다. 예를 들어, 인도주의적인 차원에서 실시하는 한일 간의 합동 해상 구조 훈련이 그것이다.

그런데 중요한 것은 한국의 위험분산 정책이 한·미·일, 더 나아가서는 동아시아 민주국가의 '반중국 군사 연합'을 형성하는 것은 아니라는 사실이다. 그래서 우리는 한미동맹의 성격과 한국의 역할에 대한 합리적인 입장을 정하고 그것을 일관되게 견지해야 한다.

우선 한미동맹의 범위는 한반도가 중심이라는 점, 즉 한미동맹은 대북 억제가 목표임을 분명히 해야 한다. 다시 말해, 한미동맹은 중국 봉쇄를 목적으로 하지 않는다. 또한 한국의 군사적 역할 확대는 평시와 전시 모두에서 한반도와 관련된 군사 행위에서만 한국이 주도권을 행사하는 것을 의미함을 분명히 해야 한다. 다시 말해 한국군은 한반도를 벗어난 지역에서의 군사 활동, 특히 중국을 대상으로 하는 미국과 일본의 군사 활동에는 참여하지 않는다. 이는 한국이 강대국 간의 군사 경쟁에 말려들지 않기 위한 조치이며 궁극적으로는 한반도의 평화와 안정을 지키기 위해 필요한 조치다. 동시에 이렇게 하면 한미동맹의 성격과 역할 조정이나 한·미·일의 선택적 안보 협력이 반중국 군사 연합으로 발전할 가능성이 낮아진다. 한국은 이를 기초로 중국을 설득할 수 있다.

게다가 위험분산 전략이 단순히 군사적인 내적 균형(internal balancing)과 외적 균형(external balancing)을 의미하는 것은 아니라는 사실을 명심해야 한다. 한국의 자체 군사력 증강(내적 균형)이나 한미동맹을 통한 군사력 강화(외적 균형)는 위험분산 전략의 중요한 요소다. 하지만 이것이 위험분산의 전체는 아니다. 위험분산에는 전통, 비전통 안보 영역에서 국가 간의 협력을 확대하기 위한 다양한 다자간 협력 기제의 구축과 안보 협력의 제도화, 지역주의 규범의 형성과 확산을 통한 국가 행위의 규제 등도 포함된다.

이런 점에서 위험분산 전략은 냉전 시기의 '강성(hard)' 세력 균형 정책과는 분명히 다르다. 또한 이 때문에 위험분산은 '반(反)중국' 정책이 아니다. 그래서 중국도 한국의 위험분산 전략에 호응할 수 있다. 예를 들어, 중국이 북핵 6자회담의 상설화에 동의하는 것이 대표적인 사례다. 동북아시아 지역은 군사적 긴장이 여전히 해소되지 않고 있고, 그래서 이것이 지역 평화와 안정에 큰 걸림돌이 되고 있다. 이 문제를 해결하기 위해서는 각 국가 간의 양자 관계를 발전시키는 것도 필요하지만, 관련 당사국 전체가 참여하는 지역 협의 기구를 만드는 것도 필요하다. 북핵 6자회담의 상설화는 이를 위한 하나의 좋은 대안이 될 수 있다. 그래서 김대중 정부와 일부 학자들이 이를 주장했고 중국도 이에 호응한다.

동아시아 다자주의

한국은 증가하는 국력에 맞추어 외교력을 강화해야 하고, 적극적인 다자주의 정책의 추진은 이런 변화된 한국의 국제적 위상에 맞는 외교정책이다. 이와 함께 한국은 중국 정책의 일환으로 다양한 동아시아 다자주의 정책을 추진해야 한다. 여기에는 아시아 전체를 포괄하는 대(大)다자주의, 동북아시아나 특정 지역과 국가만을 포괄하는 소(小)다자주의 정책이 모두 포함된다. 또한 여기에는 기존 조직의 발전과 새로운 조직의 형성, 전통적 안보 기제와 비전통적 안보 기제의 형성과 발전 모두가 포함된다. 대다자주의의 사례로는 동아시아정상회의(EAS), 동남아시아국가연합(ASEAN) + 3(한중일), 아세안지역포럼(ARF), 아시아태평양경제협력체(APEC) 등을 들 수 있다. 소다자주의의 사례로는 6자회담, 한중일 정상회의, 한미일 외교안보회의 등을 들 수 있다.

다자주의 정책과 관련하여 두 가지 사항을 주의해야 한다. 우선, 위험분산 전략처럼 다자주의 정책도 '반중국' 정책이 아니다. 이것은 한국, 미국, 일본이 중심이 되어 중국을 포위하는 전략이 아니라는 뜻이다. 그래서 한국과 중국은 동아시아 지역공동체의 형성과 발전을 위해 공동으로 노력할 수 있다. 다만 동아시아 지역공동체가 세계 강대국으로서 중국이 보여 줄지도 모르는 패권적 행위를 규제할 수 있도록 한국과 주변 국가에 유리하게 수립되고 운영되도록 노력하는 것이 필요하다. 이런 면에서는 관련 당사국과 적극적으로 협력하는 노력을 기울여야 한다.

또한 동북아시아에 국한된 다자주의 정책은 바람직하지 못하다. 미국, 중국, 일본, 러시아를 직접적인 상대로 하는 '동북아시아' 다자주의에서 한국이 할 수 있는 역할이 극히 제한되기 때문이다. 대신 '동아시아' 지역을 대상으로 하고, 필요할 경우 태평양 양안 등 다른 지역을 포괄하는 유연하고 개방적인 다자주의 정책을 추진해야 한다. 이럴 경우에만 한국은 운신의 공간을 확보하여 의미 있는 활동을 전개할 수 있다. 동시에 아세안 국가 등 한국과 비슷한 처지에 있는 국가들과의 협력을 모색할 수 있다. 이런 점에서 노무현 정부가 제기한 '동북아 균형자론'은 타당한 접근법이 아니라고 생각된다.

남북관계, 모든 정책의 핵심 요소

정책 3중주에서 남북관계는 매우 중요하다. 만약 한국이 주도적으로 남북관계를 해결하지 못한다면, 정책 3중주는 제대로 작동할 수 없기 때문이다. 반대로 한국이 남북관계를 주도적으로 해결한다면 정책 3중주는 잘 추진될 가능성이 높기 때문이다.

먼저, 남북관계는 한국의 중국 관여정책을 성공적으로 추진하는 데 커다란 영향을 미친다. 만약 한국과 중국 간에 전략적 불신이 심화된다면 한국의 관여정책은 제대로 추진될 수 없다. 그런데 한국의 대북 정책이 한중 양국 간의 전략적 불신을 심화시킬 수 있는 주요 요인이다. 우리는 이를 이명박 정부의 대북 봉쇄 정책과 한중 관계의 악화를 통해 확인할 수 있었다. 다시 말해 이명박 정부 시기에 악화된 한중 관계는 양국 간의 직접적인 갈등보다는 북한 정책을 둘러싼 차이와 대립에서 발생했다는 것이다. 이 점에서 한국은 북한과 협력하여 한반도 문제를 해결하고, 이를 통해 중국의 전략적 신뢰를 획득하는 것이 중요하다.

또한 한국이 주도적으로 북한 문제를 해결하는 것은 위험분산 전략이 한중 관계의 발전을 방해하지 않도록 만드는 데도 중요하다. 과거 경험에 의하면, 남북한이 군사적 긴장 상태에 놓이면, 남북한과 각각 군사 동맹을 맺고 있는 미국과 중국도 이를 둘러싸고 갈등하는 상황이 초래될 가능성이 높다. 만약 미국과 중국이 대립하면 한미동맹과 북중동맹이 다시 부각되고, 이렇게 되면 한국의 중국 위험분산 전략은 미국의 '반중국' 안보 협력의 일환으로 잘못 인식될 가능성이 높다. 따라서 한국이 북한 문제를 주도적으로 처리하여 미국과 중국이 이로 인해 갈등 관계에 놓이지 않도록 미연에 방지하는 것이 필요하다.

마지막으로, 남북관계는 한국의 동아시아 다자주의 정책에도 영향을 미친다. 한국이 북한 문제를 주도적으로 해결하여 한반도의 평화와 안정을 이룩하는 것은 아시아 지역의 평화와 안정에도 크게 기여하는 일이다. 현재 이 지역에서 분쟁 가능성이 가장 높은 곳이 바로 한반도와 대만해협이기 때문이다. 게다가 만약 한국이 북한 문제를 주도적으로 처리하지 못하면 한국은 지역 문제 해결에서 지도력을 인정받을 수 없다. 그럴 경우 한국은 '자기일'도 못하면서 '남의 일'에 참견하는 이웃으로 여겨질 것이기 때문이다. 이런 점에서 한국이 동아시아 다자주의 정책을 성공적으로 추진하기 위해서는 남북관계를 주도적으로 개선하고 이를 통해 지도력을 인정받아야 한다.

정책 3중주는 장기적으로 일관되게 추진하는 것이 가장 중요하다. 이것이 가능하려면 무엇보다 먼저 부상하는 중국에 적절히 대응하고 한중 관계를 발전시키기 위해서는 정책 3중주를 추진해야 한다는 사회적 공감대(consensus)가 형성되어야 한다. 이런 공감대를 기반으로 한국은 남북관계를 주도적으로 처리하고, 이 과정에서 미국과 중국의 협조와 지지를 얻어야 한다. 또한 한미동맹과 한중 전략적 동반자관계가 상호 모순되지 않고, 한국은 미국과 중국의 국익을 침해하지 않으면서 두 관계를 동시에 발전시킬 수 있다는 신뢰를 양국 모두에게 주어야 한다. 이를 위해서는 정책의 지속성이 필수적이다. 우리의 중국 정책이 장기적이고 종합적인 관점에서 초당파적이고 초정권적으로 수립되고 추진되어야 하는 것은 이 때문이다.

잘못된 '상식'부터 버려야 한다

과거 한중 관계에서 한국은 경제적으로 큰 이익을 보았다. 향후에도 우리의 경제 발전을 위해서는 중국과의 긴밀한 경제 협력이 필요하다. 또한 북한 문제를 해결하고 한반도의 평화와 통일을 이룩하기 위해서도 중국의 지지와 협조가 절대적으로 필요하다. 이처럼 한중 관계는 한국에 매우 중요하다. 이 때문에 장래에 양국 관계가 한국의 국익 증대에 도움이 되는 방향으로 발전하도록 최선의 노력을 다해야 한다. 이를 위해서는 무엇보다 부상하는 중국과 한중 관계에 대한 정확한 이해가 필요하다. 이에 토대를 둔 한국의 올바른 중국 정책도 필요하다. 나는 이를 '정책 3중주'라고 생각한다.

그런데 이 모든 것은 우리의 인식과 태도가 변해야만 가능하다. '닫힌 사고'로는 중국의 부상과 국제 환경의 변화를 올바로 파악하고 대응하기가 어렵기 때문이다. 요컨대 한국 사회에서 '상식'으로 통용되는 주장들에 대한 검토가 필요하고, 만약 그것들이 잘못되었다면 과감히 버려야 한다. 예를 들어, "한미동맹이 강화되어야 한중 관계도 발전할 수 있다."는 주장이 대표적이다. 이는 한미동맹과 한미일 안보협력이 강화되면 한국의 전략적 가치가 높아지고, 이렇게 되면 중국은 한국을 자국 쪽으로 유인하기 위해 한국을 존중할 것이라는 논리에 근거한다.

이런 '상식'은 과연 타당할까? 결론적으로 말하면 '아니다.' 먼저 이 '상식'은 중국의 군사적 부상에 대한 위험분산 전략의 일부를 한중 관계의 전체로 확대 적용한 잘못된 견해다. 다시 말해, 이는 한미동맹의 유지와 발전은 한국의 중국 정책 중에서 한 부분일 뿐인데 마치 전부인 것처럼 보는 견해다. 또한 이는 중국의 부상과 국제 환경의 변화에 대한 인식의 부족을 드러내는 단견(短見)이다. 2부에서 자세히 살펴보았듯이, 미래에 아시아 지역에는 중층적인 영역에서 복합적인 주체들이 교류하는 혼합 질서가 형성될 가능성이 높다. 여기에서는 미국과 중국 이외에도 다양한 지역 강대국과 중견 국가, 지역기구와 사회단체, 다국적 기업과 개인이 중요한 역할을 담당할 수 있다. 이런 '상식'은 이와 같은 변화하는 상황을 정확히 읽지 못하고 미국과 중국의 틀에 갇혀 문제를 보는 잘못을 범하고 있다.

그뿐만 아니라 중국의 부상에 따라 국력과 국제적 영향력 면에서 상대적 열세가 심화되고 있는 상황에서, 한국이 이 논리대로 하면 많은 대가를 지불해야 한다. 단적으로, 이렇게 하면 한국과 중국 간에 전략적 불신이 가중된다. 게다가 북한 문제나 지역현안을 놓고 양국이 협력할 수 있는 가능성은 더욱 축소된다. 또한 이로 인해 양국 간의 경제, 사회 관계도 악화될 가능성이 크다. 중국 내에서의 반한 감정의 확대와 한국 기업의 중국 진출에 대한 장애 증가가 대표적이다. 이런 '상식'은 이와 같은 문제점에 대해서도 제대로 인식하지 못하고 있다.

"한국과 미국의 대북 강경 정책이 중국을 움직일 수 있다."는 주장도 있다. 한국과 미국이 북한에 대해 강경 조치를 취하면 북한 정권이 불안정하게 되고, 이렇게 되면 한반도의 안정을 원하는 중국이 어쩔 수 없이 북한의 태도 변화를 유도하기 위해 압박 정책을 추진하게 된다는 것이다. 단기적으로 보면 이 주장이 맞을 수도 있다. 실제로 과거 몇 번의 경험이 이를 뒷받침한다. 1993년 1차 북핵 위기와 2006년 1차 북한 핵실험에서 보인 중국의 대북 정책의 변화가 대표적이다. 당시 한국과 미국은 북한에 대해 강경한 입장(영변 핵시설에 대한 미군의 '외과수술식 타격(surgical strike)'의 준비)을 취했고, 이후 중국은 북한에 압박을 가해 정책 변화를 유도하는 모습을 보였다.

그런데 장기적으로 보면 이 '상식'은 타당하지 않다. 무엇보다 한국과 미국의 대북 강경책은 북중동맹을 강화한다. 이렇게 되면 북한, 중국, 러시아를 한편으로 하고, 한국, 미국, 일본을 한편으로 하는 대륙 세력 대 해양 세력의 대립 구도가 형성될 가능성이 높다. 게다가 한국과 미국의 대북 강경책이 장기화되면 중국에 대한 북한의 의존은 더욱 깊어질 것이다. 정치와 안보뿐만 아니라 경제 면에서도 북한은 중국의 '속국'이 될 가능성이 높다. 반대로 이렇게 되면 한국과 미국의 대북 영향력은 축소되는 결과가 초래된다. 다시 말해, 이는 북한 문제 해결의 주도권을 중국에 완전히 넘겨주는 정책에 다름 아니다.

이것 이외에도 우리 사회에는 중국에 대한 '잘못된 상식'이 마치 진실인 것처럼 통용되는 경우가 많다. 우리는 일차적으로 이런 잘못된 상식에 대한 세밀하고 진지한 검토가 필요하다. 많은 경우, 이런 잘못된 상식은 '우리의 사고'가 아니라 '남의 사고'에서 온 경우가 많다. 이제 우리의 입장에서 중국을 이해하고, 우리의 입장에서 우리에게 도움이 되는 중국 정책을 세워 추진할 때가 되었다. 이 책이 이에 조금이나마 도움이 되었으면 좋겠다.

용어 설명

1 동북공정(東北工程)(2002~2007년)

2002년에 시작하여 2007년에 공식 종료된 중국 동북부 지역에 대한 국가 연구 과제를 지칭한다. 주로 랴오닝성(遼寧省), 지린성(吉林省), 헤이룽장성(黑龍江省)에 위치한 소수민족의 역사, 지리, 문화를 연구하기 위한 프로젝트('공정'은 'project'의 중국어 번역)다. 고구려사 연구가 여기에 포함되었다. 중국은 '중화민족 다원일체론(多元一體論)'(중화민족은 한족(漢族)과 다수의 소수민족이 하나로 통합된 민족이라는 주장으로, 페이샤오퉁(費孝通) 교수가 주장했다.)에 입각하여 고구려사를 중국 고대사에 편입했던 것이다. 참고로 1990년대에는 소규모로 윈난성(雲南省) 지역에 대한 서남공정(西南工程)과 신장(新疆) 지역에 대한 서북공정(西北工程)을 추진했다. 이후 2005년에 '신장항목(新疆項目)'(신장 프로젝트), 2008년에 '서남변강항목(西南邊疆項目)'(서남 국경지역 프로젝트)을 대규모로 추진했다. 동북공정을 포함한 이런 대규모 프로젝트는 역사와 문화에 대한 재해석을 통해 개혁기에 나타난 소수민족의 정체성 혼란과 이탈 현상을 극복하여 국가 통합을 강화하려는 중국 정부의 시도라고 할 수 있다.

2 현실주의(realism)

국제정치를 보는 학계의 주류 이론이다. 현실주의는 세 가지 명제로 구성된다. (1) 국가 중심 가정: 국제사회에서 국가는 가장 중요한 행위자(국가 중심 가정)다. 반면 기업, 단체, 개인은 부수적이다. (2) 단일, 합리적 행위자 가정: 국제사회에서 국가는 국익을 추구하면서 단일하고 합리적으로 행동한다. 그래서 민주주의나 권위주의 등 국가 간 정치 체제의 차이는 중요하지 않다. (3) 무정부 가정: 국가는 중앙정부가 없는 국제 체제에서 활동한다. 따라서 모든 국가는 생존을 위해 자조(自助; self-help)를 추구한다. 각국은 이를 위해 자체 군사력을 증강(이를 '내적 균형(internal balancing)'이라고 한다.)하거나, 혹은 타국과 군사동맹을 체결(이를 '외적 균형(external balancing)'이라고 한다.)하는 등의 세력균형(balance of power)을 추구한다. 현실주의를 비판하는 이론으로 자유주의(liberalism)와 구성주의(constructivism)가 있다.

3 민주평화론(Democratic peace theory)

독일의 철학자 임마누엘 칸트(Immanuel Kant, 1724-1804년)가 제기한 '영구평화론(perpetual peace)'에서 시작된 국제정치 이론이다. 이에 따르면, 만약 전 세계에 민주공화국이 수립된다면 세계 평화는 실현될 수 있다. 간단히 말해 민주국가는 국민의 자유와 인권 보호를 최우선 과제로 하기 때문에 침략 전쟁을 일으키지 않는다. 또한 궁극적인 주권의 주체인 국민은 이런 전쟁에 쉽게 동의하지 않는다. 그런데 이 주장과는 달리 실제로는 민주국가가 많은 전쟁을 일으켰다. 이 때문에 "민주국가 간에는 전쟁을 하지 않는다."는 명제로 바뀌었다. 이 이론은 세계평화를 위해 독재국가를 민주국가로 바꾸어야 한다는 외교 정책의 근거로 사용되기도 한다. 예를 들어 미국의 조지 부시 정부는 이를 근거로 이라크 침공을 정당화했다.

4 근대화론(Modernization theory)과 정치 민주화

1950년대 말부터 1970년대 초까지 유행했던 정치학의 한 이론이다. 근대화론은 경제 발전과 민주화 간에 원인과 결과의 관계(인과관계)가 있다고 주장한다. 이에 따르면 사회 및 경제 발전, 즉 근대화는 산업화, 도시화, 대중 교육의 확대, 대중매체의 발전을 초래한다. 또한 경제 발전을 통해 형성된 중산층은 자유를 위해 독재 정권에 대항하며, 그 결과 민주화가 이루어진다. 그런데 1970년대 중반 이후 전 세계에서 일어난 민주화는 근대화론이 주장하는 방식으로 진행되지 않았다. 그래서 많은 학자들은 경제 발전과 민주화 간에는 인과관계가 아니라 상관관계만 있다고 주장하게 되었다. 즉 민주화는 경제 발전 수준과는 상관없이 일어날 수 있으나, 경제가 발전한 지역에서 더 잘 유지될 가능성이 높다는 것이다.

5 집단소요사건 또는 군체성사건(群體性事件)

중국 내에서 발생하는 각종 대중 저항(popular protest) 활동을 표현하기 위해 중국 당국이 만든 용어다. 원래는 '치안 돌발 사건', '긴급 치안 사건' 등으로 불리다가 2000년대 초에 '군체성 치안 사건'(약칭 '군체성사건')으로 정착되었다. 「공공기관의 군체성사건 처리 규정」(2000년 공안부 제정)에 의하면, 이는 "군중이 집단적으로 국가 법률과 법규를 위반하여 사회 치안을 교란하고, 공공안전에 해를 끼치며, 인민의 신변 안전과 재산을 침해하는 행위"를 가리킨다. 일반적으로 5-50인이 참여하는 대중 저항을 가리킨다. 공식 통계에 의하면 1993년 8700건에서 2005년 8만 7000건으로 열 배가 증가했다. 이후 중국 정부는 관련 통계를 발표하지 않고 있다. 비공식 자료에 의하면 2009년에 16만 건, 2010년에 18만 건이 발생했다. 농촌에서는 강제 토지 징수, 도시에서는 임금 체불과 강제 철거가 가장 중요한 원인이다.

6 세계화(globalization)

정보통신과 교통의 발달로 세계가 마치 하나의 지구촌처럼 밀접히 연결되는 과정과 결과를 가리킨다. 세계화는 인공위성과 컴퓨터가 상용화된 1960년대부터 시작하여 무역과 투자가 전 세계로 확장된 1980년대에 본격적으로 등장했다. 이후 1990년대 소련 및 동유럽 사회주의권의 붕괴와 함께 냉전 체제가 해체되면서 세계화가 사실상 완성되었다. 참고로 국제화(internationalization)는 두 개 이상의 국가 간의 관계가 증가하는 현상을 가리킨다. 그래서 국제화는 국가의 등장과 함께 시작되었다. 즉 고대에도 국제화는 있었다. 반면 세계화는 단순히 국가 간의 관계가 증가하는 현상이 아니라 세계가 하나의 공간으로 변화하는 현상을 가리킨다.

7 차이메리카(Chimerica: China + America)

2007년에 니얼 퍼거슨(Niall Ferguson) 하버드 대학교 교수와 모리츠 슐라리크

(Moritz Schularick) 독일 베를린 자유대 교수가 한 논문에서 사용한 개념이다. 이는 얽히고설킨 미국과 중국 간의 경제적 공생 관계를 표현하기 위한 신조어다. 'G-2(Group of two)'(미국과 중국)와 함께 중국의 부상을 상징하는 개념으로 많이 사용되었다. 중국은 이제 미국과 함께 세계를 공동으로 관리하는 강대국이 되었다는 것이다.

8 전략적 유연성(strategic flexibility)

미국의 조지 부시 정부가 추진한 군사 변환과 해외 미군 재배치의 계획으로 이루어진 군사 전략 개념이다. 이는 전 세계에 주둔하고 있는 미군을 복합적인 그물망으로 묶어 유사시에 병력을 신속하게 이동하여 탄력적이고 효과적으로 대응하겠다는 전략이다. 이에 따라 주한 미군은 대북 억제력을 위해 한국에 고정 배치되는 것이 아니라, 필요에 따라 다른 지역으로 자유롭게 이동할 수 있다. 예를 들어 대만해협에 분쟁이 발생할 때 주한 미군이 주일 미군과 함께 출동할 수도 있다.

9 중국 지도자(간부)의 세대 구분

객관적인 기준은 없으나 일반적으로 통치 시기, 입당, 연령, 집단적 경험 등을 기준으로 세대를 구분한다. 1세대는 대개 공산당 대장정(1934-1936년) 이전에 입당한 지도자로 1949년부터 1976년까지 중국을 통치했다. 마오쩌둥(毛澤東, 1893-1976년)과 저우언라이(周恩來, 1898-1976년)가 대표적이다. 2세대는 항일전쟁(1937-1945년) 이전(대장정 시기 포함)에 입당하여 1980년대에 개혁 · 개방 정책을 추진한 지도자다. 덩샤오핑(鄧小平, 1904-1997년), 천윈(陳雲, 1905-1995년), 리셴녠(李先念, 1909-1992년)이 대표적이다. 이들 대부분은 대장정 이전에 입당했다는 점에서는 1세대와 같지만, 통치 시기에서는 1세대와 다르다. 3세대는 주로 국민당-공산당 내전(國共內戰, 1945-1949년) 이전에 입당하여 1989년부터 2001년까지 중국을 통치한 지도자다. 장쩌민(江澤民, 1926-), 리펑(李鵬, 1928-), 주룽지(朱鎔基, 1928-)가 대표적이다. 후야오방(胡耀邦, 1915-1989년)과 자오쯔양(趙紫陽, 1919-2005년)은 2.5세대에 해당한다. 4세대는 주로 1940년대에 출생하여 2000년대에 중국을 이끈 지도자다. 후진타오(胡錦濤, 1942-), 원자바오(溫家寶, 1942-)가 대표적이다. 5세대는 주로 1950년대에 출생하여 2012년 이후 중국을 이끌 지도자다. 시진핑(習近平, 1953-)과 리커창(李克强, 1955-)이 대표적이다.

10 베이징 컨센서스(Beijing Consensus)와 중국 모델(中國模式)

베이징 컨센서스는 2004년 칭화 대학교의 겸직 교수였던 라모(Joshua Cooper Ramo)가 한 보고서에서 주장했던 개념이다. 이는 1990년에 신자유주의 경제 이론을 중심으로 제기되었던 '워싱턴 컨센서스(Washington Consensus)'에 대비되는 개념으로, 중국이 추구하는 발전 방식을 표현한 것이다. 베이징 컨센서스는 세 가지 명제로 구성된다. 중국의 발전 모델은 첫째, 혁신에 기초하고, 둘째, 지속 가능성과 평등성을 최우선으로 고려하며, 셋째, 자결주의의 대외 정책을 추구한다. 한편 중국 학자들은 대체로 이 개념이 미국 등 서유럽 국가의 오해를 살 수 있다고 생각하여 '중국 모델' 또는 '중국 경험' 등의 개념을 사용한다. 어쨌든 베이징 컨센서스의 등장으로 중국은 미국과 함께 새로운 발전 모델을 제시한 모범 국가로 자랑할 수 있게 되었다. 실제로 많은 제3세계 국가들이 중국의 발전 모델을 학습하려고 노력하고 있다.

11 대약진운동(大躍進運動, 1958-1960년)과 문화대혁명(文化大革命, 1966-1976년)

대약진운동은 마오쩌둥의 주도로 1958년 5월부터 1960년 6월까지 비약적인 생산 증가를 목적으로 추진된 정치 운동이다. 공산당은 "높은 목표, 빠른 속도"를 구호로 공업과 농업 생산을 단기간에 몇 배 높여 달성한다는 허황된 목표를 세우고 전 국민을 동원했다. 그러나 경제 상황을 무시한 증산 운동은 참담한 실패로 끝나고 1000만~4000만 명이 굶어 죽었다.

문화대혁명은 1966년 5월부터 1976년 10월까지 마오쩌둥이 주도한 정치 운동이다. 마오는 당시를 "혁명과 전쟁의 시대"라고 규정짓고, "프롤레타리아 독재 아래 계속 혁명 이론"을 근거로 "프롤레타리아 문화대혁명"을 시작했다. 그는 소련의 수정주의가 중국에 전파되는 것을 막고, 중국에 진정한 사회주의를 건설하기 위해 국민의 사상과 문화를 대대적으로 개조해야 한다고 주장했다. 문혁은 바로 이런 목표를 달성하기 위해 전개된 것이다. 이 정치 운동이 '문화' 대혁명이라고 이름 붙여진 것은 이 때문이다. 특히 그는 당내에서 '자본주의 세력(走資派)'을 몰아낸다는 명분으로 '홍위병'을 동원했고, 이후에는 다시 홍위병이 초래한 혼란을 바로잡는다는 명분으로 인민해방군을 동원했다. 문혁 10년 동안 중국은 정치적, 사회·경제적으로 대혼란에 빠졌다. 1978년 개혁·개방을 시작한 개혁파는 대개 문혁의 피해자였다. 이후 문혁은 공식적으로 "10년의 동란(動亂)"으로 비판받게 된다.

12 신안보관(新安全觀), 평화부상(和平崛起), 평화발전(和平發展), 조화세계(和諧世界)

신안보관은 1996년에 공식적으로 인정된 중국의 외교 방침이다. 이것은 '상호신뢰(互信)', '상호이익(互利)', '평등(平等)', '협력(協作)'의 네 가지로 구성된다. 중국은 이런 방침에 입각하여 세계 각국과 외교 관계를 발전시킨다고 주장한다.

평화부상은 2003년에 제기되었다가 2004년에 평화발전으로 이름이 바뀌었다. 중국 스스로 '부상'을 주장하는 것이 주변국을 자극할 수 있다는 판단 때문이었다. 평화발전은 네 가지 명제로 구성된다. 첫째, 중국은 평화적인 국제 환경을 조성하여 자국을 발전시키고, 자국의 발전으로 세계 평화를 촉진한다. 둘째, 중국은 자국의 역량과 개혁 및 혁신에 의지하여 발전하고, 동시에 대외 개방을 견실하게 실행한다. 셋째, 중국은 세계화의 추세에 순응하며, 각국과 상호이익, 공동이익 및 공동 발전을 실현하기 위해 노력한다. 넷째, 중국은 평화, 발전, 협력의 원칙을 견지하며, 세계 각국과 공동으로 평화와 공동 번영의 조화 세계를 건설하기 위해 노력한다. 한마디로 중국은 세계 평화와 공동 번영을 추구하면서 세계 강대국으로 발전하겠다는 선언이다.

조화세계는 2005년 후진타오 총서기가 제기한 중국 외교의 목표다. 말 그대로 중국은 조화로운 세계를 건설하는 데 기여하겠다는 것이다. 평화발전처럼 조화 세계도 기본적으로는 '중국위협론'에 대응하기 위해 만들어진 개념이다.

13 관여(engagement), 봉쇄(containment), 위험분산(hedging)

세 개념 모두 한 국가가 특정 국가에 대해 사용하는 외교정책 혹은 전략을 가리키는 국제정치학의 개념이다. 관여는 다른 말로 '포용'이라고도 한다. 이는 특정 국가와의 적극적인 교류와 협력을 통해 자국이 원하는 방향으로 특정 국가의 정책과 행동을 유도하는 정책을 말한다. 김대중 정부의 대북 정책('햇볕정책')이 대표적인 사례다.

반면 봉쇄는 정치, 경제, 군사 등 여러 방면에서 특정 국가를 고립 및 포위하는 전략을 실시하여 특정 국가의 정책과 행동을 변화시키는 정책을 말한다. 미국의 쿠바 정책, 이명박 정부의 대북 정책, 미국 레이건 정부의 소련 정책이 대표적인 사례다.

위험분산은 보험 용어를 국제정치 분야에 적용한 개념이다. 다른 말로는 '위험 대비'라고도 한다. 위험분산은 다양한 의미를 갖고 있는데, 이 책은 넓은 의미로 사용한다. 즉 위험분산은 군사 · 안보와 관련된 정책으로, 한 국가가 불확실한 국제 상황에서 위험에 대비하기 위해 복합적인 정책을 동시에 실시하는 전략을 가리킨다. 위험분산 전략의 세부 정책으론 먼저 세력균형(balancing)이 있다. 이는 자국의 군비 증강이나 타국과의 군사동맹 체결을 통해 위협 국가에 대응하는 정책이다. 또한 속박(binding)도 있다. 이는 위협 국가와 조약을 체결하여 법률적 수단으로 위협 국가의 행동을 제약하는 정책이다. 그 밖에도 통합(integrating)이 있다. 이는 위협 국가를 국제기구나 지역 조직에 가입시켜 위협 국가의 행동을 제약하는 정책이다. 위험분산은 이와 같은 다양한 정책을 동시에 사용하는 전략을 말한다. 대개 위험분산 전략은 관여 정책과 함께 사용된다.

14 미중경제전략대화(Sino-U.S. Strategic and Economic Dialogue)
2009년 7월에 시작되어 매년 1회 정기적으로 개최되는 미중 정부 간의 최고위급 대화 채널이다. 양국 대통령이 만나는 정상회담도 있지만 이는 정기적인 대화 채널이 아니다. 중국에서는 부총리를 대표로 하고 미국에서는 국무장관을 대표로 하여 양국의 주요 장관들이 구성원으로 참여한다. 양국은 이 대화에서 정치, 경제, 군사, 안보 등 전 영역에 걸쳐 양국뿐만 아니라 아시아 지역과 세계에서 중요하게 대두되는 문제를 의제로 삼아 토론한다. 이는 이전에 양국 간에 존재했던 각종 대화(전략적 경제대화(Strategic Economic Dialogue)와 고위급 대화(Senior Dialogue))를 통합하고 수준을 격상시켜 만든 것이다.

참고로 미국과 중국은 현재 정부 및 반(半)정부 차원에서 약 일흔 개에 달하는 각종 대화 채널을 운영하고 있다. 이에 비해 한국과 중국은 단지 10여 개의 대화 채널만을 운영할 뿐이다. 이 점에서 보면 미중 간에 '공동 관리 체제'가 이미 작동하고 있다고 말할 수 있다. 따라서 겉으로 드러나는 미중 간의 갈등과 대립을 지나치게 확대 해석하지 말아야 한다. 겉으로는 심하게 싸우는 것 같지만 실제로는 물밑에서 양국이 수시로 만나 주요 문제를 협의하고 타협하기 때문이다.

15 「미일 안보 공동선언」(1996년)**과 「미일 방위협력 지침」 개정**(1997년)
일본과 미국은 1978년에 작성된 「미일 방위협력 지침」을 1997년에 개정했다. 1996년의 「미일 안보 공동선언」은 이를 위한 새로운 방침을 밝힌 것이다. 「공동선언」과 「지침」은 크게 네 가지 측면에서 미일동맹의 강화와 일본의 방위 역할 확대를 담고 있다. 첫째, 안보협력의 범위가 '원동지역(遠東地域)'(일본을 중심으로 하는 극동지역)에서 '주변 사태 지역'으로 넓어졌다. 이에 따라 대만해협과 남중국해도 미국과 일본의 방위협력 대상에 포함될 수 있다. 둘째, 미일동맹에서 일본의 지위와 역할이 수동적인 하위 협력자에서 동등한 협력자로 더욱 높아졌다. 셋째, 미일동맹의 방위 성격이 일본 본토만을 방어하는 '전수(專守) 방위'에서 광범위한 지역과 내용의 위협에 적극 대처하는 '공세 방위'로 바뀌었다. 넷째, 미일동맹의 방위 협력이 전시(戰時)에서 평시(平時)로, 일본의 역할이 미국의 작전 지원에서 후근 보장으로 변화되었다. 이렇게 되자 한국과 중국은 일본의 '군사대국화'에 대해 우려를 표명했다.

16 「아미티지 보고서」(2000년)와 「아미티지 · 나이 보고서」(2007년)

기본 내용은 미일동맹을 중심으로 하는 미국의 아시아 군사동맹과 방어 태세를 강화하는 것이다. 두 보고서의 내용은 실제로 조시 부시 정부에서 추진되었다. 첫째, 미일동맹은 미국 아시아 안보의 핵심으로 더욱 강화한다. 둘째, 한국, 태국, 필리핀, 호주와의 군사동맹, 싱가포르와의 안보 협력을 강화한다. 셋째, 말레이시아, 인도네시아, 브루나이, 베트남과의 안보 관계를 구축한다. 넷째, 중앙아시아 국가와의 안보 동반자 관계를 수립한다. 다섯째, 파키스탄과의 관계를 정상화한다. 여섯째, 대만과의 정치 · 군사적 관계를 강화한다. 일곱째, 아시아 지역의 미군 배치를 유지한다. 일곱째, 북한에 대한 강경노선을 견지한다. 아홉째, 일본과 함께 미사일 방어 체제를 구축한다.

17 상하이협력기구(SCO, 上海合作組織)(2001년)

중국과 러시아가 주도하여 중앙아시아에 만든 국제기구다. 중국과 러시아는 1996년 국경선 획정과 군사적 긴장의 완화를 목적으로 러시아, 중국, 카자흐스탄, 키르기스스탄, 타지키스탄으로 구성된 '상하이 5개국(Shanghai Five)'을 출범시켰다. 2001년에 우즈베키스탄이 참가하여 상하이협력기구가 정식 성립되었다. 6개 회원국 이외에도 2004년 몽골, 2005년 인도, 이란, 파키스탄, 2012년 아프카니스탄이 옵서버로 참가한다. (터키는 대화 파트너로 참여한다.) 2002년부터 사무국과 대테러센터 등 상설 기구를 설치했고, 정상회담, 총리회담, 외무장관회담 등 각종 상설 회의를 운영하고 있다. 국경 지대의 신뢰 구축, 지역 불안정 세력(민족 분리주의, 종교 극단주의, 테러리즘)에 대한 공동 대응, 합동 군사 훈련, 경제 협력의 확대, 마약 및 무기

밀매, 불법 이주와 같은 비전통 안보에 대한 공동 대응 등의 활동을 전개하고 있다.

18 아세안(ASEAN): 동남아시아국가연합(1967년)

아세안은 동남아시아 국가의 사회, 경제적 발전을 위해 1967년 인도네시아, 말레이시아, 필리핀, 싱가포르, 태국 등 5개국을 회원국으로 출범했다. 이 지역에 공산주의 세력이 확대되는 것을 방지하기 위한 정치적인 목적도 있었다. 이후 1984년 브루나이, 1995년 베트남, 1997년 라오스와 미얀마, 1998년 캄보디아가 가입해 현재 10개국으로 구성되어 있다. 아세안은 정상회의, 각료회의, 사무국 등 다양한 회의와 조직으로 구성된다. 1990년대 이후 중국과 일본이 경쟁하는 구도 속에서 아세안은 어부지리로 지역공동체의 건설을 주도하고 있다. 아세안이 주도하는 기구로는 'ASEAN+1(중국)', 'ASEAN+3(한중일)', 아세안 지역포럼(ARF: ASEAN Regional Forum), 동아시아 정상회의(EAS: East Asian Summit) 등이 있다. 아세안은 '아세안 방식(ASEAN Way)'이라는 협의(consultation) 및 합의(consensus)를 통한 사실상의 만장일치제로 느슨하게 운영된다. 이런 방식은 정치 체제, 경제 발전 수준, 사회 구조가 저마다 크게 다른 회원국들이 모인 기구를 유지하기 위한 방편이다.

19 의법치국(依法治國)(1997년)

의법치국은 1997년 공산당 15차 당대회의 결정과 1999년 9기 전국인민대표대회(전국인대) 2차 회의에서의 「헌법」 수정을 통해 새로운 국가 통치 방침이자 정치 개혁의 핵심 목표로 확정되었다. 일부 학자들은 의법치국을 간략하게 '중국식 법치(法治)'라고 부른다. 공식 설명에 의하면 "의법치국은 광대한 인민 군중이 공산당의 영도 아래 헌법과 법률의 규정에 의거하여 각종 통로와 형식을 통해 국가 업무, 경제·문화 사업, 사회 업무를 관리하고, 국가 각 영역의 업무가 모두 법률에 의거하여 진행되도록 하여 점차로 사회주의 민주가 법제화 및 제도화되도록 보장하는 것"이다. 공산당과 전국인대의 결정 이후, 국무원(중앙정부)은 1999년 「의법행정의 전면 추진 결정」을 발표하면서 정부 개혁의 방침이자 핵심 목표로 '의법행정(依法行政)'(법률에 의거한 행정)을 결정했다. 최고법원도 1999년 「인민법원 5년 개혁 요강」을 발표하여 사법공정과 효율의 향상을 목표로 하는 법원 개혁의 방침을 확정했다. 마지막으로 공산당도 2002년 16차 당대회에서 의법치국을 당 개혁에 적용한 '의법집정(依法執政)'(법률에 의거한 권력의 장악과 운영) 방침을 채택했다. 이처럼 현재 의

법치국은 정치 개혁의 핵심 목표로 추진되고 있다.

20 과학적 발전관(科學發展觀)(2007년)

중국이 1990년대까지 오로지 경제성장만을 추구했던 정책을 바꾸어, 경제·사회·자연 등 모든 분야의 발전을 함께 추구하겠다는 새로운 방침이다. 2003년 10월 공산당 16기 중앙위원회 3차 회의에서 "사람을 근본으로 하는 전면적, 협조적, 지속 가능한 발전관"이라는 명칭으로 처음 제기되었고, 2007년 공산당 17차 당대회에서 공산당의 지도 이념으로 공식 결정되었다. 과학적 발전관은 세 가지 정책으로 구체화된다. 첫째는 경제성장 방식의 전환이다. 둘째는 균형 발전으로, 여기서는 도시와 농촌의 동시 발전과 전 국토의 균형 있는 발전(서부대개발, 동북부개발, 중부개발 등)이 핵심이다. 셋째는 지속 가능한 발전으로, 에너지 및 자원의 절약과 환경보호가 주요 내용이다.

21 조화사회(和諧社會) 건설론(2006년)

후진타오 정부가 사회문제의 해결을 위해 제시한 새로운 방침이다. 2004년 9월 공산당 16기 중앙위원회 4차 회의에서 최초로 제기되었고, 2006년 10월 16기 중앙위원회 6차 회의에서 「조화사회 건설의 결정」이 채택되면서 공산당의 사회 발전 방침으로 확정되었다. 조화사회란 "민주와 법치, 공평과 정의, 성심(誠心)과 우애(友愛), 활력과 충만, 안정과 질서, 인간과 자연의 조화로운 생존이 실현되는 사회"를 가리킨다. 실제 추진되고 있는 정책을 보면, 조화사회 건설은 도시와 농촌의 민생 문제, 그중에서도 교육, 의료, 주택의 '3대 민생 문제' 해결에 초점이 맞추어져 있다.

22 남순강화(南巡講話)(1992년)

덩샤오핑(鄧小平, 1904-1997년)이 1992년 1월부터 2월까지 한 달 남짓 동안 우한(武漢), 선전(深圳), 주하이(珠海), 상하이(上海) 등을 시찰하고 중요한 담화를 발표한 사건을 지칭한다. 1989년 톈안먼 사건과 1991년 소련의 붕괴 이후 중국 내에서는 개혁·개방 정책을 반대하는 보수파의 목소리가 높아 갔다. 이런 흐름을 막고 개혁·개방 정책을 지키기 위해 덩이 직접 나선 것이다. 한 달 동안 덩은 논쟁의 핵심을 정리하는 중요한 명제를 발표했다. '시장도구론'이 대표적이다. 자본주의에도 '계획'이 있듯이 사회주의에도 '시장'이 있을 수 있으며, 시장은 자본주의와 사회주의를 나누는 기준이 아니라 경제 발전을 위한 도구에 불과하다는 것. 이 주장은 1992년 14차 당대회에서 '사회주의 시장경제론'으로 발전하여 공식 당 노선으로 확정되었다. 이 점에서 남순강화는 1978년 '제1의' 개혁 · 개방 정책에 이은 '제2의' 개혁 · 개방 정책이라고 평가할 수 있다.

23 삼개대표론(三個代表論)(2002년)

2001년 7월 공산당 창당 80주년 기념식에서 장쩌민 총서기가 공식 발표한 새로운 방침이다. 2002년 공산당 16차 당대회에서 마르크스-레닌주의, 마오쩌둥 사상, 덩샤오핑 이론과 함께 공산당의 공식 지도 이념이 되었다. 이에 따르면, 공산당은 21세기에는 세 가지, 즉 선진 생산력, 선진 문화, 광대한 인민의 이익을 대표해야 한다. 이것의 정치적 의미는, 공산당이 공식적으로 사영기업가를 사회주의 계층으로 인정했다는 점이다. 사영기업가는 선진 생산력을 대표하는 세력 중의 하나이기 때문이다. 사실 이들은 1989년 자본가 계급으로 규정되어 공산당 입당이 금지되었다. 삼개대표론에 의해 입당이 공식 허용되면서 많은 수의 사영기업가가 입당했다. 이로써 정치권력(공산당)과 자본(사영기업가)의 연합이 완료되었다.

24 1986년 학생운동과 1989년 톈안먼 사건

1986년 학생운동은 1986년 말부터 1987년 초까지 전국 10여 개 대도시에 일부 대학생들이 주도한 '자유화 운동'을 말한다. 공산당은 이를 선동한 혐의로 팡리즈(方勵志)(허페이(合肥) 과학기술대학교의 교수로서 유명한 천체물리학자), 류빈옌(劉賓雁)(중국작가협회의 부주석을 역임한 저명한 문필가), 왕뤄왕(王若望)(중국작가협회 이사 등을 역임한 저명한 문필가)을 1987년 1월 공산당에서 제명했다. 당시 학생들은 공산당 일당제를 비판하고 국민의 정치적 자유, 즉 집회 · 출판 · 결사 · 사상 · 시위의 자유를 요구했다. 공산당은 이런 요구를 '부르주아 자유주의 운동'으로 규정하고, 1987년에 '반(反)자유화' 사상운동을 대대적으로 전개했다.

1989년 톈안먼 사건은, 같은 해 4월 15일 공산당 전 총서기 후야오방(胡耀邦)의 사망을 계기로 시작하여 6월 4일 유혈 진압으로 끝난 학생과 시민의 민주화 운동을 가리킨다. 당시 시위자들은 물가 폭등 등 경제적인 불만뿐만 아니라 정치적 자유의 부재와 공산당의 부정부패 등 다양한 정치 문제도 함께 제기했다. 약 두 달 동안 진행된 민주화 시위는 정부와 진행된 협상이 실패하면서 수백에서 수천 명이 사망에 이르는 유혈 진압으로 끝났다. 자오쯔양 당시 총서기는 덩샤오핑 등 원로들의 요구를 무시하고 학생들에 동조하는 태도를 보였다는 이유로 총서기에서 파면되고, 대신 장쩌민이 총서기에 임명되었다. 현재까지 중국에서 톈안먼 사건은 '반당(反黨) 반(反)사회주의 동란(動亂)'으로 규정되어 있다.

25 중국의 주요 파벌: 태자당(太子黨), 공청단파(共靑團派), 상하이파(上海幫)

파벌은 특정 정치 지도자(후견인)와 추종자(피후견인) 간에 충성(loyalty)과 특혜(favor)의 교환으로 형성되는 관계를 말한다. 정치학에서는 이를 '후견인주의(clientelism)' 혹은 '후견인-수혜자 관계(patron-client relationship)'라고 부른다. 파벌정치는 법과 제도가 아니라 이런 파벌 간의 역학관계에 의해 주도되는 비공식 정치를 말한다. 중국에서 파벌은 흔히 '꽌시(關係)'를 통해 형성된다. 현재 중국에는 크게 두 종류의 파벌이 경쟁하고 있다. 하나는 고위 당정간부의 자제들로 구성된 '태자당'이다. 시진핑이 이를 대표한다. 다른 하나는 후진타오의 중요한 권력 기반인 공산주의청년단(공청단) 출신자로 구성된 '공청단파'다. 리커창이 이를 대표한다. 그 밖에 장쩌민과의 관계를 중심으로 형성된 상하이파가 있지만 현재는 세력이 약화된 상태다. 대개 상하이파와 태자당은 협력 관계에 있다. 학맥 파벌로는 '칭화대학파(清華幫)'가 있고, 현재 '베이징대학파(北大幫)'가 형성 중이다.

26 사회주의 초급단계론(1987년)과 사회주의 시장경제론(1992년)

사회주의 초급단계론은 경제성장 최우선의 당노선을 정당화하는 이론이다. 이에 따르면, 중국은 사회주의 단계에는 접어들었지만 생산력의 낙후 등 여러 요인으로 아직 "초급 단계"에 머물러 있다. 이 단계에서는 "나날이 증가하는 인민의 물질적, 문화적 수요와 이것을 충족시켜 주지 못하는 생산력 수준 사이의 모순"이 "주요 모순"이다. 이를 해결하기 위해서는 생산력의 발전에 총 매진해야 한다. 그래서 "사회주의 사회의 근본 임무는 생산력 발전"이고, 이를 위한 경제 발전은 최고의 국정 목표가 된다.

사회주의 시장경제론은 생산력 발전을 위해서는 시장 제도의 도입이 필요하다는 이론이다. 이에 따르면, 사회주의 초급 단계에서는 '계획'이 아니라 '시장'이 자원 분배의 기본 수단이다. 동시에 사회주의와 자본주의는 더 이상 '계획 vs. 시장'이라는 기준으로 판단될 수 없다. 계획과 시장은 경제 수단일 뿐이기 때문이다. 이 이론의 채택 이후 시장 제도가 전면적으로 도입되고, 사영경제가 발전했으며, 경제 개방이 더욱 확대되었다.

27 「시민 도덕 건설 실시 요강」(2001년)

올바른 사회주의 시민 도덕을 수립하기 위해 공산당과 정부가 추진해야 하는 도덕 건설 운동을 지시한 중요한 문건이다. 장쩌민이 이를 지시했다. 이에 따르면, 중국의 시민 도덕 건설은 "중국의 역사와 현실에서 출발"해야 한다. 또한 사회주의 도덕은 "인민을 위한 봉사를 핵심으로, 집단주의를 원칙으로, 조국 · 인민 · 노동 · 과학 · 사회주의에 대한 사랑을 기본 요구로, 사회도덕 · 직업도덕 · 가정미덕(美德)을 역점"으로 수립해야 한다. 공산당은 공산당 각 조직, 국가기관, 사회단체, 학교, 기업 등이 이런 원칙에 따라 각자가 준수해야 할 세부 사항을 작성하여 실천할 것을 지시했다.

28 사회주의 영욕관(榮辱觀)(2006년)

2006년 3월 후진타오 총서기가 주로 청소년에게 올바른 도덕관과 가치관을 심어 주기 위해 제시한 내용이다. 공산당은 이를 "중화민족의 전통 미덕"과 "사회주의 도덕규범"을 체현한 것으로, "사회주의 가치관의 선명한 제시"라고 주장한다. 핵심 내용은 '여덟 개 영광과 여덟 개 수치(八榮八恥)'를 알고 실천하는 것이다. 예를 들어, "조국에 대한 뜨거운 사랑을 영광으로 조국에 대한 해악을 수치로, 인민에 대한 헌신을 영광으로 인민에 대한 배반을 수치로 여겨야 한다."

29 반우파 투쟁(反右派鬪爭)(1957-1958년)

1957년 5월부터 1958년 7월까지 진행된 지식인 탄압 운동이다. 중국공산당은 소련에서 진행된 '스탈린 개인숭배 비판'의 영향을 받아 공산당 내의 잘못된 태도를 개선하기 위해 1956년에 지식인들에게 자유롭게 의견을 발표하라는 '백화제방(百花齊放)'(모든 꽃이 만발한다.)과 '백가쟁명(百家爭鳴)'(모든 사람들이 자유롭게 토론한다.) 운동을 전개했다. 지식인들은 공산당의 말을 믿고 당 정책과 활동에서 나타난 문제점을 비판했다. 그런데 1957년에 공산당은 입장을 바꾸어 이를 전면적으로 공격하기 시작했다. 즉 사회주의 제도 반대, 프롤레타리아 독재 반대, 공산당 반대 등 몇 가지 기준을 정해 놓고 이에 해당하는 지식인을 '우파분자'로 몰아 대대적인 숙청을 감행했다. 그 결과 약 56만 명의 지식인이 우파분자로 몰려 탄압을 받았다.

30 한국적 민주주의, 삼민주의(三民主義), 아시아적 가치(Asian values)

1972년 '10월 유신'을 감행한 박정희 정부는 '유신 체제'를 '서유럽식 민주주의'와 는 다른 '한국적 민주주의'라고 주장했다. 유신 체제는 대통령 1인으로의 권력 집중 과 장기 집권, 입법부(국회)와 사법부(법원)의 권한 제한, 국민의 시민적·정치적 권 리 축소를 주요 특징으로 하는 전형적인 권위주의 정치 체제다. 박정희 정부는 10 월 유신과 유신 체제의 비민주적 특징을 정당화하기 위해 이를 한국적 민주주의라 고 불렀던 것이다.

삼민주의는 1911년 신해혁명(辛亥革命)을 주도한 쑨원(孫文, 1866-1925년)이 주장 한 정치 이념이다. 민족주의(民族主義), 민권주의(民權主義), 민생주의(民生主義) 등 세 가지 '민(民)' 자로 구성된다고 하여 삼민주의라고 불렀다. 민족주의는 처음에는 한족(漢族)의 단결과 만주족 왕조인 청(淸)의 타도를 주장하는 '한족중흥론'으로 시 작하여 현대적 의미의 민족주의, 즉 중국 전체 민족의 독립과 발전을 주장하는 이념 으로 변화했다. 민권주의는 "평민이 국가 주권의 주체가 되어야 한다."는 주장으로 일종의 '주권재민론(主權在民論)'이다. 이 점에서 민주주의와 유사하다. 민생주의는 '국민 생활'('민생'의 의미)을 위해 '균등한 토지소유(平均地權)'(이후에 토지공개념으로 발전하여 영리 목적의 토지 이용이나 투기를 금지했다.), '자본의 통제(節制資本)', '국가자 본의 발전(國家資本發展)', '농업의 발전'을 강조하는 이념이다. 삼민주의는 『중화민 국 헌법』 서문의 제1조에 삽입되어 대만의 공식 통치 이념이 되었다.

아시아적 가치는 싱가포르의 리콴유 전 총리와 말레이시아의 마하티르 전 총리가 주장했던 '서유럽식 가치'와 다른 아시아만의 특수한 가치를 말한다. 개인보다 공동 체(국가와 사회)의 발전 중시, 근면과 성실, 가족의 우애, 교육의 강조 등을 주요 내 용으로 한다. 이런 가치는 서유럽식 가치보다 우월하며 이런 가치로 인해 동아시아 국가가 경제 발전과 사회 안정에 성공할 수 있었다고 주장한다. 또한 이들은 아시아 적 가치에 입각하여 국가가 주도하고 국민이 국가 지도자를 믿고 따르는 '아시아적 민주주의(Asian-style democracy)'를 수립해야 한다고 주장했다. 이는 개인의 자 유과 권리, 다당제와 경쟁 선거를 강조하는 '서유럽식 민주주의'와는 다르다는 것이다. 김대중 전 대통령은 아시아적 가치와 아시아적 민주주의에 대해 정면으로 비판했다. 요컨대 아시아적 가치와 아시아적 민주주의는 싱가포르와 말레이시아의 권위주의 정치 체제를 정당화하기 위한 주장일 뿐이다.

31 중국민주당 창당 사건(1998년)과 08헌장 사건(2008년)

1998년에 전국적으로 약 200여 명이 공개적으로 '중국민주당'이라는 정당을 설립하는 활동을 전개했다. 이들은 공산당과는 다른 독자적인 정당을 만들기 위해 주로 인터넷을 이용하여 창당발기문을 공개하고 정부에 정당 등록을 신청했다. 중국 정부는 중국민주당의 등록 신청을 거부했다. 또한 '국가전복죄'를 적용하여 관련자를 체포하고 중형을 선고했다.

08헌장 사건은 2008년 12월 중국의 반체제 인사와 지식인 303명이 유엔 '세계인권선언' 선포 60주년을 기념하여 공개 발표한 '08헌장(Charter 08)'을 국가가 탄압한 사건을 말한다. 08헌장의 주요 내용은 공산당의 일당 통치를 비판하고 자유와 민주를 요구하는 정치 개혁을 주장하는 것이다. '08헌장'은 2010년 노벨평화상을 받은 류샤오보가 주도했는데, 그는 이로 인해 국가전복죄로 11년형을 선고받고 수감 중이다. 한편 '08헌장'은 1977년 체코슬로바키아의 반체제 인사들이 공개 발표한 '77헌장(Charter 77)'을 모방한 것이다. '77헌장'은 체코 정부가 헬싱키 조약의 인권 조항을 준수할 것을 촉구하는 내용을 담고 있다. 당시 모두 243명의 반체제 인사와 지식인이 이에 서명했다.

32 민주집중제(民主集中制)와 당간부 관리(黨管幹部) 원칙

민주집중제는 레닌주의에서 기원한 당의 운영 원리이면서 동시에 당 조직과 당원을 통제하는 강력한 수단이다. 민주집중제는 '민주'와 '집중'이라는 두 가지 원칙으로 구성된다. 이에 따르면 모든 당 조직과 당원은 어떤 결정이 공식적으로 내려지기 전에는 자유롭게 토론할 수 있다.(민주의 원칙.) 그러나 공식 결정이 내려지면 모든 당 조직과 당원은 반드시 결정에 따라야 한다.(집중의 원칙.) 여기서 집중의 원칙은 네 가지 세부 원칙으로 구성된다. 즉 소수는 다수에, 개인은 조직에, 하부(下級)는 상부(上級)에, 전당(全黨)은 중앙에 복종해야 한다. 이처럼 민주집중제, 특히 '집중'의 원칙을 통해 공산당 중앙은 모든 당 조직과 당원의 복종을 강제할 수 있다.

참고로 공산당이 주요 당정간부를 추천하고 관리한다는 당간부 관리 원칙도 민주집중제와 함께 공산당이 당과 국가를 통제하는 중요한 수단이다. 이 원칙에 따라 공산당은 당 조직뿐만 아니라 국가기관, 사회단체, 국유기업, 학교, 연구소 등의 중요 인사에 대한 임면권을 행사한다. 민주집중제와 당간부 관리 원칙은 공산당의 권력 독점을 보장하는 양대 수단이다. 만약 중국에서 민주화가 추진되면 공산당은 양대 수단을 잃게 될 것이기 때문에 민주화에 결사적으로 반대한다.

33 인민대표대회 제도, 정치협상 제도, 민족구역 자치 제도, 기층민주 제도

인민대표대회 제도(인대제도)는 삼권분립에 반대하는 사회주의 정치 제도다. 전국인민대표대회(전국인대)와 지방인민대표대회(지방인대)는 단순한 입법 기관이 아니라 '국가 권력 기관'으로 정부, 법원, 검찰에 대해 인사권, 정책 결정권, 감독권을 행사한다. 전국인대와 성급(省級), 지급(地級), 현급(縣級), 향급(鄕級) 등 4급의 지방인대가 있다.

정치협상 제도는 공산당이 주요 정치 조직과 사회단체를 혁명과 항일투쟁에 참여시키기 위해 만든 통일전선 제도다. 중국에는 공산당 이외에 여덟 개의 정치 조직(소위 '민주당파(民主黨派)')과 수십 개의 사회단체가 있다. 인민정치협상회의(정협)는 공산당과 이들이 참여하는 통일전선 조직으로, 전국정협과 지방정협(성급, 지급, 현급)이 있다. 정협은 일종의 자문회의로서 정부와 공산당에 각종 의견을 제시할 수 있지만 법적 강제력이 없기 때문에 공산당과 정부가 이를 집행해야 하는 의무는 없다.

중국은 한족과 쉰다섯 개의 소수민족으로 구성된 다민족 국가다. 그래서 소수민족 밀집 지역에는 민족구역 자치 제도를 실시한다. 현재 티베트(西藏), 신장(新疆), 네이멍구(內蒙古), 닝샤(寧夏), 광시(廣西) 등 다섯 개의 자치구(성급 행정 단위)와 수백 개의 자치주(州) 및 현(縣)이 있다. 옌볜(延邊) 조선족 자치주는 그중의 하나다.

기층민주 제도는 농촌에 있는 촌민위원회(村民委員會)(일종의 마을 회의)와 도시에 있는 거민위원회(居民委員會)(일종의 주민자치 회의)를 민주 선거로 구성하는 제도를 가리킨다. 촌민위원회는 1980년대 후반부터 대부분이, 거민위원회는 1990년대에 들어 일부가 자유 경쟁 선거로 구성된다.

참고 도서

저자 저술 목록

한글 저서

1 『중국의 법치와 정치 개혁』(창비, 2012).

2 『중국의 법원 개혁』(서울대학교출판문화원, 2012).

3 『중국의 법치와 법률보급 운동』(서울대학교출판문화원, 2012).

4 『중국의 민주주의: 공산당의 당내 민주 연구』(나남, 2011)(공저).

5 『21세기 중국이 가는 길』(나남, 2009).

6 『중국 의회정치의 발전』(폴리아테아, 2006).

7 『후진타오 시대의 중국정치』(나남, 2006).

8 『중국 정치개혁과 전국인대: 개혁기 구조와 역할의 변화』(나남, 2000).

한글 논문

| 2012년 |

1 「중국의 법원개혁과 법관의 직업화」,《중소연구》, 제35권 제4호(2011/2012년 겨울), 13-38쪽.

2 「중국의 법률보급 운동과 통치 엘리트」,《아시아리뷰》, 제1권 제2호(2011년 12월). 51-78쪽.

| 2011년 |

1 「한·중관계의 발전추세와 전망: 바람직한 중국정책을 위한 시론」,『국제·지역연구』, 제20권 제1호(2011년 봄호), 83-123쪽.

2 「중국의 법원개혁과 사법독립: 제1, 2, 3차「법원개혁 요강」분석」,『국제정치논총』, 제51집 2호(2011년 여름), 87-110쪽.

3 「21세기 중국의 국가 발전 전략」, 김우창 외,『통일한반도와 동아시아공동체로 가는 길』(나남, 2011), 67-88쪽.

| 2010년 |

1 「중국정치 60년: 중국 정치의 평가와 전망」, 중앙일보 중국연구소·현대중국학회 편,『공자는 귀신을 말하지 않았다』(중앙books, 2010), 203-228쪽.

2 「한중 관계의 발전과 규범 충돌: 현황과 과제」,《한국정치연구》, 19집 2호(2010년 6월), 167-191쪽.

3 「중국의 부상과 동아시아 지역 질서의 변화」,《중소연구》, 34권 2호(2010년 여름), 41-68쪽.

4 「중국의 법치논쟁과 정치개혁」,《한국과 국제정치》, 26권 4호(2010년 겨울), 89-118쪽.

| 2009년 |

1 「동아시아와 중국의 동맹정책」, 백권호 편,『미래지향적인 한중 관계: 소통과 성찰』(폴리테이아, 2009), 61-95쪽.

| 2008년 |

1 「중국공산당 제17차 당대회의 정치개혁과 엘리트정치」, 전성흥 · 조영남 외, 『중국의 권력승계와 정책노선: 17차 당대회 이후 중국의 진로』(나남, 2008), 99-132쪽.

2 「중국외교의 새로운 시도: '소프트파워' 전략」, 김태호 외, 『중국 외교연구의 새로운 영역』(나남, 2008), 179-233쪽.

3 「중국공산당 통치의 지속성과 정치적 기초」, 전성흥 · 이종화 편, 『중국의 부상: 동아시아 및 한중관계에의 함의』(오름, 2008), 39-72쪽.

| 2007년 |

1 「중국의 소프트파워와 외교적 함의」, 손열 편, 『매력으로 엮는 동아시아: 지역성의 창조와 서울 컨센서스』(지식마당, 2007), 97-146쪽.

| 2006년 |

1 「중국 대도시에서의 국가-사회 관계의 역동성과 다양성」(공저), 《동향과 전망》 68호(2006년 겨울), 236-270쪽.

2 「중국 선전의 행정개혁 실험: 행정삼분제의 시도와 좌절」, 《중소연구》 30권 2호 (2006년 여름), 13-38쪽.

3 「중국의 지역인식과 전략」, 손열 편, 『동아시아와 지역주의: 지역의 인식 · 구상 · 전략』(지식마당, 2006), 149-193쪽.

4 「중국 지방의회의 입법정치: 상하이시 지방인민대표대회를 사례로」, 이일영 외, 『현대도시 상하이의 발전과 상하이인의 삶』(한신대학교출판부, 2006), 53-97쪽.

| 2005년 |

1 「중국 국가-사회 관계의 변화연구: 사회단체의 지방의회 입법참여를 중심으로」, 《한국과 국제정치》 21권 4호(2005년 겨울), 25-52쪽.

2 「중국 4세대 지도자의 등장과 정치 변화」, 김익수 외, 『현대 중국의 이해: 정치 · 경제 · 사회』(나남, 2005), 115-152쪽.

| 2004년 |

1 「중국 '4세대' 지도부의 현실 인식 분석」,《역사비평》겨울호(2004년 12월),
85-107쪽.

2 「중국에서의 국가의 분화: 의회 제도의 불균등 발전」, 이일영 외,『중국 대도시
의 발전과 도시인의 삶: 베이징의 사례』(한신대학교출판부, 2004), 51-87쪽.

| 2003년 |

1 「중국 정치개혁의 특징과 내용, 그리고 전망」,《진보평론》18호(2003년 겨울),
9-30쪽.

2 「중국 4세대 지도자의 등장과 엘리트 정치」,《계간 사상》가을호(2003년 10월),
33-56쪽.

3 「제10기 전국인민대표대회 1차 회의와 중국의 정치 변화」,《중소연구》제27권
제2호(2003년 여름), 63-85쪽.

4 「정치 체제: 개발독재인가 민주화인가」, 김원배 · 장경섭 · 김형국 편.『중국의
오늘과 내일』(나남, 2003), 119-132쪽.

5 「중국의 16차 당 대회와 정치체제의 변화」,《신아세아》제10권 제1호(2003년
봄), 25-41쪽.

| 2002년 |

1 「개혁기 중국의 민족주의와 대외관계: 기존 논의에 대한 비판적 검토」,《한국사
회과학》제24권 제1호(2002년 6월), 171-193쪽.

2 「개혁기 중국의 선거과정과 유권자 선거 참여: 지방 인민대표대회 대표 선거에
대한 분석」,《한국정치연구》제11집 제1호(2002년 2월), 305-331쪽.

| 2000년 이전 |

1 「개혁기 중국 지방인민대표대회의 대정부 감독」,《국제정치논총》제40집 제2호
(2000년 여름), 129-145쪽.

2 「중국 개혁시기(1978-1998) 전국인민대표대회, 중국공산당, 국무원의 권력 관
계 분석: 전국인대와 국무원의 관계를 중심으로」,《국제정치논총》제39집 제2

호(1999 가을), 59-69쪽.

3 「개혁 시기(1978-98) 중국 전국인민대표대회(全國人大)의 대 정부 감독 활동」,《한국정치학회보》제33집 제4호(1999년 겨울), 309-326쪽.

4 「《중소연구(中蘇研究)》를 통해 본 한국에서의 중국정치 연구」,《지역연구》제6권 제1호(1997년 봄), 185-217쪽.

영문 저서

1 *Local People's Congresses in China: Development and Transition*(New York: Cambridge University Press, 2009).

영문 논문

| 2009년 |

1 "Democracy with Chinese Characteristics? A Critical Review from a Developmental State Perspective," *Issues & Studies*. Vol. 45, No. 4 (December 2009), 71-106쪽.

| 2008년 |

1 "China's Soft Power: Discussions, Resources, and Prospects," *Asian Survey*. Vol. 48, No. 3 (May/June 2008), 453-472쪽. (Co-author)

2 "Elite Politics and the 17th Party Congress in China: Changing Norms amid Continuing Questions," *Korea Journal of Defense Analysis*. Vol. 20, No. 2 (June 2008), 93-107쪽.

| 2006년 |

1 "The Politics of Lawmaking in Chinese Local People's Congresses," The

China Quarterly. No. 187 (September 2006), 592-609쪽.

| 2004년 |

1 "Political Reform Without Substantial Change: An Assessment of the Hu-Wen Leadership in China," *Asian Perspective*. Vol. 28, No. 3 (Fall 2004), 61-86쪽.

| 2003년 |

1 "Symbiotic Neighbor or Extra-Court Judge? The Supervision over Court by Chinese Local People's Congresses," *The China Quarterly*. No. 176 (December 2003), 1068-1083쪽.

2 "Public Supervisors and Reflectors: Role Fulfillment of Chinese People's Congress Deputies in the Market Socialist Era," *Development and Society*. Vol. 32, No. 2 (December 2003), 197-227쪽.

| 2002년 |

1 "From 'Rubber Stamp' to 'Iron Stamp': The Emergence of Chinese Local People's Congresses as Supervisory Powerhouses," *The China Quarterly*. No. 171 (September 2002), 724-740쪽.

| 2001년 |

1 "Implementation of Anticorruption Policies in Reform-Era China: The Case of the 1993-97 'Anticorruption Struggle'," *Issues & Studies*. Vol. 37, No. 1 (January/February 2001), 49-72쪽.

독자 참고 도서

종합

김도희 외, 『사회과학도를 위한 중국학 강의』(인간사랑, 2008).

_____ 편, 『새로운 중국의 모색II: 정체성의 문화적 담론』(폴리테이아, 2005).

김재철 편, 『새로운 중국의 모색I: 발전과 안정의 병행』(폴리테이아, 2005).

문정인, 『중국의 미래를 묻다』(삼성경제연구소, 2010년).

이희옥, 『중국의 국가대전략 연구』(폴리테이아, 2007).

_____ , 『중국의 새로운 사회주의 탐색』(창비, 2004).

전성흥 편, 『중국모델론: 개혁과 발전의 비교 역사적 탐구』(부키, 2008).

전성흥 · 이종화 편, 『중국의 부상: 동아시아 및 한중관계에의 함의』(오름, 2008).

정덕구, 『한국을 보는 중국의 본성』(중앙books, 2011).

정재호 편저, 『중국을 고민하다: 한 · 중관계의 딜레마와 해법』(삼성경제연구소, 2011).

정치

김흥규, 『중국의 정책결정과 중앙-지방 관계』(폴리테이아, 2007).

서진영, 『21세기 중국정치』(폴리테이아, 2008).

이정남, 『중국의 기층선거와 정치개혁, 그리고 정치변화』(폴리테이아, 2007).

전성흥 편, 『체제 전환의 중국정치』(에버리치홀딩스, 2010).

전성흥 · 조영남 외, 『중국의 권력 승계와 정책 노선: 17차 당대회 이후 중국의 진로』(나남, 2008).

사회 · 경제

김도희, 『전환 시대의 중국 사회계층』(폴리테이아, 2007).

김영진, 『중국의 도시 노동시장과 사회: 상해시를 예로』(한울아카데미, 2002).

김태만, 『변화와 생존의 경계에 선 중국 지식인』(책세상, 2004).

백승욱, 『세계화의 경계에 선 중국』(창비, 2008).

오승렬, 『중국의 발전과 거시경제 정책: 성장과 불확실성의 딜레마』(폴리테이아, 2007).

이강원, 『사막 중국: 중국의 토지 이용 변화와 사막화』(폴리테이아, 2007).

이남주, 『중국 시민사회의 형성과 특징: NGO의 발전을 중심으로』(폴리테이아, 2007).

이민자, 『중국 호구 제도와 인구 이동』(폴리테이아, 2007).

이일영, 『중국 농업, 동아시아로의 압축』(폴리테이아, 2007).

장영석, 『지구화 시대 중국의 노동관계』(폴리테이아, 2007).

전성흥 편, 『전환기의 중국사회 I: 변화와 지속의 역동성』(오름, 2004).

_____ 편, 『전환기의 중국사회 II: 발전과 위기의 정치경제』(오름, 2004).

지만수, 『한국 기업의 대중투자: 변화, 전략, 성과』(폴리테이아, 2007).

후안강 지음. 이은주 옮김, 『2020년 중국』(21세기북스, 2011).

대외관계

김재철, 『중국의 외교 전략과 국제질서』(폴리테이아, 2007).

김태호 외, 『중국 외교연구의 새로운 영역』(나남, 2008).

문흥호, 『중국의 대외전략과 한반도』(울력, 2006).

서진영, 『21세기 중국 외교정책: '부강한 중국'과 한반도』(폴리테이아, 2006).

이동률 편, 『중국의 미래를 말하다: 글로벌 슈퍼파워의 가능성과 전망』(EAI, 2011).

이태환, 『중국의 국내정치와 대외정책』(한울아카데미, 2006).

정재호, 『중국의 부상과 한반도의 미래』(서울대학교출판문화원, 2011).

_____편, 『중국의 강대국화: 비교 및 국제정치학적 접근』(길, 2006).

최명해, 『중국·북한 동맹관계: 불편한 동거의 역사』(오름, 2009).

한석희, 『후진타오 시대의 중국 대외관계』(폴리테이아, 2007).

역사

다니카와 미치오·모리 마사오 펴냄. 송정수 옮김, 『중국 민중 반란사』(혜안, 1996).

백승욱, 『문화대혁명: 중국 현대사의 트라우마』(살림, 2007).

_____편, 『중국 노동자의 기억의 정치: 문화대혁명 시기의 기억을 중심으로』(폴리테이아, 2007).

백영서, 『동아시아의 귀환: 중국의 근대성을 묻는다』(창작과비평사, 2000).

서진영, 『중국혁명사』(한울아카데미, 1992).

신승하·임상범·김태승, 『20세기의 중국』(서울대학교출판부, 1998).

아마코 사토시 지음, 임상범 옮김, 『중화인민공화국 50년사』(일조각, 2003).

조너선 D. 스펜서 지음. 김희교 옮김, 『현대 중국을 찾아서 1·2』(이산, 1998).

_____지음, 정영무 옮김, 『천안문: 근대 중국을 만든 사람들』(서울: 이산, 1999).

천이난 지음, 장윤미 옮김, 『문화대혁명의 또 다른 기억: 어느 조반파 노동자의 문혁 10년』(그린비, 2008).

카롤린 퓌엘 지음, 이세진 옮김, 『중국을 읽다: 세계와 대륙을 뒤흔든 핵심 사건 170 장면』(푸른숲, 2012).

헨리 키신저 지음, 권기대 옮김, 『헨리 키신저의 중국 이야기』(민음사, 2011).

대만·홍콩·소수민족

김한규, 『티베트와 중국: 그 역사적 관계에 대한 연구사적 이해』(소나무, 2000).

문흥호, 『대만문제와 양안관계』(폴리테이아, 2007).

임춘성 외, 『홍콩과 홍콩인의 정체성』(한연문화사, 2006).

지은주, 『대만의 독립 문제와 정당정치: 민주화 이후 정당체제의 재편성』(나남, 2009).

기타

권영빈 편역, 『중국의 사하로프 방여지는 말한다』(지식산업사, 1989).

등소평, 김승일 옮김, 『등소평 문선(상/하)』(범우사, 1994).

리쩌허우, 임춘성 옮김, 『중국근대사상사론』(한길사, 2005).

범충신 외 공저, 이신철 옮김, 『중국법률문화탐구: 정리법과 중국인』(일조각, 1996).

소공권, 최명·손문호 옮김, 『중국정치사상사』(서울대학교출판부, 1998).

신봉수, 『마오쩌둥: 나는 중국의 유토피아를 꿈꾼다』(한길사, 2010).

자오쯔양 지음, 바오푸 정리, 장윤미·이종화 옮김, 『국가의 죄수: 자오쯔양 중국 공산당 총서기 최후의 비밀 회고록』(에버리치홀딩스, 2010).

정재호 편, 『중국연구방법론: 연구설계·자료수집·현지조사』(서울대학교출판문화원, 2010).

쩡뻬젠, 이희옥 옮김, 『중국 평화부상의 새로운 길』(한신대학교출판부, 2007).

페이샤오퉁, 장영석 옮김, 『향토 중국: 중국 사회문화의 원형』(비봉출판사, 2011).

용(龍)과 춤을 추자

1판 1쇄 펴냄 2012년 6월 25일
1판 6쇄 펴냄 2017년 3월 30일

지은이   조영남
발행인   박근섭·박상준
펴낸곳   (주)민음사

출판등록   1966. 5. 19. 제16-490호
주소   서울특별시 강남구 도산대로1길 62(신사동)
            강남출판문화센터 5층 (우편번호 06027)
대표전화   515-2000
팩시밀리   515-2007
홈페이지   www.minumsa.com